四川大学人文社会科学资助项目
中国孔子基金会项目
国际儒学联合会项目
四川省哲学社会科学重点研究基地儒学研究中心项目

儒藏论坛

第十四辑

主　编　舒大刚
执行主编　杜春雷

中国社会科学出版社

图书在版编目（CIP）数据

儒藏论坛. 第十四辑／舒大刚主编. —北京：中国社会科学出版社，2020.5
ISBN 978 - 7 - 5203 - 6103 - 3

Ⅰ. ①儒… Ⅱ. ①舒… Ⅲ. ①儒学—文集 Ⅳ. ①B222.05 - 53

中国版本图书馆 CIP 数据核字（2020）第 036636 号

出 版 人	赵剑英
责任编辑	郝玉明
责任校对	张 婉
责任印制	王 超

出　　版	中国社会科学出版社
社　　址	北京鼓楼西大街甲 158 号
邮　　编	100720
网　　址	http://www.csspw.cn
发 行 部	010 - 84083685
门 市 部	010 - 84029450
经　　销	新华书店及其他书店
印　　刷	北京明恒达印务有限公司
装　　订	廊坊市广阳区广增装订厂
版　　次	2020 年 5 月第 1 版
印　　次	2020 年 5 月第 1 次印刷
开　　本	710×1000　1/16
印　　张	18.5
插　　页	2
字　　数	286 千字
定　　价	99.00 元

凡购买中国社会科学出版社图书，如有质量问题请与本社营销中心联系调换
电话：010 - 84083683
版权所有　侵权必究

《儒藏论坛》编委会

主　　编　　舒大刚

执行主编　　杜春雷

顾　　问　　（以姓氏笔画为序）
　　　　　　李远国　陈恩林　林　向　赵振铎
　　　　　　项　楚　廖名春　蔡方鹿　谭继和

编　　委　　（以姓氏笔画为序）
　　　　　　王智勇　尹　波　李文泽　吴洪泽
　　　　　　杨世文　郭　齐　彭　华　舒大刚

目　录

儒学学科建设笔谈

"西部儒学"的研究何以可能？ …………………… 刘学智（3）
关于巴蜀哲学特色的思考 ………………………… 蔡方鹿（12）
关于构建中国少数民族儒学的初步设想 …………… 杨翰卿（18）

儒学论衡

走出"律令体制"
　　——重新认识中华法系 ………………………… 俞荣根（35）
儒学文献总目提要序 ……………………………… 舒大刚（49）
苏轼策论中的"君子"人格与儒家政治情怀 ……… 单江东（53）
承继与演绎：清代《国语》研究成果评析 ………… 仇利萍（72）
承先启后　旷世独绝
　　——谢启昆《小学考》述论 ……… 李文泽　霞绍晖（85）
清初关中王学述论 ………………………………… 米文科（102）
关学的"眉县宗指" ……………………………… 王宝峰（116）
廖平经学思想研究的新开展 ……………… 杨世文　吴龙灿（136）

企业儒学

当代儒商对儒家思想的创造性转化 ………………… 黎红雷（153）

以儒学为基础培育信任　推进"21世纪海上丝绸之路"
　　建设 ………………………………………………… 黄兴年（165）

儒学文献

《左传》"杞侯"考 ………………………………………… 富察贵嘏（179）
"朱熹谱序"五篇辨伪 …………………………………… 郭　齐　尹　波（188）
明清政书著述钩沉十种 …………………………………… 田　君（198）
四川新繁"四费"著述考录 ……………………………… 杜春雷（209）

儒学随笔

从"南音"到文翁 ………………………………………… 向以鲜（241）

研究生论坛

象天法地，以教人伦之德
　　——论"德配天地"在先秦服饰中的体现 ………… 幸　韵（251）
《四库提要辨证》子部医家类研究 ……………………… 邵莘越（265）

附　录

2018年度"纳通儒学奖学奖教金·优秀征文奖"获奖名单 ……… （285）
2018年度"纳通儒学奖学奖教金·西部儒学贡献奖"
　　获奖名单 …………………………………………………… （288）
2017年度"纳通儒学奖学奖教金"获奖名单 ………………… （289）

儒学学科建设笔谈

"西部儒学"的研究何以可能？

刘学智

（陕西师范大学哲学系）

摘　要："西部儒学"是从地域文化的相对性出发而提出的与儒学学术地域特殊性相关的一个概念。历史上儒家经学就有"南学""北学"的概念，其主要是从地域学风的差异而言的。而"西部儒学"或"东部儒学"则是从文化发生的多源性、文化存在和发展的多元性出发的。从历史来看，儒家的思想渊源最早在西部，而儒学的创立则在东部，由孔子在鲁地完成；在汉代儒学的经学化进程中，儒学的重心则逐渐移向了西部；儒学成为国家主导意识形态的官方化进程发生在西部，并是从西部逐渐推向全国的；"西部儒学"在少数民族地区或少数民族统治时期，起着特殊的历史作用；"西部儒学"是最早与佛、道二教发生密切交往关系的地域性儒学。加强"西部儒学"的研究有着特殊的意义。

关键词：儒学　西部儒学　儒学经学化

"西部儒学"这个概念涉及诸多问题。中国历史上常有南方、北方的划分，南北划分是以秦岭、淮河为界，这是历史形成的，南方、北方既有自然气候的差异，亦有文化、生活习俗、思维方式的差异。但是，东西部，准确地说是东、中、西部的划分，按照国家民委的解释，主要是政策上的划分，不是行政区域的划分，也不是地理概念上的划分。东部是指最早实行沿海开放政策并且经济发展水平较高的省市；中部是指经济次发达地区，而西部则是指经济较落后的西部地区。我们今天讨论的

"西部儒学"所说的"西部",则是在文化的层面进行的划分。问题是,我们在文化的层面划分东、西部的做法是否成立?有没有学理上的依据?如果有,"西部儒学"立论的依据在哪里?这是首先要解决的问题。

一 儒学在历史上就有地域性的不同特征

地域性本身是一个相对的概念,可以有南北之分,也可以有东西之分。以什么标准划分也是可以变化的。讨论"西部儒学"应该将其放在中华文化的大概念中进行。其中,中华文化与西部文化、儒学与"西部儒学"应该是共相与殊相的关系,所以从地域性出发思考某种学说体系的特殊性,无可厚非。中国地域广大,故文化发生的多源性和文化存在的多元性,就成为中国文化的重要特性。既然文化发生有多源性,文化存在有多元性,中国文化就会有一个文化分区的问题,于是也就有不同地域文化的存在。对地域文化进行差异性、比较性研究就有其可能性。谭其骧说:"中国文化既有时代差异,又有其地区差异。"因有时代差异,所以才有历史学;因有地区差异,所以才有文化地理学。如果忽视这一点,对于深刻理解中国文化"极为不利"。[①] 从文化角度说,南方与北方在传统习俗、人文环境上都不尽相同,古人早就有"北峻南孊,北肃南舒,北强南秀,北僿南华"的说法,这就是说不同地域在习俗、人文性格、学风上是有差异的。就儒学来说,作为中华文化的主导内容,它有与中华文化相一致的共性;同时因其地域文化的不同,儒学也有着与各地域文化相联系的一些自身的特点和不同的发展路向、不同的思维方式、不同的特征和学风,表现出一定的地域差异。历史上常有北学与南学之分,即注意到北方儒学与南方儒学,北方经学与南方经学的不同,并且常将二者的思维方式、学风加以比较。如晁公武《读书志》说:"自晋室东迁,学有南北之异。南学简约,得其英华。北学深博,穷其枝叶。至颖达始著义疏,混南北之异。""大抵南人约简,得其英华;北学深芜,穷其枝叶"(《隋书·儒林传序》)。北方重章句训诂传统,但失于支离烦

[①] 谭其骧:《中国文化的时代差异和地区差异》,载《中国传统文化的再估计——首届国际中国文化学术讨论会(1986年)文集》,上海人民出版社1987年版,第41页。

琐；南方重义理思辨，虽简约但易陷于浮华。这是儒家经学在南北朝时分立的情况，到隋唐则出现了经学的统一。总之，南学、北学的区分是有学理根据的。

二 关于"西部儒学"的概念内涵

"西部儒学"首先是一个地域文化、地域学术的概念，它应该是相对于"东部儒学"来讲的。"西部儒学"，不是指"儒学在西部"，而应该说其无论从根源上，还是从发展演变的进程来说，儒学与西部地域文化都有着内在的渊源关系。所以我们需要弄清"西部儒学"的概念内涵。厘清"西部儒学"这一概念，要探讨其区别于"东部儒学"的特点在哪里，这是问题的关键。这个问题厘清了，有关"西部儒学"的所有研究才可能确立起来，"西部儒学"概念的提出才有意义。认识"西部儒学"的特点，只有与地域文化联系起来进行思考，才可能说得清楚。

第一，西部是中华文化之源，也是儒家文化的古老源头。虽然中华文明是多源的，其存在发展也是多元化的，但人们常将中华民族远古的历史追溯到三皇五帝，而三皇之一的伏羲氏，据说出生于甘肃的成纪。神农氏也称炎帝，炎帝和黄帝同出于少典氏族，据《国语·晋语》记载，"昔少典娶于有蟜氏，生黄帝、炎帝。黄帝以姬水成，炎帝以姜水成"。姜水是渭水的一条支流，姬水距离姜水亦不远，都在宝鸡附近，说明炎、黄二帝都发祥于西北黄土高原一带。基于此，中华文明起源于西部的说法是可以成立的。炎帝葬于宝鸡，黄帝葬于陕西中部的桥山，早在秦汉时期，就有帝王致祭，唐代已有了国家祭祀，明洪武四年（1371）已有皇室的祭文传世。司马迁写史记《五帝本纪》从黄帝写起，是经过审慎考虑的，以黄帝为"中华文明形成的一种标志"，以炎、黄二帝作为中华民族的起源，"乃是自古有之的说法"①。这个说法如果成立，那么，中华文化是从西部逐渐走向东部的说法也应该可以成立。这为儒学有东西之分奠定了文化渊源的基础。当然这不是要绝对地说，"西部儒学"先于"东部儒学"，这里面有较为复杂的情况。笔者以为，儒学之早期渊源在

---

① 李学勤：《走出疑古时代》，辽宁大学出版社1997年版，第41—42页。

西部，而儒学真正形成是在东部。但在儒学的发展过程中，西部的儒学又起过重要的作用。仔细分析，作为儒家文化之源的六经，许多都是产生于西部的。《易经》起源于八卦，八卦为伏羲氏仰观俯察所作。六十四卦为文王所演，文王乃本天道以推人事而作《易》。据学者研究，《易》中有一些方位、卦爻辞与陕西关中的地貌人文有关。先周文化发源于陕西关中西部的豳，后迁至岐，再迁至丰、镐。文王建都丰，武王建都镐，都在关中沣河的两岸。周公为摄政王，辅佐成王。周公制礼作乐，大概就在镐京。周公的采邑在周，即今陕西岐山。其创立的礼乐文化和提出的"敬德、保民"等思想，后来成为儒家德治民本思想的重要来源。作为儒家源头之一的《诗经》，其中的"风"虽然大多是东周时的作品，但豳风、秦风当为西周时的作品，其内容也多是反映关中的风土民情。《诗·文王有声》记载了大禹治水的功绩，说"丰水东注，维禹之绩"，所说的丰水就是沣河，"东注"，即由沣河注入渭河。说明沣、渭至少是禹治水之地。《诗》中多次提到的一些事件也多在关中，如"文王受命，有此武功。既伐于崇，作邑于丰"。"镐京辟雍，自西自东，自南自北，无思不服。"《诗》有三百零五篇，其中有关周、秦之地的诗、颂就占了一百五十三篇。孔子后来在鲁地创立了儒学，这也不是偶然的，鲁地曾是周公旦之子伯禽的封地，这里保存了浓郁的礼乐文化传统，如鲁昭公二年（前540）晋大夫韩宣子访鲁，说"周礼尽在鲁矣"，就能说明问题。此时孔子十二岁左右，正是学习和接受新事物的时期，这对早年孔子思想的形成无疑发生过影响。因此可以说，儒家思想形成在东部，而其渊源则在西部，要弄清楚儒家思想文化之源，需要深入研究西部的文化，这应该是"西部儒学"研究的一项重要任务。

第二，西部是儒家经学的重镇，也是儒学实现官方化之地。先秦儒家诸子学的中心在东部，这是毋庸置疑的。但儒学成为国家主导意识形态的官方化进程则发生在西部，并从西部推向全国。秦汉时期，儒学的中心有一个从东部西移的过程。战国前期儒学虽已受到极大的冲击，"然齐鲁之间学者犹弗废"（《汉书·儒林列传》）。到齐威、宣王之时，儒学以孟、荀等诸子之学为主。就经学而言，秦时已有经学，时称为"秦博士"者，多是秦时就有的。"秦火以前之经学，大都七十子之遗绪"，按《庄子·天下》篇所言，诗书礼乐者，"邹鲁之士缙绅先生多能明之"。说明此时治儒家经学者，多在齐鲁。秦火所灭，乃是古文经，"古文由此绝矣"（《说文解字》卷15）。汉初传经者仍在东部，"汉代传经之儒，不出于齐，则出于鲁"①。如田何传《易》，济南伏生传《尚书》，辕固生传《齐诗》，景帝时立辕固生为诗学博士。这时有官学与私学之分，当时列于官学的有《诗》和《春秋》二经。官学都列于学官，设博士。随着汉武帝采纳董仲舒的建议，"罢黜百家，独尊儒术"，发动儒学革命，儒家遂被定于一尊。可见，儒学经学化的推动主要是在长安进行的，儒学的中心已经西移至长安。汉朝廷召开的"讲论五经同异"的"石渠阁会议"在长安。后来古文经学兴起，其中心也主要在长安。汉代著名的经学家杜林（今陕西兴平人）、贾逵（今陕西咸阳人）、马融（今陕西兴平人）、赵岐（今陕西咸阳人）等都在西部（陕西）。晋大儒傅玄是陕西耀县人。西晋的杜预是治《春秋》学的大家，亦是西安人。此外，巴蜀之地也是儒学的一个重镇，西汉景帝时的文翁虽然不是四川人，但其主要的活动在蜀地。他褒奖儒生，倡导儒学，在他的努力下，"蜀地学于京师者比齐鲁"（《汉书·循吏传》）。此时在四川也涌现出许多大儒，如司马相如、王褒、落下闳、扬雄、何武等人，特别是扬雄，他是蜀地汉代的大儒。

南北朝时，学分南北，南学受玄学经学影响较大，"其学多华"；而北学受汉学章句训诂之风影响较大，颇有笃守淳厚之俗，"其学多朴"。北学重"三礼"，其传经之儒多于南朝，而能开立宗派者是陕西华阴人徐遵明。遵明弟子众多，当时许多经学大家都出自他的门下。可见，此时的北学实际上多集中在西部。南北经学的统一是在唐初，贞观年间，太宗命颜师古撰《五经定本》，又有陆德明撰《经典释文》、孔颖达撰《五经正义》，遂完成了经学的统一，这一进程都是在长安进行的。在一定意义上说，在宋代以前儒家经学的重心基本在西部。迄宋代，张载创立的关学，成为宋代理学的四大流派之一，对理学的产生和发展产生了重要的影响。宋代蜀地的"苏学"，对宋代儒学也产生了较大的影响。总之，从经学的发展视角来看，"西部儒学"这一概念也是可以成立的。同时，对儒家经学的研究，是"西部儒学"研究的重点之一。

第三，"西部儒学"在少数民族地区或少数民族统治时期，起着特殊

---

① 马宗霍：《中国经学史》，商务印书馆1937年版，第37页。

的历史作用。"东部儒学"主要是在汉族地区传播,而"西部儒学"是在包括少数民族在内的多民族地区传播,其对民族大融合的作用非常明显。魏晋南北朝时期,中国分裂了三百六十余年,许多文化落后的少数民族入主中原,特别是十六国时期,战乱频仍,政权更替频繁,但是,为什么中华民族的"魂"没有散?国家分裂了而中华民族没有走向分崩离析,以后又能够统一起来?这与一些少数民族的统治者努力学习儒学,尽可能地接受儒家先进文化有一定关系。蜀汉在三国时期是一个重要的割据政权,这里除了汉族之外,也有一些少数民族,其儒学也有着丰富的内容,在此不必赘述。十六国时期的前赵、前秦、后凉、后秦、西魏、北周等都是在西部建都的少数民族政权。少数民族入主中原后,为了站稳脚跟,以加强对文化素质较高的汉民族的控制,往往借助儒学,以争取汉族士人的支持;同时,也为缩小民族间的文化差距,加强其汉化进程,十六国时期一些少数民族的统治者也都十分重视儒学。比较典型的如前赵刘渊、刘聪都是汉化了的匈奴人,他们尽力推崇儒学并加强儒学教育,儒学在当时仍保持着独尊的地位。前秦苻坚大兴学校,常亲临太学,考核诸生经义优劣。他在王猛当政时期,恢复魏晋士籍,规定凡"正道"(儒学)、"典学"(经学)以外的左道异端一律禁止。他虽然主张儒、佛并用,不过尤重视儒学。史载苻坚"外修兵革,内崇儒学,劝课农桑,教以廉耻"(《晋书·苻坚载记》)。后秦姚兴时,儒学更盛,学生多至一万数千人,史称"学者咸劝,儒风盛焉"(《晋书·姚兴载记》)。此外,前凉儒学亦盛,如宋纤有弟子三千人。酒泉人祁嘉到敦煌学宫读书,博通经传,开门授徒,有弟子两千多人。西凉、北凉儒风亦很兴盛,当时敦煌是凉州的文化中心。北朝儒学本来就有汉代以来的深厚基础,加上少数民族入主中原后,一面笼络汉人,一面要改变游牧民族的习俗和提升文化素质,并加快社会的封建化进程,这保障了儒学在西部仍不失宗主地位,并确保即使在国家分裂时期,中华民族在文化上仍有强大的凝聚力。

　　加强西部少数民族儒学的研究,不仅对深化儒学研究有重要的意义,而且对研究西部民族与汉民族的融合问题,也有重要意义。如在长期战乱中,汉民族建立在儒家思想观念基础上的正统观,在民族冲突中表现得尤为明显。在十六国之间相互战争和与东晋的对峙中,儒家的正统观念往往会影响战争的结果。如苻坚发动的淝水之战之所以会大败,除了战略上的原因以外,与汉族人以晋为正统,而不愿随少数民族首领参战反晋有关。桓温多次北伐不战而胜,也与北方汉族人把晋当作正统而不积极参战有关。所以研究"西部儒学",对处理少数民族关系有着特殊的意义。

第四,"西部儒学"是最早与佛教、道教发生密切交往关系的地域性儒学,这也是"西部儒学"的突出特征之一。从三教关系的视角研究儒学,"西部儒学"颇有其典型性。研究儒学与佛教、道教及基督教、伊斯兰教等宗教的关系,是"西部儒学"的重要内容,也是"西部儒学"研究有别于其他地域性儒学研究的突出特点。佛教是两汉之际从西域沿着丝绸之路传入中原的,其最初传播也主要是从西部逐渐东移或南移的。虽然最早来中原传译小乘教的安世高是先到东汉的首都洛阳,传译大乘教的支娄迦谶也是先到洛阳传经。但大规模的佛教传译是在鸠摩罗什到长安之后。鸠摩罗什先在后凉传译大乘般若学,后秦姚兴将他迎到长安,在长安形成了较早的佛教传译中心。他的大弟子僧肇是长安人,他是"解空第一"。赴印度求法的高僧如朱士行、法显、玄奘、义净等,都是从长安出发西行的。陈、隋之际,佛教发生了一次重大变动,就是在与儒学的相互交往中,佛、儒相互吸收和融合,佛教宗派逐渐形成了。到唐代出现的佛教八大宗派,其中有六大宗派的祖庭都在长安。这些宗派的形成,多是与融合传统儒学、道家思想有关的。

道教天师道前身五斗米道形成于西部的巴蜀和陕南一带,楼观道的产生和发展也集中在陕西关中。金元时全真道产生于西安户县,其倡导三教合一,说明此时儒学与佛教、道教已深度融合。此外,儒学也传入西藏,和藏传佛教发生了思想上的碰撞交融,从儒学与藏传佛教的交往中,可以发现"西部儒学"与佛教互动的一个特殊的视角,从而深化对"西部儒学"的研究。此外,历史上涉及三教关系的事件,多发生在西部。所以,从三教关系的视角研究"西部儒学",有可能把儒学的研究进一步引向深入。其实,不只三教关系,基督教聂斯托尔派在唐贞观九年(635)已传入中国,且最初主要在西部活动,此可以存于西安碑林的《大秦景教流行中国碑》为证。伊斯兰教也在唐永徽年间传入中原,它们也与儒学发生过交涉,研究它们的关系,也是"西部儒学"应关注的方面。

综上所述，提出"西部儒学"这一概念是可行的，加强"西部儒学"的研究是必要的。如谭其骧先生所说的，加强地域性的学术研究，可以"纠正空泛、粗疏的学风"①。

三 以西部学者进行的儒学传承和研究为对象是"西部儒学"的另一层含义

这也是四川大学国际儒学研究院近年来所做的努力，包括为奖励"西部儒学"研究者设立了纳通儒学奖等一系列措施。这一意义上的"西部儒学"，包括西北五省、西南各省的儒学研究者进行的儒学研究工作，即西部地区的学者以儒学为对象所进行的传承和研究即"西部儒学"。这方面要做的工作非常多，例如四川的学者进行的蜀学研究，陕西的学者进行的关学研究，宁夏的学者所进行的"朔方文化"研究，贵州的学者开展的阳明学、黔学的研究等，以及甘肃、青海、新疆、云南等地的学者开展的民族地区的儒学研究，都是极为重要的方面。为了推动这一意义上的"西部儒学"研究，四川大学国际儒学研究院、古籍整理研究所做了大量艰苦的工作。它们经过多年努力编纂的《儒藏》《巴蜀全书》等，就是"西部儒学"研究的重大成就。陕西学者编纂的"关学文库"，也可视为"西部儒学"的重要成果。

如何进一步深化"西部儒学"的研究？笔者以为要从两方面着手。一是在第一个意义上对"西部儒学"的研究，即研究儒学在西部发生、发展、演变的历史，主要内容及其特点，如开展西部儒家经学史研究；"西部儒学"的特征研究；"西部儒学"的发展演变研究；儒学在西部少数民族地区的传播、特征、作用的研究；儒学与佛道关系在西部的表现研究；儒学与西藏佛教的关系研究等。重要的还有，对西部少数民族文字儒学文献的整理与研究，也是"西部儒学"研究的重要内容。例如，对西夏文、维吾尔文、回鹘文、藏文儒学文献的整理和研究，也应是目

---

① 谭其骧：《中国文化的时代差异和地域差异》，载《中国传统文化的再估计——首届国际中国文化学术讨论会（1986年）文集》，上海人民出版社1987年版，第41页。

前"西部儒学"研究的重要内容。这可以通过设立项目来展开。二是在第二个意义上对"西部儒学"的研究，即推动我们地处西部的学者加强儒学的传承和研究。如舒大刚先生拟组织的《西部儒藏》、"西部儒学"教材及已经开展的儒学评奖等工作。可以说，在这方面已经形成了一个以四川大学国际儒学研究院为中心的"西部儒学"研究阵地，我们大家也要积极配合，支持四川大学国际儒学研究院开展这方面的工作。三是加强"西部儒学"研究者与其他地域研究者的交流与互动，以扩大视野，相互学习，共同推动"西部儒学"研究的深化。

关于巴蜀哲学特色的思考

蔡方鹿

（四川师范大学哲学研究所）

摘　要：巴蜀哲学融会儒、道、佛三教，具有较强的哲学思辨性和包容性；重躬行践履、实事实功；重经学，超越旧说，勇于创新；重人情；批判专制，与时俱进等特色。巴蜀哲学集中体现了巴蜀文化的时代精神与博大精深，是历史流传下来的珍贵文化遗产，值得今天的人们认真清理和总结研究，为文化强省和促进四川的全面发展作贡献。

关键词：巴蜀哲学　特色　贡献

如果不是孤立地研究巴蜀哲学史上一个个具体的哲学家、思想家，而是把具体的、具有鲜明特色的每一位哲学家置于中国哲学及巴蜀哲学发展的大背景下，以哲学家、思想家为点，以时代思潮为面，以整个中国哲学思想及巴蜀哲学的发展为线，通过点、面、线三者的结合，多层次、多角度、全方位地审视巴蜀哲学史上的每一位哲学家、思想家，从各个方面来展开研究和探讨的话，就可得出，越具有地域特点的哲学，越是具有全国性的影响。可以说，通过对巴蜀哲学及其特色作深入系统的研究，就是为中国哲学史的研究作出应有的贡献。

一　融会儒、佛、道三教，具有较强的哲学思辨性和包容性

巴蜀哲学具有融合黄河流域的齐鲁文化和长江流域的楚文化的特色，

使富于伦理道德的孔孟思想与浑然朴实、富于哲理的老庄思想融为一体，后又吸取佛教的思想，创造出巴蜀思想文化的独特风貌。汉代巴蜀著名的思想家有严君平和扬雄。严君平是扬雄的老师，著有《老子指归》，继承老庄的哲学，讲由无生有的过程，但也受到儒家思想的一定影响，主张德刑并用，并提出顺民、重民的思想。扬雄是融合儒、道的思想家，在哲学上，他上承《易经》《老子》，下启王充、张衡乃至魏晋玄学；在政治思想上，扬雄上继孔孟和董仲舒，提倡德治，主张以礼义教化人民，反对为政先杀后教，并影响了后来的思想家。宋代著名的以苏洵、苏轼、苏辙为代表的"三苏蜀学"具有典型的融合三教的学风，他们既提倡儒家政治伦理思想，又对老子的道论加以吸取，并明显受到佛教思想的影响，这体现了巴蜀哲学具有包容性、开放性的特征，既吸取诸家之长，又具有较强的哲学思辨性。哲学史家谢无量作《蜀学原始论》，提出"蜀有学，先于中国"，"儒之学蜀人所创"的观点，并指出道教亦为蜀人所创，而佛教经西域"自蜀以达于中国"，其中蜀人所传者二宗：禅宗由马祖道一传，华严宗由宗密传；并且"文章惟蜀士独盛"①。认为儒、佛、道、文章四者构成蜀学之内涵，充分肯定蜀学在中华学术中的地位。基本不把佛、道视为异端。

北宋两度为相的著名蜀地学者张商英著《护法论》，强调："三教之书各以其道善世砺俗，犹鼎足之不可缺一也。"②体现了其儒佛道三教融合、不可缺一的思想。元代理学家虞集提出融通三教，"博涉于百氏"的思想，把佛教视为西方圣人所传，认为道教神仙之学不出天理之外，主张对诸子百氏各尽其蕴，而不偏滞于一方。③清代著名蜀学学者刘沅除潜心研究儒家经典外，也通过探讨佛、道，深受二氏的影响，认为佛、道不为异端，"佛老之真者与圣贤无二"，儒、佛、道是相通的。④指出佛理原不外于儒理，佛亦不外于人伦物理，与儒无异。

---

① 谢无量：《蜀学原始论》，《蜀学》第5辑，巴蜀书社2010年版，第272—274页。
② （宋）张商英：《护法论》，大正新修大藏经本。
③ 参见蔡方鹿《融贯博通，会归于道——从虞集思想看元代理学的走向》，《哲学门》总第22辑，北京大学出版社2011年版。
④ 参见（清）刘沅《夏王雪桥书》，《槐轩全书·槐轩杂著》卷3，清光绪年间豫诚堂刊本。

二 重躬行践履、实事实功

早在西汉之初，文翁为蜀守，便兴修水利，灌溉繁田一千七百顷，使民物阜康，然后施之以教，开巴蜀躬行践履之风。唐代赵蕤，乃李白之师，著《长短经》，提出经世哲学，洞察"农事伤则饥之本，女工害则寒之原"①，而主张兴农事，重女工，以保障百姓的基本生活需求。至宋代，张栻超越理学，吸取功利之学，重躬行践履，留心经济之学，指出："若如今人之不践履，直是未尝真知耳。"② 这成为张栻南轩之教的学术特征，而与永嘉学派重实事实功的思想相吻合，然与正统理学有别，故遭到朱熹的批评。魏了翁继承张栻，既重功利，讲求实事实功，又主张义利统一，"趋事赴功"，重视功利与实效，强调"一寸有一寸之功，一日有一日之利，皆实效也，事半功倍，惟此时为然"③。表明他不仅重视功利和实效，而且认为功利须平时一点一滴地讲求，才能收到事半功倍的效果。张栻、魏了翁对事功的重视，在整个理学中都是别具特色的，由此体现出巴蜀哲学的一大特色。

三 重经学，超越旧说，勇于创新

巴蜀哲学有重经学的传统，文翁是一位深通《春秋》的儒家人物，他在任蜀郡太守期间，大兴教育，提倡儒学，选拔蜀中俊杰之士如张宽等赴京城学五经。在文翁的倡导下，蜀地学子始治经学，为巴蜀学术在西汉跻身于全国先进之列打下了基础。两汉三国时期，蜀中学人在治经学方面取得了不少成就。

宋代蜀学的集大成者魏了翁著《九经要义》《经史杂抄》等，在经学史上占有重要地位。其经学思想以宋学为主，但又兼采汉、宋，实开明

---

① 赵蕤：《长短经》卷1，宋刻本。
② （宋）张栻：《答朱元晦》，《张栻集》卷3，杨世文点校，中华书局2015年点校本，第1217页。
③ （宋）魏了翁：《奏论蜀边垦田事》，《鹤山先生大全集》卷16，《四部丛刊》景宋本。

末清初"舍经学无理学"思想之先河。魏了翁的经学思想之特色不在于他以宋学为主而批评汉学,其在经学史上之所以占有重要地位,主要是由于他在宋学内部对宋学加以扬弃,而对汉学加以吸取。其对宋学的扬弃表现为他批评宋学学者只讲义理,而不讲义理的来源根据,脱离训诂考据,流于"束书不观,游谈无根"①的弊端,使所讲义理毫无根底。由此他主张义理从考据出,把义理与训诂考据的方法结合起来。

近代今文经学大师廖平在经学史上占有十分重要的地位,其思想甚至影响到康有为。廖平经学思想凡"六变",较有意义的是"第一变"以礼制区分今、古文经学和"第二变"尊今抑古,表现出他不囿于传统的以今、古文文字的不同来区分今、古文经学之旧说。廖平经学对思想史的重要影响主要有两点:一是认为孔子"微言大义"的真谛是托古改制;二是认为古文经学乃刘歆等所伪造。这两点见解的政治意义要大于它的学术价值。廖平根据时代的要求,强调托古改制,因时救弊,是具有重要政治意义的。古文经学在历史上长期占统治地位,也是清王朝专制统治的重要理论基础,一旦被廖平宣布为伪造,这对打破两千年来无人敢疑、无人敢违的旧传统,把人们的思想从禁锢中解放出来,具有思想启蒙的积极作用。

现代国学大师蒙文通继承廖平,阐发师说,亦提出己见,加以发展。主张超越两汉,向先秦讲经;批评汉学流弊,倡鲁、齐、晋之学,以地域分今、古;破弃今、古文经家法,而宗周秦儒学之旨。其后,蒙文通又提出汉代经学乃融汇百家,综其旨要于儒家而创立的新儒学的见解,推崇西汉今文经学。后于晚年著《孔子与今文学》,又对今文经学提出批评与评价,认为今文经学乃变质之儒学。②蒙文通的经学思想内涵丰富,深刻而富于创见,深深打上了时代发展的烙印,值得认真总结与探讨。

---

① 此语出自苏轼《李氏山房藏书记》,魏了翁《洪氏天目山房记》《朱文公五书问答序》两见引用,载《鹤山先生大全集》卷49、卷55。
② 参见蔡方鹿《蒙文通经学四变述论》,《四川大学学报》(哲学社会科学版) 2004年第6期。

四　重人情

在中国思想发展史上，儒家尚仁义，道家崇自然，形成中国思想文化对应的两端，然后互相影响沟通，它们之间的相互关系成为两千多年来中国哲学与文化发展的主线之一。与宋代理学家偏重伦理相比，"三苏蜀学"在一定程度上认同儒家伦理的基础上，较为重视自然之人情，这体现了蜀学乃至巴蜀哲学的特征。苏洵作《六经论》，贯穿着重人情的思想线索。他认为，礼所代表的道德规范，建立在人情的基础上，圣人因人情而作礼。苏轼继承苏洵，提出"六经之道，惟其近于人情"①的思想，认为六经之道近于人情，"圣人之道，自本而观之，则皆出于人情"②，而在孔子之后则散而不可解，其原因是后世之迂学责义太深，歪曲了圣人作经之近于人情的原义。从而提出把经典之义建立在人情的基础上。舍人情而言义，则为苏轼所反对。苏辙指出礼皆是"因人之情而为之节文"③，即礼皆为人情而设，所以礼以养人为本。把礼与世俗人情紧密地结合起来，而不仅限于礼义道德等抽象概念，这体现了"三苏蜀学"重人情的特征。

不特"三苏"如此，魏了翁受道家思想的一定影响，也重视自然之人情。在伦理观上，魏了翁肯定人欲有善的一面，"欲虽人之所有，然欲有善、不善存焉"④。认为欲分为善与不善两种，指出饮食男女等人欲是人不可避免的欲望，它是自然而然、不容抹杀的。对此自然之人情，魏了翁主张采取客观承认的态度，不要求去灭绝它，认为仁义道德不能脱离人们的物质欲望和利益即人之情而孤立存在，道就存在于欲之中，圣人也是"使人即欲以求道"⑤，可见道不离欲，在对人欲即人之情的适当满足并加以节制的过程中，就体现了道，说明道与人欲是不能分离的，这体现了对人情的重视。

---

① （宋）苏轼：《诗论》，《苏轼文集》卷2，中华书局1986年点校本，第55页。
② （宋）苏轼：《中庸论中》，《苏轼文集》卷2，第61页。
③ （宋）苏辙：《论以养人为本论》，《苏辙集》卷11，中华书局1990年点校本，第1344页。
④ （宋）魏了翁：《又答虞永康》，《鹤山先生大全集》卷32。
⑤ （宋）魏了翁：《合州建濂溪先生祠堂记》，《鹤山先生大全集》卷44。

五　批判专制，与时俱进

在巴蜀思想史上，唐甄、邹容与吴虞等均对封建君主专制主义提出了批判，这体现了巴蜀哲学的一大特色，为近代民主提供了借鉴。唐甄作《潜书》①，提出批判君主专制的惊世骇俗之论："自秦以来，凡为帝王者皆贼也"，把批判的矛头直指封建专制的最高权威，而强调统治者应从人民的利益出发，做到"皆为民也"②。邹容著《革命军》，产生了很大的影响。他阐明革命的原因在于清王朝的封建专制，剥夺了人民应有的"天赋人权"。强调革命是不可抗拒的"天演公例"，要摆脱清朝封建专制的统治，成为具有平等、自由等民主权利的国民，就需要革命。③ 这种以革命手段来推翻封建专制统治而建立资产阶级民主共和国的思想，把历史上对封建专制主义的批判提高到一个新的台阶，产生了重大的社会影响。吴虞把封建君主专制、家族制度与儒家学说联系起来进行批判，继邹容之后，在当时产生了重大的影响。

以上巴蜀哲学之特色体现了巴蜀文化的博大精深与融会贯通，是历史流传下来的珍贵文化遗产，值得今天的人们认真清理和总结研究。四川古为巴蜀之地，有着悠久的历史和独特的文化与哲学，对四川历代政治、经济的发展，产生了极为重要的影响，也是值得借鉴、继承和发扬的珍贵历史文化遗产。通过深入研究巴蜀哲学，充分发挥地方文化资源的优势，立足巴蜀，面向全国，突出地方特色。这就要求我们从事巴蜀哲学研究的人们，自觉地把研究工作与现代化事业结合起来，古为今用，服务于文化强省建设，为促进四川省经济、文化和社会主义"五个文明"建设作贡献。

---

① （清）唐甄：《潜书·室语》，中华书局1963年点校本，第196页。
② （清）唐甄：《潜书·明鉴》，第109页。
③ 参见邹容《革命军》，民智书局1928年版。

关于构建中国少数民族儒学的初步设想

杨翰卿

（西南民族大学马克思主义学院）

摘　要：历史上儒学与我国少数民族哲学和文化长期的互动交融，产生和形成了带有"四夷"文化特色的诸少数民族儒学形态，我们将其称为中国少数民族儒学。它是以我国历史上诸少数民族为思想观念主体，以儒学与各少数民族哲学文化相结合为重要的观念构成，而发育成长起来的一种独特的儒学文化。表现在我国南方西南少数民族哲学文化中的"释儒"观念、与我国北方少数民族政权密切结合所构成的政治化实用儒学。这样的思想文化交融会通、和谐发展，是中华各民族团结凝聚、多元一体、形成和增进中华民族共同体意识的重要的精神力量和观念资源。

关键词：儒学　中国少数民族儒学　释儒　中华民族共同体意识

由于社会发展和文化形成演变的历史原因，儒学创始并主要发展于我国的中原地区，且经历了由形成到显学，再到长期作为具有国家意识形态性质的观念体系乃至生活方式、文化类型的发展进程。以汉民族为主体而少数民族多居周边的历史文化生态和民族地理构成，决定了儒学与我国少数民族哲学和文化相互眷顾和培壅发展的机缘，我国少数民族哲学和文化由于儒学的传播影响而得到充足的浸润和滋养，儒学也因我国少数民族哲学和文化的基因合成而更加绮丽多姿。回溯儒学与我国少数民族哲学和文化这种交相成长演进的历程，其理论和实践价值、历史和当代意义，都是积极而重大的；其双向的交流、交合、交融，既大大促进了儒学的进一步发展，更深刻地促进和催生了带有我国少数民族文化特色的诸少数民族儒学形态的孕育和形成。我们姑且称之为"中国少数民族儒学"。

一　中国少数民族儒学的内涵及其依据

中国少数民族儒学，即在我国传统哲学和文化发展中，以诸少数民族为思想观念主体，以儒学为基本的、核心的，或者主要的、重要的观念构成而孕育和生长起来的，不同于、不属于此外其他任何一种儒学的、独特的精神文化形态。

首先，中国少数民族儒学是关注我国诸多少数民族这一思想观念主体，或者说从民族主体的视角，来加以审视、观察和研究的，即在我国传统哲学和文化的发展中，实际地生存着、活跃着的一种以我国诸多少数民族为思想观念主体的儒学精神文化生命。就儒学的思想文化定位来看，一般从时间发展、空间地域、学派主体、思潮演进和思想者个体等维度进行学术理论建构和思想文化考察，这些大多已经暗蕴于民族思想主体的维度，只不过未加彰显、突出而已。如日本儒学、韩国儒学，其实也就是日本民族的、韩国民族的儒学。我国历史上以各种学派、思潮或空间地域而言的儒学，如濂洛关闽、汉学、宋学、实学、中原儒学、湘学、蜀学、浙学，等等，无一不是代表着不同的思想学术群体。因此，有众多思想群体之学，就有不同国别、民族之儒学，有中国儒学，也就能有、会有或者可以有中国少数民族儒学。换言之，中国少数民族儒学是中国儒学和中国传统文化的重要组成部分，是我国诸多少数民族思想观念主体智慧的结晶。将我国历史上不同的民族作为中华传统文化主体结构之一——儒学的一种思想观念群体主体，说明儒学是中华各民族共同的精神文化创造；以此为思想基础和观念纽带，在更深层次上揭橥的是中华各民族在历史演进中何以能够将团结统一、和谐交融、共促发展作为主流和基本方向。

其次，儒学文化既有深厚的精神观念渊源，又有深远广博的传播影响。作为文化种子，儒学播洒在我国南疆、西南边陲诸少数民族哲学和文化中，生根、发芽、开花、结果，形成了具有我国南方、西南边陲诸少数民族文化特质的儒学形态。如将儒学文化与佛教文化相结合，衍生出名为"释儒"或"儒释"的以该地区某些少数民族为代表的文化现象；有的在本民族的宗教文化或原始宗教基础上，积极充分地吸收借鉴儒学文化，而获得丰富发展和提升改造，如纳西族的东巴文化即是如此。儒学的文化旋律，吹奏到我国北方边疆诸少数民族哲学和文化中，引起和鸣回响。不仅是契丹族建立的辽、女真族建立的金视儒学为治国理政之重要理念，蒙古族入主中原，也尊崇佛教（藏传）更"行汉法"。《续资治通鉴长编》载："自契丹侵取燕蓟以北，拓跋自得灵夏以西，其间所生豪英，皆为其用。得中国土地，役中国人力，称中国位号，仿中国官属，任中国贤才，读中国书籍，用中国车服，行中国法令……皆与中国等"。[①]再行观察，儒学如文化惠风，飘拂到我国西部之域诸少数民族哲学和文化中并进行融汇。儒学在古代丝绸之路上的传播，特别是在西域段的传播，如同飘散的彩绸，成为一道历史绵长的风貌景观。

再次，中国少数民族儒学是不同于或不属于此外其他任何儒学的儒学，也就是说，中国少数民族儒学有其独立的思想人格和理论品格，曾受到先秦儒学、汉唐儒学、宋明理学、理学批判思潮、明清实学等不同时期儒学的重要影响，因此，它不属于具体某一时段的儒学；从地域文化而言，少数民族儒学大多生长发育在中国少数民族地区，是与某地少数民族文化进行了交流融合的儒学；中国少数民族儒学以认同、吸纳、借鉴、践行儒学思想观念为突出特征，具有鲜明的实学文化色彩，即它是我国少数民族化了的儒学。所以，我们称之为"中国少数民族儒学"，或者将其构成一种独特的儒学形态，纳入理论视域，进行思想文化考察，是适宜的、必要的，意义是极其深刻的。

最后，从现实的意义看，中国少数民族儒学作为我国少数民族传统文化的重要组成部分，是建设中华民族共有的精神家园、铸牢中华民族共同体意识的珍贵的传统文化资源。目前在"全面建成小康社会"的决胜阶段，我国的少数民族地区基本上是贫困地区和深度贫困地区，既有经济贫困，又有深层次的文化贫困、智力贫困。据统计，在我国的"深

---

① （宋）李焘：《续资治通鉴长编》卷150，中华书局2004年标点本，第3641页。

度贫困县中,有革命老区县55个,少数民族县113个。自然地理、经济社会、民族宗教、国防安全等问题交织在一起,加大了脱贫攻坚的复杂性和难度。""由于历史等方面的原因,许多深度贫困地区长期封闭,同外界脱节。有的民族地区,尽管解放后实现了社会制度跨越,但社会文明程度依然很低……有的地区文明法治意识淡薄,家族宗教势力影响大,不少贫困群众沿袭陈规陋习,有病不就医靠信教、搞法事,婚丧嫁娶讲排场、搞攀比,'一婚十年穷'。不少群众安于现状,脱贫内生动力严重不足。"① 在实现"中华民族伟大复兴中国梦"的总目标之下,中华民族伟大复兴实质是中华文明的复兴。而中华文明的复兴,需要中华优秀传统文化的创造性转化、创新性发展,并与马克思主义深度融合。实现马克思主义中国化,建设中华民族共有的精神家园,铸牢中华民族的共同体意识,加强各民族交往、交流、交融,促进各民族共同团结奋斗、共同繁荣发展,等等。从中国少数民族儒学的研究视角,我们提出,中国化的马克思主义、中华优秀传统文化、中华各民族优秀传统文化的深度结合,对于提升中华各民族素质,特别是我国各少数民族的民族素质和思想文化素质,深度实现民族地区的精准扶贫、精准脱贫,全面建成小康社会,铸牢中华民族的共同体意识,实现建设社会主义文化强国的伟大目标,都具有极其深远而重大的意义。

二 中国少数民族儒学的诸形态及思想特色

(一) 我国西南少数民族哲学文化中的儒学传播和"释儒"现象

约在两汉时期,儒学即在云南少数民族地区进行传播并产生了积极的影响。唐宋以后,儒学更深深地渗透到云南诸少数民族哲学和文化的土壤里,使云南少数民族哲学和文化中的儒学构成越来越重。明清时期,甚至成就了一些颇有影响的少数民族儒学代表人物。具有云南纳西族古代社会"百科全书"之称的东巴经,大约至我国明代前后,出现了采用汉文儒典《周易》阴阳符号"--"和"—"来代替东巴文的情况,即用

---

① 习近平:《在深度贫困地区脱贫攻坚座谈会上的讲话》,人民出版社2017年版,第8—9页。

"—"代表东巴文的"卢"(阳),用"--"代表东巴文的"色"(阴),并将"卢""色"的读音和含义都移植到"—""--"这两个符号之上。①古代纳西族的阴阳观念明显受到了儒家《周易》阴阳观念的影响。在云南的少数民族中,儒学与佛教密切结合形成了"儒释"或"释儒"。南诏大理国时期的白族僧侣被称为"师僧"或"儒释",这些僧人往往饱读儒书,在佛寺中又教儿童念佛经、读儒书,佛寺不仅是宗教活动场所,也是传授弘扬儒学之地。僧侣用俗姓,崇释习儒,有"其流则释,其学则儒"的特点,故称之为"儒释"或"释儒"。

生活在明代中后期且半生"僻居西陲"的白族哲人李元阳,在"阳明心学"已全面破解"朱学"成为理学舞台上主要角色的背景下,处于云南大理地区白族举族信佛的宗教环境中,明嘉靖五年(1526)中进士,授翰林院庶吉士,后来辞官返乡究心性命、参研佛理,其儒学成就不仅渗透着王学精神、佛道思想,而且体现出独特的理论品格,代表了我国白族学者对儒学的卓越贡献。李元阳的哲学是儒佛道综合的哲学,其儒学是融合了佛道的儒学,如果说佛教是白族在明代时的主体性文化,李元阳综合儒道,实现儒佛道相融汇,实质上体现着中华各民族文化相互交融、相互吸收的和谐关系,以及民族之间团结融合、多元一体的深刻的精神内涵。

清初云南姚安土司高奣映,是白族或彝族,他对于经史百家、先儒论说、佛教典籍、辞文诗赋,皆窥其底蕴,特别治宋明儒学和佛学。他的儒学成就和影响,几乎与顾炎武、黄宗羲、王夫之、颜元等并列。② 陈垣先生把高奣映归于"士大夫之禅悦"③ 群体。"禅悦"者,明代末期士大夫之风气也。作为明末清初的白族(或彝族)"释儒",高奣映又与李元阳不同,他采取的是一种随破随立的阅读,从"儒释"文本中汲取概念或命题,而后进行各自独立的分析阐论,佛与儒在高奣映的生活中是统一的,而在其学术理论中却彼此分开。高奣映的这种特点体现着我国

---

① 参见萧万源、伍雄武、阿不都秀库尔主编《中国少数民族哲学史》,安徽人民出版社1992年版。

② 《姚安县志》载:"清季北平名流有谓清初诸儒应以顾、黄、王、颜、高五氏并列。"霍士廉修、由云龙纂:《姚安县志》卷42《学术志·学术概论》。

③ 陈垣:《明季滇黔佛教考》(上),河北教育出版社2000年版,第333页。

少数民族中"释儒"和融的多样性。彝族文化与儒、佛、道文化有着深刻的渊源关系。彝族"毕摩"文化中有崇佛、敬祖和信仙等观念内容,从当今云、贵、川三地少数民族中的彝族来看,其思想文化、哲学观念,可以说是彝族本体文化与儒佛道观念交融结合的结果。

汉末三国时期的苍梧人牟子,世居苍梧,或为少数民族。[①] 牟子原本为儒生,精研儒家经传,亦读其他诸子百家书,后致力于佛教研究,著《理惑论》。牟子《理惑论》采取问答体形式,广引《老子》和儒家经书,以论佛与道、儒不悖。从《理惑论》所引儒家经传看,《论语》《孝经》《左传》《荀子》《礼记》等,无不涉猎。因此,《理惑论》是一部重要的佛学文献,同时也是儒、道论著,该书诞生于东汉末三国初年的岭南,对于当时岭南地区少数民族思想文化的影响,自然是儒、佛、道皆有。

(二)儒学"北播"对我国少数民族哲学文化的影响和政治化实用儒学

儒学在我国北方少数民族中的传播和影响,与在南方少数民族中的传播和影响具有很大的差异性。主要是北方少数民族在汉代以后陆续建立的、众多的汗(王)国政权,在其存续期间为了维护、巩固或稳定政权,包括在其所辖区域(本民族聚居区、各民族杂居地区),崇尚并推行儒家文化;北方少数民族入主中原,或统一全国后,崇尚儒学,推尊儒术,从而形成儒学与所建立的汗(王)国政权密切结合的政治化实用取向,以主导意识形态的面貌,在北方诸少数民族及全国各民族中传播影响的态势。也就是说,儒学对于我国历史上北方少数民族的思想观念、哲学文化的影响,主要是在建立政权的少数民族贵族、汗(王)室中及在其政权的运作和朝政治理层面展开、施行的。在某种意义上,这样的社会群体和族群也代表着本民族的思想水准和精神面貌,具有以上率下、以政化民、引领范导的作用与影响,尤其对于本民族群体的思想观念、文化导向,更是如此。

晋十六国南北朝时期(265—589年),儒学更张为玄学而风靡起来,同时佛学发展。在这样的思想文化背景下,我国北方建立的诸多兄弟民

---

① 参见何成轩《儒学南传史》,北京大学出版社2000年版。

族政权，常常将儒学作为其主流意识形态，在与佛教的关系上，无论从建立封建秩序的礼制方面，还是从重视传统儒学、尊孔读经、礼待儒生等方面，这些兄弟民族政权或者是儒佛并尊，或者是兴儒抑佛甚至反佛斥佛，儒学在该时期获得了空前的多民族认同。在匈奴族建立的汉（前赵）国，统治者刘渊、渊子刘聪博览汉族文化经籍，尤好儒学，拜汉儒为师，习《诗》《易》《春秋》等儒家经典。羯族建立后赵国的石勒，常让"儒生读史书而听之"，"朝贤儒士听者莫不归美焉"①。前燕、后燕的建国者鲜卑族慕容氏，前燕慕容庞、慕容翰父子，后燕慕容垂、慕容宝父子等，重儒学、爱儒学、敦崇儒学，接纳儒士，委以重任。前秦的氐族苻坚，崇儒之笃，达到了"诸非正道典学，一皆禁之"②的程度。羌族姚兴的后秦，儒佛并用，尤重儒学。南北朝时期的北朝，拓跋鲜卑氏建立的北魏始终尊孔崇儒，并且斥佛除佛，北魏献文帝拓跋弘、孝文帝元宏（改拓跋为汉姓元）达到巅峰。建立北周的鲜卑族贵族，更加雅重儒学，至北周文帝、武帝时，崇儒兴学，成为时尚。北周建立伊始，周文帝宇文泰在政治上奉行以德治教化为主、法治为辅的统治原则，要求各级官吏用儒家学说修身，躬行仁义、孝悌、忠信、礼让、廉平、俭约等，恪守儒家道德规范。同时向民众和社会推行孝悌、仁顺、礼义，施以儒家伦理纲常观念教化人们的思想，以心和志静，邪僻之念不生，稳定统治秩序。宇文泰雅好儒术，倡导儒学，并以此去除鲜卑族的一些落后习俗。周武帝宇文邕时期，辩释儒佛道三教先后，崇儒而抑制佛道，以至于灭佛。同时，匈奴、鲜卑、羯、氐、羌诸少数民族统治者，崇尚儒学，以儒为重，大都重视设馆立学，推行儒学教育，从而致使儒风隆盛、儒术昌明，促进了北方少数民族与汉族间的团结融合，推进了少数民族的封建化过程，儒学传统得以延续和保存，儒家文化得到弘扬，华夏民族的凝聚力进一步增强。

由我国古代靺鞨族建立的初名"震国"后改号"渤海国"的民族政权社会中，佛教兴盛，其仿唐而建的政治体制，与唐王朝一样"一准乎礼"，中央机构之下设忠、仁、义、礼、智、信六部，自高王大祚荣起，

---

① 《晋书·石勒载记》，中华书局1974年标点本，第2741页。
② 《晋书·苻坚载记》，第2895页。

即不断派遣留学生赴唐学习儒家文化。这些人大多出身渤海王室或贵族，受中原文化熏陶，精通儒家经典，了解唐朝政治文化，返回渤海国后大多跻身治政，成为精英人才。温庭筠在《送渤海王子归国》中有言："疆理虽重海，车书本一家。盛勋归旧国，佳句在中华"，意蕴即在此。渤海文王时还仿效唐朝国子监置"胄子监"，作为传播儒家文化的重要途径。儒学文化作用和影响于渤海国靺鞨等诸民族，以致在渤海国亡后仍对辽、金两代产生着重要的影响。

辽、西夏、金、元时期，我国北方的契丹族建立的辽国存续三百多年，党项族建立的西夏和女真族建立的金等少数民族政权也有一二百年之久，元朝蒙古族入主中原，统一了全国。在这些少数民族政权中，儒学无一例外地得到传播、发展。辽国从建立之初到中后期，儒学与日俱增地受到重视，儒家政治伦理思想居于统治的地位，儒学思想文化渗透到辽国社会生活的各个领域，对契丹民族的心理结构和价值观念产生了重大影响。女真族素有崇尚汉族文化的传统，金继辽后，成为我国北方的另一少数民族政权。此时，在北宋兴起并初步发展的性理儒学，已在南宋时期发扬光大，程朱理学的统治地位得到确立。与南宋对峙而立的金朝，随着女真族封建化的加深，儒家思想亦渐行渐盛，尤其在金熙宗完颜亶、金世宗完颜雍、金章宗完颜璟统治时期，兴儒学，修孔庙，行科举，重儒典，《周易》《尚书》《论语》《孟子》等儒家经典皆被译为女真文字并颁行于世，儒家文化浸透至女真民族之中。《金史·文艺传》载："金初未有文字。世祖以来，渐立条教。太祖既兴，得辽旧人用之，使介往复，其言已文。太宗继统，乃行选举之法，及伐宋，取汴经籍图，宋士多归之。熙宗款谒先圣，北面如弟子礼。世宗、章宗之世，儒风丕变，庠序日盛，士由科第位至宰辅者接踵。当时儒者虽无专门名家之学，然而朝廷典策、邻国书命，粲然有可观者矣。金用武得国，无以异于辽，而一代制作，能自树立唐、宋之间，有非辽世所及，以文而不以武也。《传》曰：'言之不文，行之不远。'文治有补于人之家国，岂一日之效哉。"元朝佛儒并举，把藏传佛教奉为国教，同时尊崇儒学。早在太宗窝阔台时，耶律楚材即大力推行汉法，考选儒士，任之以官。元世祖忽必烈主政秦陕时，闻儒家学者许衡之名，征召委为京兆提学；即帝位后，又召他入京顾问，授国子祭酒、中书左丞。蒙古族建立元朝，统一全国，与其贵儒、崇儒具有密切的关系。元代赵复、姚枢、许衡、姚燧、刘秉忠等儒家学者，在传播、推广儒学，以儒立国，广育人才，使蒙古族统治者施行汉法，蒙古族人和子弟，包括当时所称的色目人或西域人接受儒家教育等方面，发挥了重要作用。

建立清朝的满族是从我国北方建立后金政权的女真族演变而来的，清朝历代统治者亦崇尚儒学。本来作为儒学发展巅峰形态的理学在明清之际已经趋于衰落，但是由于清代统治者的鼎力提倡，以及理学衰落内蕴着新的发展契机，理学不仅在整个清朝始终居于统治地位，而且还以其固有的汉学形态复兴演进。由此便形成了儒学在清朝满族统治者上层的再度隆兴和全国各族社会中的延续。具体而言，儒学在满族社会中的传播及影响，一是清代最高统治者身体力行，率先敦崇儒学，如康熙帝玄烨"夙好程朱，深谈性理"[1]；二是以国家政权之力"表章经学，尊重儒先"[2]，如诏令购求与编纂、诠释儒学典籍，因袭元明旧制继续以程朱理学为思想理论内容和标准科举取士，优宠理学名士选任为官，等等，致使在满族社会中出现"今观八旗，各令子弟专习诗书"的局面。[3]

三　中国少数民族儒学的理论价值及其重要社会意义

我国少数民族哲学和文化在不同程度地接纳、吸收、融摄和改造儒学文化的过程中，不仅扩大了儒学在我国的传播影响，促进了各少数民族哲学和文化的提升，以及民族进步和发展，成就了如保巴、李元阳、王岱舆、玄烨等具有突出儒学思想的少数民族哲学理论代表人物，而且丰富了儒学传播发展的多样性和多元化，体现出我国各少数民族哲学和文化对儒学发展的增益与贡献，显示了儒学与我国少数民族哲学和文化相互融合、相互促进、互动发展的理论面貌。儒学融入少数民族哲学和文化之中，成为少数民族哲学和文化的血脉。

---

[1] 赵吉惠等主编：《中国儒学史》，中州古籍出版社1991年版，第789页。
[2] 赵吉惠等主编：《中国儒学史》，第790页。
[3] 《世祖实录》卷98，十三年二月丙申，《清实录》，中华书局1985年影印本，第3册，第759页。

蒙古族忽必烈取《易经》"大哉乾元"之义，建国号为大元。有元一代，崇佛的同时，重用儒臣，优宠儒士，推尊儒学。于是儒学在元代得到发展，在蒙古族的哲学和文化中演进。元代维吾尔族的廉希宪、贯云石等，对于儒学的贡献，主要在价值观方面。廉希宪作为西域人中的纯儒，被忽必烈称为"廉孟子"，嘉其言，从其说。贯云石作为翰林侍读学士，在元仁宗践祚之时，即"上疏条六事。一曰释边戍以修文德；二曰教太子以正国本；三曰设谏官以辅圣德；四曰表姓氏以旌勋胄；五曰定服色以变风俗；六曰举贤才以恢至道。书凡万余言"①。贯云石的儒学价值观溢于字里行间。

清代壮族学者刘定逌，以"追踪濂洛关闽之学，直窥《大学》明德新民、止于至善之真传"② 为矢志，一生大多在广西壮乡潜心性理之学，教授生徒，传播儒学，为儒学在壮族中的发展作出了贡献。刘定逌基本上是学宗程朱，同时不废陆王，表现出兼取程朱陆王的理论特征和儒学教育实践。本体论上有"道在心中""人心即道""心虚万物空"的思想倾向，近于陆王的"心即理"，"心外无事，心外无物，心外无理"的心学基本观点。工夫论上强调格物致知、读书穷理，推尊《大学》明德新民、止于至善，格物、致知、诚意、正心、修身、齐家、治国、平天下的三纲领、八条目，颇得程朱理学的"进学则在致知"之旨。刘定逌作为一位壮族儒家学者，其思想深受程朱陆王的影响，他联系自身的儒学教育实践，进行一些理论发挥和阐释，对于促进儒学在壮族少数民族中的传播影响，起到了言传身教的重要作用。

清朝帝王满族康熙皇帝玄烨，对于儒学文化的精蕴具有独特的理解，其重儒崇理的思想理论和亲政实践，不仅对满族社会产生了重要影响，而且对于理学在清朝前期的再度隆兴产生了很大影响。玄烨的儒学思想的主要特点，一是服膺朱熹理学；二是提出并强调"真理学"，即极力彰显理学中践履笃行的思想观念，质疑"终日讲理学而所行之事全与其言悖谬"的"言行不相符者"的理学，同时表明"若口中虽不讲，而行事皆与道理吻合"，这种重视践行其理的理学才是"真理学"。

---

① （明）宋濂等：《元史·小云石海涯传》，中华书局1976年标点本，第3422页。
② 萧万源、伍雄武、阿不都秀库尔主编：《中国少数民族哲学史》，第555页。

玄烨一方面重视程朱格物致知、读书穷理、循序渐进、积累贯通的"致知"理论；另一方面又发展朱熹以行为重的"重行"观念，把程朱理学进学致知、居敬穷理的修养工夫论，发展成为"明理之后，又须实行。不行，徒空谈耳"① 的知行并重观。不仅如此，玄烨还注重"亲历乃知"，"习而后知"，"身履其地，详察形势"等，具有先行后知、以行验知的思想特征。康熙九年（1670），康熙帝玄烨颁布贯穿儒学思想的"圣谕十六条"，同时又逐条训解，撰成《圣谕广训》，要求满族八旗和直省各级衙门宣讲。作为满族贵族代表和清王朝的统治者，玄烨对理学儒学的创造性发挥和切实推行，揭橥的是满族对于儒学文化的承接、培壅和践履。

儒家学说本身是一个以伦理道德思想为核心，且有多层理论层面的观念体系。自春秋末期孔子确立之后，战国时期就显示出其显学地位并开始获得广泛的社会认同。汉代"独尊儒术"以后，更被历代国家政权自觉地用来作为整合社会人际关系、稳定社会秩序，实现不同范围和程度的大一统的基本工具。就是说，儒学实际上是我国历史上具有国家意识形态性质的观念体系。特别是在南宋以后，程朱理学更加强化了儒学的意识形态性质，在国家"教化"政策的推动下，儒学浸润了包括各少数民族在内的中华各民族社会群体。完全可以说，儒学是中华民族生命之所在，中华各民族的变化发展都能从不同角度或在不同程度上显示出与儒学的融通。这就是儒学从形成以后能够以宏广的观念形态，历时性与共时性交错地传播至我国众多少数民族地区，并在少数民族的哲学和文化中获得自身演进发展的重要原因。

我国历史上众多的少数民族政权和社会，与中原王朝无论是臣属、疏离、相对独立甚或交恶，在儒学文化与各少数民族哲学和文化的互动发展、相互作用的基础上，都能够积极自觉地认同、推尊儒学文化。这是因为儒学文化可以在少数民族地区发挥与在中原王朝同样的社会功能和作用。少数民族在摆脱自身落后，追求文明进步，实现社会安定和人际关系和谐，维护地方治理等方面，认同、吸纳先进的儒学文化并加以应用和融汇，本身具有内在的客观需要。

---

① 萧万源、伍雄武、阿不都秀库尔主编：《中国少数民族哲学史》，第699页。

中华民族多元一体的格局和民族关系，是儒学与各少数民族哲学和文化交流互动和谐发展的前提和基础。儒学向少数民族地区传播的过程，实际上是中华民族逐渐实现融合的过程；也是各少数民族学习吸纳、创新发展儒学的过程。儒学向少数民族地区的传播不是原封不动的照搬，而是儒学与少数民族哲学和文化的融合：一方面，儒学被少数民族所吸收，改造着少数民族的哲学和文化；另一方面，少数民族吸收的儒学也在被少数民族的文化所改造。这种相互融合和改造的具体形式和情况，会因具体历史情况和少数民族原有文化的不同而不同。如蒙、满两个民族，由于是从边塞入主中原，所以在把其原有文化带到中原的同时，几乎全部继承了孔孟儒学和宋明理学。但在西南各少数民族地区，则大多是本民族政治家、思想家将儒学与本民族的文化糅合到一起，变成其统治思想，乃至乡规民约。因此，今日所谓的中华民族传统文化，已是中华各民族共同创造的文化。

从历史来看，我国少数民族哲学和文化对于儒学传播发展给予的促进或反哺，至少具有三个方面的特点。一是认同接纳、吸收融汇多于增益创造。二是融合异质之学。如果以儒学作为视角，被输入到少数民族的哲学和文化中，其自身的文化形态要经历多样性的观念重塑。如唐宋时期的南诏大理白族思想家、学者，兴儒崇儒，同时又笃信佛教，有"释儒"或"儒释"之称。三是植入本民族的文化基因。纳西族的"卢""色"阳阴或阴阳观念；明代白族学者杨黼的《山花碑》，汉字白音所表达的"敬孝""仁礼"等儒家思想；彝族文化中的《土鲁窦吉》，即图、洛或河图洛书，所传达的"宇宙生化"观念，突出地表示着儒学文化与各少数民族哲学和文化的同构融合。

在儒学与我国少数民族哲学和文化的交融互动和谐发展过程中，形成和创生出来的中国少数民族儒学，具有极其重要的价值和意义。

首先是进一步扩大了儒学的影响。在中国历史上，伴随着从原始儒学到清代儒学不同理论形态的变化，儒学的社会地位越来越高，思想影响从国家政权到作为一种文化结构——诸如制度、器物、风俗、社会心理等各个层面。在世界文化背景下，儒学凝聚成了一种具有独特特征和内涵的文化类型和生活方式。儒学与我国各少数民族哲学和文化多种形式及特点的接触、融合、渗透，使得儒学的传播无论是在空间范围抑或上述诸方面，都有了切实的增进。儒学影响的社会空间进一步扩大，主体层面进一步加深。

其次是进一步促进了儒学的丰富发展。儒学思想理论中确有夷夏之防的观念，但在历史的演进中，儒学与我国各少数民族的哲学和思想文化之间，不仅实现着"用夏变夷"，亦实现着"变于夷"。儒学融通我国各少数民族的哲学和文化，不仅有形态上的丰富发展，也有思想理论的增益创建。如在彝族文化里，关于阴阳、五行、图书、八卦、干支等问题，能够演绎成为系统的思想观念："清浊二气演化出了哎哺（阴阳），哎哺演化出了天地，天地演化出了四时五行，四时五行可以通过图书、八卦、干支来表达"，也即"清浊二气—哎哺—天地—万物，彝族先贤用一条简洁的、自然演化路线，解答了宇宙发生问题"。① 这种理论观念，在儒学文献中是散落在《周易》《尚书》等不同经典之内的。换言之，这些思想理论在彝族文化里较儒学文献更系统明晰。

再次是积极促进了少数民族的文明进步及哲学和文化的发展。在中国历史上，当中原地区发展到封建社会并有了充分的进步时，周边各少数民族地区有的尚处于从原始社会向奴隶社会过渡的时期，或从奴隶社会向封建社会过渡的时期，社会进步状态反差明显。在主要作为封建国家意识形态的儒学传播影响至少数民族地区时，发挥了重要的精神催化作用，促使少数民族向高一级的文明形态进步和跃迁。与此同时，儒学还提高了各少数民族的理论思维水平，丰富发展了本民族的文化观念和思维内容，积极建立起既具有本民族特色又有较高水准的哲学和文化。

最后是增强我国各民族文化的交流融合和各民族的团结凝聚。儒学长时期、广范围向少数民族地区传播影响，各少数民族哲学和文化对儒学的反哺与积极影响，以及各少数民族的思想家、学者对于儒学的诠解、阐释和发挥，促进了儒学与各少数民族哲学和文化之间的交流融汇、激荡发展，对于包括各少数民族在内的全国各民族之间的哲学与文化的和谐互动、相互促进，也具有积极的影响和意义。以儒学为主导的思想文化间的交汇融通，是中华各民族之间团结凝聚、彼此认同、促进统一的

---

① 刘明武：《事关宇宙发生与演化的理论——彝族文化对阴阳五行、图书八卦的解释》，《中州学刊》2009年第3期。

重要精神力量。

综上所述，儒学是包括我国各少数民族在内的中华民族共同的精神创造，儒学提高了中华民族的文化素质、哲学思想、思维水平，是我国古代各民族思想融汇、民族团结、凝聚统一的重要精神观念和思想文化基础。儒学与各少数民族精神文化、思想观念交流及互融而生发和建构起来的中国少数民族儒学，其历史和现实、理论和实践的意义都是极其深刻的。

儒学论衡

走出"律令体制"

——重新认识中华法系[*]

俞荣根

(西南政法大学行政法学院)

摘　要："律令体制说"肇始于日本汉学界。中华法系不应归结为"律令体制",而是一种"礼法体制"。从"礼法体制"来重新认识中华法系,以廓清长期以来对其的误读、误解和误判,揭示古代中国法由礼典、律典、礼俗习惯法组成的法律样式,寻求中华法系追求"礼法之治""良法善治"的法文化遗传密码。

关键词：中华法系　律令体制　礼法体制　礼法之治

一　"律令体制"说之由来

长期以来,中国古代法、中华法系属于"律令体制"的说法几乎占据并控制中国法律史的教学和研究领域,很有必要加以重新思考并予以廓清。

"律令体制",又有"律令制""律令法""律令法系""律令法体系"等说法,最早见于日本著名法律史学家中田薰先生1933年为仁井田陞《唐令拾遗》作的序文中。20世纪50年代初,中田氏连发三文阐论中

---

[*] 本文部分内容是在综合笔者《何谓礼法?》与秦涛博士的《律令体制抑还是礼法体制?》两篇论文的基础上改写而成的。此两文载《孔学堂》2016年第4期。特向秦涛博士的许可致以谢忱!

国律令体系及其沿革。① 他认为："所谓律令法系，是指由律和令两种法典形式组成之国家统治的基本法的支那独特的法律体系。"②

继起的滋贺秀三在《关于曹魏〈新律〉十八篇篇目》（1955）一文中明确指出，"律令法体系"始于魏晋。③ 另一位日本学者西嶋定生提出"东亚世界"的"历史文化圈"概念，认为其构成要素主要有四项：汉字文化、儒教、律令制、佛教。其中，"律令制，是以皇帝为至高无上的支配体制，通过完备的法制加以实施，是在中国出现的政治体制。此一体制，亦被朝鲜、日本、越南等采用"④。西嶋氏此说，将"律令制"论定为"东亚世界"的法制，亦即中华法系的载体。

此后，大庭脩、堀敏一、冨谷至等日本学者进一步研究"律令体制"。⑤ 如今，"律令体制说"已成为日本学界研究中国法制史乃至中国史的基础性概念与前提。

"律令体制说"深度影响着国内的中国法律史研究，翻检我们的各种中国法律史教材，大体上是按"律令体制"的模式编写的。

二 质疑"律令体制说"

"律令体制"不能正确表达中华法系。中国古代法在夏、商、周三代

---

① 三篇文章分别是：《古法杂观》，《法制史研究》1951 年创刊号；《关于中国律令法系的发展》，《比较法研究》1951 年第 4 号；《〈关于中国律令法系的发展〉补考》，《法制史研究》1953 年第 3 号。三文后均收入［日］中田薰《法制史论集》卷 4（补遗），东京：岩波书店 1964 年版。参见徐世虹《秦汉法律研究百年（二）》，载中国政法大学法律古籍整理研究所编《中国古代法律文献研究》第 6 辑，社会科学文献出版社 2012 年版。

② ［日］中田薰：《论支那律令法系的发达》，何勤华译，载何勤华编《律学考》，商务印书馆 2004 年版，第 76 页。此文即前注所述《关于中国律令法系的发展》之节译。

③ 该文原刊《国家学会杂志》1955 年第 7、8 号。中译文载杨一凡总主编《中国法制史考证》丙编卷 2，中国社会科学出版社 2003 年版。

④ ［日］西嶋定生在 1962 年发表的《6—8 世纪的东亚》一文即提出了这一观点，此引自氏著《东亚世界的形成》，载刘俊文主编，《日本学者研究中国史论著选译》卷 2，高明士等译，中华书局 1993 年版，第 89—90 页。

⑤ 参见［日］堀敏一《律令制与东亚世界》，东京：汲古书院 1994 年版；［日］大庭脩《秦汉法制史研究》，东京：创文社 1982 年版；［日］冨谷至《通往晋泰始律令之路》，载《东方学报》，京都：2000—2001 年版，第 72、73 册，中译文载中国政法大学法律史学研究院编《日本学者中国法论著选译》，中国政法大学出版社 2012 年版，上册。

的法律样态是礼与刑，是一种原始的"礼法体制"结构，经秦汉以降帝制社会的改造发展，除形成完备的"律令体制"外，至少还包括一些法律和规则。

一是"天道""天理""大经大法""先王之法""祖宗之法"。"天道""天理"是一种宗教、伦理和政治法律混沌一体的信仰，但与我们所熟悉的世界性三大宗教信仰不同，它不是外在和超验的，更多的是理性的，而且常常成为民心和民意的代称。"大经大法"实为以儒家经典为载体的"经义"。"先王之法"传自尧、舜、禹、汤、周文王、周武王、周公旦等古代圣王。"祖宗之法"指本朝开国皇帝定下的"祖制"、"祖训"、遗命。前引西嶋定生所谓"律令制，是以皇帝为至高无上的支配体制"。其实在中国传统法理中，比皇帝与律令更高的"高级法""法上法""理想法"却是"天道""天理""大经大法""祖宗之法"，等等。它们才是"良法善治"的渊源，也是评价当时政治法制的标准。一朝一代政治统治的合法性，刑律和令甲令乙的正当性，一些重大的疑难案件定谳的合理性，全由它们作为最后的终极标准来评判。它们才是中国古代法的灵魂所在，亦即中华法系的生命活力和定力之所在。

二是大量以礼俗为中心的乡规民约、家法族规及习俗等非制定法。它们虽非国家制定，但为国家所认可，并得到国家权力的维护，成为规范和调整古代中国社会的真正"实在法"。中华民族历史悠久，地广民稠，民族众多，环境复杂，业态繁富，几千年一以贯之地保持基本的生活样式和秩序，所依持的便是这些底层"法下法"。如今法学界称道的"私法"，正潜在于这样的"法下法"之中。这是中华法系之法体系自洽圆融的奥妙之所在。

"律令体制说"的持论者，往往是"法典论"的偏爱者，其视野所及，囿于国家制定法和成文法形态，前述的中华法系中居于"法上法""理想法"和处于"法下法"、非制定法、习惯法的两个层面，也就难以入"律令体制说"的法眼。

对于用"律令体制""律令国家"来界定古代中国的法制，日本的中国学学术界早有异议。享有日本京都学派史学集大成者荣称的汉学家宫崎市定在其代表作之一的《中国史》中曾写道：

> 从日本模仿中国制定律令这件事，有了"律令国家"这个词……如果因为同为律令国家，便从中国的情况来推断日本的情况，那还算好。要是从日本的情况来推测中国的情况，那就非常危险。就算都有"律令"这个名称，在自发产生的地方和将之引进的地方，其存在基础不一样，存在形态也不一样。①

质言之，中华法系包含"律令体制"，但不限于"律令体制"，而是一种"礼法体制"。

三　中华法系是"礼法体制"

这里所说的"礼法"，不是"礼"和"法"，或"礼"加"法"，也不是指"纳礼入法"，或"礼法融合"。"礼法"是一个双音节的法学概念，一个法哲学范畴。它最早见于《荀子》，如《修身》篇之"故学也者，礼法也"。《王霸》篇的"礼法之大分也""礼法之枢要也"等。近代学人吴寿彭在翻译亚里士多德《政治学》的"诺谟"（nomos）一词时解释道：

> 在近代已经高度分化的文字中实际上再没有那么广泛的名词可概括"法律""制度""礼仪"和"习俗"四项内容；但在中国经典时代"礼法"这类字样恰也常常是这四者的浑称。②

正是在这个意义上，只有"礼法"一词才能概括中国古代法，才能比较准确地表达中华法系的特质。

中国古代"礼法"是一个复杂的构成体。在法律形式上说，有制定法和非制定法、成文法和不成文法、法典法和非法典法；在法的层级上说，有居于"法上法"的"理想法""正义法"，有体例完整的历朝刑事

---

① ［日］宫崎市定：《中国史》，焦堃、瞿柘如译，浙江人民出版社2015年版，第10页。
② ［古希腊］亚里士多德：《政治学》卷三章十六译注一，吴寿彭译，商务印书馆1965年版，第170页。

法"正律",有相当于宪法的"国之大事"之"祭礼"和"军礼"等,有大量的民间礼俗等"法下法"。"礼法"是一个博大的系统,内含三个子系统。

首先是礼典子系统。礼典是由朝廷编纂、颁布的礼仪大典。在"礼法体系"中,礼典的地位最高。现存儒家经典"三礼"中的《仪礼》堪称礼典之祖。历代王朝无不重视制颁礼典。刘邦建立汉王朝,命叔孙通制定朝仪制度,施行之后,刘邦大悦:"吾乃今日知为天子之贵也!"(《汉书·礼乐志》)帝制时代的第一部礼典是晋惠帝元康元年(291)颁行的《新礼》,后世称《晋礼》。唐《开元礼》集礼典之大成,成为礼典的典范。

礼典首先要解决的是一代王朝的正统性、合法性问题。另一个重要功能是确定王朝内部、内朝外朝、省部院寺、中央和地方,以及中央王朝和藩邦属国的权力与责任(即前所谓"天下之法"),规范君臣使佐、文武百官、士庶百姓的尊卑秩序。

在古代中国,礼典集中体现儒家经典的"经义",是经国安邦的"大经大法",是相当于近现代宪法地位的法上之法。

现代法理学认为:一切法律规范都须具备"假定""指示"和"制裁"三个要素。礼典具备"假定"和"指示"两个要素,唯独缺乏一个"制裁"要素。其实,对违礼行为的制裁是由刑律去完成的。"维护礼典运作之角色,必须透过法典来扮演。"[1] 礼典、律典同属于礼法系统中的两个相须为用、相辅相成的子系统,应从"礼法"整体上去考量礼典是否具备三个要素,而不是将它从"礼法体制"中割裂出来。而这正是"礼法体制"的奥妙。

其次是律典子系统。律典,是由朝廷编纂、颁布的刑律大典[2],是具有国家强制力的刚性规范。不过,律典系统必须以礼典系统为依归,不

---

[1] 张文昌:《制礼以教天下——唐宋礼书与国家社会》,台北:台湾大学出版中心2012年版,第368页。

[2] 日本学者的"律令法"理论中,律典之"典"具有特定含义,即"法典"(Code)之义。这样的律典,是在魏晋时期才形成的。本文所称"律典",取典之本义。《说文解字》解释"典"的字形说:"从册在丌上,尊阁之也。"地位较普通图书高的图书,均可称之为"典"。律典,即是律典系统中效力位阶最高的刑律。

得违反礼典系统的精神原则与具体规范。换言之，中国古代法中的律典系统，是"礼法"统摄下的律令。

最后是习惯法子系统，即以礼义为旨归、礼俗为基础的乡规民约、家法族规等民间"法下法"。

家法族规的第一原则就是"合乎礼教"①，以礼义为旨归。自宋代以降，名臣大儒如司马光、朱熹、方孝孺、曾国藩等皆热衷于家礼、家法的制定，使得习惯法系统愈加成熟地圆融于礼法体系之内。习惯法位于礼法系统的底层，规范着老百姓日用的方方面面。在古老久远的礼法社会，它们无处不在、无时不有，还无人不晓，是真正的"天网恢恢，疏而不失"的"无法之法"。

古代礼法社会的维系，仅靠礼典和律典自上至下的规范和强制是远远不够的，在相当程度上得益于习惯法之类的"法下法"。正是由于这些民间"法下法"，使得礼法精神扎根于社会之土壤、渗入百姓之心田，成为一种信仰，成为一种行为习惯，成为一种生活的常理、常情、常识。"无法之法"，是为有法，体现了礼法社会中人们对于私法关系的聪明才智。

礼典、律典、习惯法三个子系统互相之间关系紧密。从立法精神来看，律典子系统、习惯法子系统均须取于礼义、礼制，如有不合，则不具备合法性。从积极规范来看，礼典子系统、习惯法子系统构成了上和下两道防线，为天子以至于庶人提供了行为规范。从消极制裁来看，礼典子系统一般不具有自身的罚则，而须以律典子系统为保障；习惯法子系统虽然有一些惩戒措施，但须符合礼法原则，并得到国家的认可，且只能作为律典子系统之补充。三者各司其职、相辅相成，共同构成了多层次、多面相、多样态、多功能的礼法体系。

四 走出"律令体制"

对于中国法律史学来说，走出"律令体制说"，很不易，但必须。"律令体制"的思维路径，与法律实证主义、成文法主义、法典主义、法

---

① 费成康主编：《中国的家法族规》，上海社会科学出版社1998年版，第26—27页。

条主义脱不了干系，同时难以理解中国古代法和中华法系多姿多彩的法律与规则结构。被"律令体制"一叶障目的结果，难免自陷于"诸法合一""民刑不分""以刑为主""民法不发达""民事违法也适用刑罚""严刑重罚""缺乏法律正义""崇尚法律工具主义""卡迪司法"之类的评价泥潭，乃至自损、自贬、自弃、自毁几千年的法律传统。而一些曾经在"律令体制说"中备受误解、误读、误判的问题，被放到"礼法体制"下观照，方可一窥究竟，识其奥义，豁然开朗。

"律令体制说"所依持的法典主义价值观给中国法律史带来不少误读，这里举出两例。

一是"成文法说"，即把"重视制定成文法"说成是中华法系的一大特点，而这"成文法"实为历代王朝制定之"正律"，亦即刑事法之律典。上文说到，中华法系的制度载体，系由"礼典"、"律典"、礼俗习惯法组成的"礼法体制"，它是成文法与非成文法的综合体。

就成文法而言，中华法系向来重视"礼"和"礼典"，并非仅有刑律之典。它在三代"礼与刑"的形式中已初成格局。晋"刑鼎"哪称得上"中国成文法之始"！退一步而论，即使认定其为一种成文的刑事特别法，从立法程序和立法原则上论，也属于僭越立法权，且违背礼法，是非法之法。其实，我国成文礼法的公布远早于郑"刑书"、晋"刑鼎"。[1]

李约瑟论及中国古代法律时说：

> 在中国历史上一贯表现出一种强烈的反对编撰法典和讨厌法律原则的倾向。中国人有一种深刻的信念，认为任何案件必须根据它的具体情况进行裁判，也就是说，就事论事。虽然从汉朝后期每个朝代都有法学家编了不少的判例汇集，而且每个朝代都有钦定的法规。但是总的来说，这些法规从来没有起过像欧洲的查士丁尼法或其他伟大法典的作用。而且在中国人思想上"公正"的观念比"成文法"的观念要重要得多。同样地中古世纪的中国社会还有一种不喜欢法律诉讼的倾向。老百姓尽可能避免到那个要钱的县衙门去。[2]

---

[1] 详见拙著《儒家法思想通论》（修订本）第二章第三节，商务印书馆2018年版。
[2] ［英］李约瑟：《四海之内》，生活·读书·新知三联书店1987年版，第77页。

这位"中国通"学者目光犀利,很多看法是对的。譬如说,古人更重视追求实体公正等。但很明显,他仍然是站在"律令体制"的观念上来看待中国古代法的。确实,历代刑律典"从来没有起过像欧洲的查士丁尼法或其他伟大法典的作用"。它们虽为治国所不可或缺,也一向为"盛世所不尚"[①]。古人崇尚的是"礼法",在官方是礼典,在民间是以礼俗为主的习惯法。成文律典必须符合"礼法",且只是"礼法"中的一部分,除规范刑事行为外,还起到保障礼典和礼俗习惯法的作用。

就非制定的不成文法而言,主要是以礼俗,以及以礼俗为主干的家法族规、乡规民约等习惯法。这是一个相对独立的"礼法"子系统,是古代中国的民商事法律和规则的主要载体。中华法系并非"民刑不分",并非诸法合体于律典之中。它与罗马民法体系最大的不同点,是家庭和家产制本位原则,以"户",也就是社会学上的"家",作为主要的民事主体;"户主",也就是"家长"则是其当然代表。古代中国疆域辽阔、民族众多、人口稠密、交易频繁,在民商事关系上却不必制定出成千上万条成文法条加以规范,社会生活基本上井然有序,奥妙就在于人们遵循"法下法"的礼俗习惯规范,能够预见遵从或违背的后果。什么是良法?符合时宜、地宜并能得到人们信守、服从的"公序良俗"便是正义的"法"。这种处理私法关系的聪明才智,世上少见。"无法之法",是为有法,亦为善治之良法,值得今人尊重、珍惜和借鉴。

二是"法治与人治对立斗争主线说",即认为法家法治与儒家人治的对立斗争是一条贯穿于两千多年中国法律史的主线。人治和法治是一对范畴,共处于一个法律理论体系内,或治国方略体系中,二者唱的是对台戏,相辅相成、互相依存、缺一不可。依现代法治论裁量,中国古代的君主专制政治总体上归属于人治。法家非法治之论,秦政非法治之政。古代中国无论在法理上还是在法律实务上均未进入法治与人治相对立的思维模式,或运作进程,不存在一条"法治"与"人治"对立斗争的主

---

① 《四库全书总目提要》卷82《史部》38"政书类"法令之属按语:"刑为盛世所不能废,而亦盛世所不尚。"

线。儒家治国方略中，有"良法与君子并重说"（孟子）①、"治人与治法兼备论"（荀子）②、"任人与任法结合论"（王夫之）③，这是对良法善治的不懈追求，以"人治主义"一言以蔽之，难以得其真谛。要之，最适于概括古代中国治国之道的是这样八个字："德礼政刑，修齐治平"。这是一种"礼法之治"。

五 "礼法体制"与"礼法之治"

走出"律令体制"，放眼"礼法体制"来观照中华法系，审视儒家治国之道，探寻其"礼法之治"下的良法善治追求，那真是一种"众里寻他千百度，蓦然回首，那人却在灯火阑珊处"的感觉，从而对古代儒家"礼法之治"的治道有着别样的认识。

第一，关于德主刑辅的治国方略。孔子说："道之以政，齐之以刑，民免而无耻。道之以德，齐之以礼，有耻且格。"（《论语·为政》）由此奠定儒家德礼优于政刑，德礼为主、为本、为体，政刑为从、为末、为辅的原则，这是一种综合治理的治国方略。"礼法之治"是一种德性政治，它至少在三个方面为我们带来启迪。

其一，法律和政策必须与道德相向而行。在"礼法之治"下，"礼之所去，刑之所取"。在立法、执法和司法的理论和实务上，保持法律与道德的相向而行、相辅相成。凡是道德上应受谴责的行为，也为法律所禁

---

① 《孟子·离娄上》："孟子曰：离娄之明，公输子之巧，不以规矩，不能成方圆；师旷之聪，不以六律，不能正五音；尧、舜之道，不以仁政，不能平治天下。今有仁心仁闻，而民不被其泽，不可法于后世者，不行先王之道也。故曰：徒善不足以为政。徒法不能以自行。"

② 《荀子·君道》："有乱君，无乱国；有治人，无治法。羿之法非亡也，而羿不世中；禹之法犹存，而夏不世王。故法不能独立，类不能自行，得其人则存，失其人则亡。法者，治之端也；君子者，法之原也。故有君子，则法虽省，足以遍矣；无君子，则法虽具，失先后之施，不能应事之变，足以乱矣。不知法之义而正法之数者，虽博，临事必乱。"

③ 王夫之："任人任法，皆言治也，而言治者曰：任法不如任人。虽然，任人而废法，则下以合离为毁誉，上以好恶为取舍，废职业，徇虚名，逞私意，皆其弊也。于是任法者起而摘之曰：是治道之蠹也，非法而何以齐之？故申、韩之说，与王道而争胜。乃以法言之，《周官》之法亦密矣，然皆使服其官者习其事，未尝悬黜陟以拟其后。盖择人而授以法，使之遵焉，非立法以课人，必使与科条相应，非是者罚也。"（《读通鉴论》卷5，《船山全书》，岳麓书社1996年版，第10册，第397页）

止；反之亦然。著名美国比较法学家伯尔曼在其《法律与宗教》中指出："法律必须被信仰，否则它将形同虚设。"如果一项法律或政策有意无意地违背社会道德和公序良俗，那它实际上便是恶法，强行实施，必成恶政。其后果远不止"形同虚设"和失去对法律的信仰，而是进一步损害民众，伤及民心。社会上曾流传"依法缺德""依法损德"的俚言俗语，讥刺有的法规政令、有的司法判决损害亲情、道德和公序良俗[①]，值得警惕。

其二，实行社会综合治理。在维护社会秩序和稳定，以及在社会控制、犯罪的预防和矫治上，德礼为主、法刑为辅带有古人所谓的"标本兼治、重在治本"的政治辩证法，未尝不是一种古老而朴素的综合性社会治理和犯罪控制学说。

其三，"为政以德"，官德为先。古书中很少讲"德治"。所谓"德治"，绝非道德治国，而是"仁民爱物"的"德政"。在古贤那里，"德治"是针对"刑治"而言的。"德主刑辅"的治国之道，就是要求执政者施"德政"、行"德教"，以德惠民、以德导民。"政者，正也。""为上不正"焉能"正人"！古代"礼法之治"，强调"为政在人""贤者在位，能者在职"，官员是成败的关键，官德是关键中的关键。这对现代法治建设仍有借鉴意义。现代法治尽管由于国情、文化传承的不同而有所差异，各具特色，多姿多彩，但这一点也恰是共适的：法律与道德相一致，有道德的社会是法治的基础。那些认为西方法治是法律与道德相分离，只讲法治不讲道德，不是出于无知，便是生于偏见和误解。现代法治原本属于德性政治、德性法治，法治不是只讲制度不顾为政者品德，而官员道德仍然是法治成败的关键，在后发性法治国家尤其如此。

第二，关于科举取士制度。科举取士、"选贤任能"，是儒家"贤人政治"主张的制度化、法制化成果，在"礼法体制"中举足轻重。士子

---

① 如，在严格实行"一对汉族夫妇一个孩"的政策时，离异重婚可视双方情形或可再育一孩；房屋拆迁或单位福利分房、集资建房，规定一户一套；房贷或限购房亦有以户为根据；等等。这些法律政策曾经制造出不少离婚、假离婚案例。一些人视婚姻为儿戏来钻法律和政策空子，固然不对，但这类法律和政策实际上起到以合法的名义践踏婚姻道德，被民众讥讽为"依法缺德""依法损德"，其对中华民族向来重视婚姻道德之优良传统造成的破坏力、杀伤力相当巨大。

寒窗十载，一旦考取进士，便成"天子门生"。美国著名学者顾理雅（Herrlee G. Greel）认为，科举制度是"中国对世界的最大贡献"，其重要性超过物质领域中的四大发明。①

古代科举制度自隋大业元年（605）创始至清光绪三十一年（1905）废除，历经一千三百年之久。其间产生出七百多名状元、近十一万名进士、数百万名举人。历史上诸多治国安邦的名臣、名相，有杰出贡献的思想家、文学家、艺术家、科学家、外交家、军事家等大都出自这些状元、进士和举人之中。闻名于法律史的包拯、沈家本是进士，海瑞是举人。孙中山称赞其为世界各国中用以拔取真才之最好的制度。他设计的"五权宪法"制度的"考试权"，就汲取了科举制的优长。

科举属于礼部职能，有严格的管理和程序规定，其法规体系至宋朝而趋于完备。元朝仁宗皇庆二年（1313），《皇庆诏书》对科举考试的时间、层级、报名者年龄、道德要求等做出详细规定，并拟订了惩罚措施，是科举史上的一部重要立法。1384年，明太祖命礼部颁布《科举集成》，是中国第一部完整的考试规则，自此中国有了独立编制的科举法。清朝编撰的《钦定科场条例》，有60卷之多，相当完备。

中国古代科举法律制度不仅有严格的实体正义规则，而且有实际的程序正义细则，从而形成公开考试、公平竞争、择优录取的人才选拔制度。入仕主要不是靠血缘、靠关系、靠门第而是靠"学问"成为一种共识。"朝为田舍郎，暮登天子堂"，并不能一言以蔽之为"是一句空话"。

第三，关于定罪量刑原则。罪刑法定无论是作为一种学说还是作为一种法律制度，均成就于西方近代。② 其基本含义是"法无明文规定不为罪，法无明文规定不处罚"。它可分解为以下主要原则：（1）不溯及既往，亦称禁止事后法；（2）刑事立法必须清晰明白，刑法规范以成文法而不是以习惯法的形式公布；（3）禁止类推；（4）法官应当严格解释，其解释必须符合法律的本义。据此反观中国传统礼法制度，确不存在严

---

① 参见彭靖《从科举制度看中国文化软实力项目的形成与发展——与关世杰教授商榷》，《学术界》2013年第8期。

② 从学说而言，兴起于对欧洲中世纪封建制度下罪刑擅断的批判之中，是17、18世纪思想启蒙的成果之一。从法律制度而言，首定于1789年法国《人权宣言》，再创于1791年《法国刑法典》，后为越来越多国家所仿效。

格意义上的、整体性的罪刑法定司法制度。但我国古代立法及司法上亦重视依律定罪量刑，中华法系在儒家"仁学"正义论和"中道"思想的指导下，罪刑关系处于一种既法定又非法定、既非法定又法定的状态。这种理论是在西晋时期确立起来的。

晋武帝时，廷尉刘颂提出了三个层次司法制度设想：

> 法欲必奉，故令主者守文；理有穷塞，故使大臣释滞；事有时宜，故人主权断。……使主者守文，死生以之，不敢错思于成制之外，以差轻重，则法恒全。事无证据，名例不及，大臣论当，以释不滞，则事无阂。至如非常之断，出法赏罚，若汉祖戮楚臣之私己，封赵氏之无功，唯人主专之，非奉职之臣所得拟议。（《晋书·刑法志》）

"主者"，指主司官吏，他们执法断狱必须严守律文；"大臣释滞"，是说像刘颂这样的廷尉、三公尚书才有权"议事以制"，运用法理、经义解决疑难案件；"人主权断"，即最后呈报皇帝御批，以示生杀予夺之权操于君主，也表示人命至重，应当恤刑慎杀。但这种程序性、象征性的规定不能依其断言皇帝握不受限制的擅杀大权。这样就形成了一个法吏实行严格的罪刑法定、"大臣"可以非法定"类举"议罪、"人主"权断的司法体制。至此，中国古代司法理论格局基本定型。

在这种司法制度下，州、县依律断案，有严格的司法责任，定罪量刑是确定的。大案、要案、疑难案件上报后，三法司会审、九卿会审，或朝审、秋审也都有确定的程序。一般情况下，皇帝的最后"擅断"大多是例行公事，任意改变会审结果，或一意孤行地生杀予夺，也是不合"礼法之治"的。

第四，关于刑罚制度。以往的一些负面议论，给人以古代中国严刑重罚、冤狱遍地、酷刑泛滥的印象，而儒家法思想既然占有主流地位，就难逃罪责。事实恰恰相反，儒家历来反对酷刑，主张慎刑、恤刑。

中国古代反酷刑的历史大致可分为三个阶段。一是反肉刑阶段。时间大致在隋唐以前。汉文帝曾废肉刑，但仍保留宫刑和斩右趾。这以后，肉刑时废时兴，直到隋《开皇律》、唐《永徽律》的制定，确立了笞、杖、徒、流、死——新五刑制度，肉刑作为一种法律明文规定的正刑、主刑方告终结。二是反笞、杖的身体刑阶段。时间大致为清末以前。这一时期，除了继续巩固反肉刑的成果，重点转到减轻和取消残酷的身体刑。历代有识之士主要是在实施笞、杖的刑具、对象、部位、数量上加以限制，并明文规定可以用钱赎，以减轻它的残酷性。三是以反对各种刑讯逼供和非法定的酷刑为重点的阶段。时间是在清末刑制改革以后，至今尚未完成。

前两个时期反酷刑的思想武器主要是儒家的仁学正义学说。同"正义"一样，"酷刑"也是一个历史的、时代的范畴。儒家反酷刑有历史局限性，它不是以维护个人权利为出发点的；相反，甚至容忍家族内部的酷刑。儒家法文化特别看重家族的荣誉，在惩治犯罪中，往往把毁损犯罪嫌疑人或犯罪人及其家庭、家族的荣誉和名誉作为一种附加的惩治手段。因此，中国古代广泛存在着游街、示众等做法，按今天社会的文明水平和维护人权的要求，也是一种酷刑。

第五，关于"无讼"。① 儒家"无讼"思想是其"和为贵"哲学在司法领域的运用，对古代中国的"调处息讼"制度起着推动、提升和强化作用。

"调处息讼"主要适用于民间"细故"案件。这种制度发轫于西周。② 汉唐时期，在乡级基层组织设有"啬夫""乡正"之类小吏，负责调处民事纠纷。宋代，调处制度得到法律的确认。司法官吏对于民间诉讼，一般先行采取"调处息讼"。③ 元代形成了调处和息讼的系统法律。在基层乡里设社，社长负责调处民事纠纷，调处结果对双方当事人具有

---

① 孔子曰："听讼，吾犹人也。必也使无讼乎！""吾犹人"之"人"，指"听讼"之人，即司法官员，断狱定谳之人。意为，如果必须升堂审理案件，我孔子与其他司法员没有什么不一样，得依法定程序和法律规定去审断。下一句，"使无讼"，不应理解为不许诉讼、人为泯灭诉讼，而是采取导德齐礼的办法使当事人主动不提起诉讼。这里的"讼"，为田土钱债等民事纠纷之"讼"。

② 《周礼·地官司徒》有"调人"一职，主要职责是"掌司万民之难。而谐和之"。

③ 《名公书判清明集》卷之一《官吏门·申儆·劝谕事件于后》载："遇亲戚骨肉之讼，多是面加开谕，往往幡然而改，各从和会而去。""如卑幼诉分产不平，固当以法断，亦须先谕尊长，自行从公均分。"

法律约束力。① 明代，在全国各乡设立"申明亭"，民间纠纷小事由老人主持，在申明亭调处。经调处不能和息的，方得向官府起诉。② 清代，调处在民事诉讼中处于被优先考虑的地位。康熙《圣谕十六条》的"和乡党以息争讼""明礼让以厚风俗"，成为清代处理民间纠纷的最高准则。

"调处息讼"制度为民众提供了一种解决纠纷的"非诉讼"的途径选择，减少了"累讼"对当事人造成的压力，有效地协调了"熟人社会"的人际关系，缓和了社会矛盾。在传统中国社会，"调处息讼"无疑是一种最经济、最快捷的解决纠纷的制度；是当事人不需要求告官府、匍匐跪拜、受凌辱呵斥和勒索盘剥而获得适当救济的制度；也是对当事人的人格尊严侵害比较少一些、轻一些，而使其所享有的伦理和人性温情相对多一些、浓一些的制度。

"礼法之治"传统中可汲取正面价值的不限于这些，上述五个方面只是必要的列举。

---

① 《至元新格》规定"社长"的职能之一是"诸论诉讼婚姻、家财、田宅、债负，若不系违法事重并听社长以量谕解免使妨废农务，烦扰官司"。

② （明清）顾炎武《日知录》卷8："命有司择民间高年人公正可任事者理其乡之词讼，若户婚、田宅、斗殴则会里胥决之。事涉重者，始白于官，若不由里老处分径诉县官，此之谓越诉也。"

儒学文献总目提要序

舒大刚

（四川大学古籍整理研究所）

摘　要：儒学在中国经历了2500余年的发展，形成了系统的思想和学术体系。儒学是中华文化的主干，中国人的信仰、价值观、知识体系、道德伦理都在其中得到规定。本文经赋体的文学形式，系统涵盖了儒学历史、文化、思想、学术的方方面面，对提纲挈领地宣传儒学、简明扼要地掌握儒学、朗朗上口地记诵儒学，都是一种新颖别致的尝试。

关键词：儒学赋　儒学史　儒学要义　儒学精髓

《易》曰：天造草昧，利建侯而行师。《礼》曰：建国君民，先立学以广教。

天垂象，见吉凶，圣人则之启《八索》；地成形，示安危，贤者见之著《九丘》。河出图，洛出书，地出乘黄；人法地，地法天，天法自然。世历三皇五帝，文成《三坟》《五典》；道涵三才五伦，礼经三纲五常。天地之大德曰生，圣人之大宝曰位。生成乃天地之德，守位为圣人之行。参天两地以生筮，于是乎衍阴阳，列八卦；尊道贵德而循轨，因此而修孝悌，叙五伦。日月经天地，道德蕴冥冥之中；雷电应鬼神，律令生噬嗑之内。阴阳寓变化，风云变古今。文以载道，经以示恒。先王之陈迹斯载，后圣之精神以刑。观陈迹可以知兴替，读古史可以识伪真。悟道则跻圣人之域，识真则入贤者之伦。先王立四教，顺诗书礼乐以造士；孔子删六经，用文行忠信以教人。手定六籍，敦叙五品。

六经者，非特历史之陈迹，盖亦先王之故志。托寄天地之道，涵笼家国之情。形上则道德性命妙奥，形下而孝悌忠恕情深。祖述二帝，于是有礼让为国之政；宪章三王，因此守仁民爱物之成。天之生民，非为君也；天之立君，以为民也。法天则地，三才于焉成一体；民胞物与，万类因之得全身。自强不息，君子刚健而进取；厚德载物，贤士包容而浑仑。君使臣以礼，朝堂有不敢之君；臣事君以忠，天下无弗敬之民。阴阳铸哲思之睿，五行定品物之衡。物极必反，中庸天地之妙；否极泰来，恬然太极之精。诗书执礼，圣教玉成乎君子；文行忠信，孔门模范于后昆。礼乐射御书数，无大小并称六艺；孝悌忠信礼义，合廉耻成八德。远人不服，文德慎修以来之；家国无怨，忠信笃敬则行矣。孝悌忠恕勤，修身有道；温良恭俭让，克绍必兴。恭宽信敏，施惠乃为仁政；仁义礼智，笃信而全人伦。天道性命情合为天德，福禄寿禧财涵育人生。先王授德行道艺，君子习修齐治平。

周季王纲失坠，诸侯力征；礼乐征伐，既权移于天子；道德仁义，幸见守于圣人。夫子教诗书礼乐，弟子多三千之众；圣门别仁智忠勇，诸子有百家之鸣。仲尼没而微言绝，七十子丧而大义崩。诸侯异政，百子纷纶。诗书礼乐，因以隳堕；纲常伦理，于是陆沉。子游子夏，传经学以弘孔教；文侯梁惠，友儒者而近仁君。孔墨之后，各衍其说，儒离为八，墨裂三分。八儒皆宗仲尼，然持说已自不同；三墨虽称巨子，而趋向早非等伦。诸子扰攘，异说缤纷；百派蜂起，歧路荆榛。经既混于传记，道亦汨于方术。诸子竞而儒益显，传记乱而经不明。若无统叙，毫厘将渐行而渐远；庶有攸归，水火亦相反以相成。孟子辟杨墨，仲尼之道丕显；荀子非十二，儒家伦理昭明。然彼此论战，龈龈不休；互相睥睨，势难衡均。至秦皇一炬，文献灰烬；骊山巨坑，文儒埃尘。书缺简脱，六艺残损；道丧德失，六行胥沦。

高祖兴，汉业建，祭孔圣，诵经典。陆贾献马上马下之论，叔孙有制礼制仪之颁。天地絪缊而叙，君臣次第井然。喟焉有为君之尊，慨然有兴学之叹。然草莽之野心未泯，明君之文治稍惭。故时经七十有余载，汉家欲治而屯蹇。景帝末造，文翁行教化于巴蜀；建元之际，董生表经学为儒先。武帝置博士，开弟子习学之员；天下兴学校，启文治教化之端。纵横百家，与其并进而害道；春秋一统，不若独尊以乂安。学而优则仕，文教斯显；仕而优则学，循吏列传。汉初布衣将相之旧局，遂成博士文儒之新观。儒业复振于斯，经学独盛于前。经说记传，文献日增；家法师法，回风倒澜。下迄成帝，搜聚天下书籍，金柜石室，圣经贤传山积；天禄石渠，竹帛缯绨汗漫。不分门别类，何以见大道原始；无条辨缕析，岂能识学术渊源。于是向歆父子，领校秘籍；提要举纲，汇为七篇。首曰六艺，经传章句攸归；次曰诸子，儒者理论斯传。儒史暂附于春秋，儒论常居于子栏。文献初理，目录载成。朔二千载，二帝三王万法一统；积五百岁，家法师法无颇无偏。

儒学既淑世而济人，六经亦传道以行教。其依经为说者，曰传曰记，曰注曰章句；其据注而演者，有疏有讲，有说有正义。枝叶既繁，节目尤伙。儒人因经以说理，论者援理而辩道。于是有经传之文，隶之经部；次复有说理之书，归诸子略。儒既行于数千年，史亦积为如干卷。淹中有弟子之籍，史迁为弟子之传。若乃耆儒硕学，立德立功，则有专人独卷；为师为帅，著为儒林类篇。迨及宋世，寻渊源乃有师承之记；递至明代，述言行而撰传学之案。年谱传记，行状碑板，在在纪儒者之行，每每有儒史之年。文献于是乎成列，目录由此而生焉。经有十三部，学满四库；书在天地间，教行宇寰。率性而行，百姓日用而不知；据书以诵，诸生吟咏而不烦。

若夫百工居肆以成其事，君子讲习以进其德。性非学则野，学非性则史。黄中通乎理，畅于四肢；修辞立其诚，无愧两间。君子耻一物之不知，髦士乐万方之有娴。兴于诗，立于礼，成乎雅乐；立于己，达于人，荒随惕然。始于读经习礼，终致道德性命。情寄乎琴棋书画，质文彬彬；艺精于诗词歌赋，才情谭谭；博闻三教九流，庶几乎谈空说有；贯穿经史子集，优游于智水仁山。通古今之变，岂唯史氏家学？究天人之际，亦非太卜独擅。包括宇宙一统以就，总览人物百家容焉。

通天地人者谓之儒，饱经论史者名之藏。昔老聃为史柱下，尝典周室之秘籍；仲尼设教杏坛，曾翻帝王之坟典。文献散而乾坤覆，经传毁而大道残。爰及有明，羽侯学侳，慨然有儒藏之修；下逮清世，书昌刘因，继焉倡四库之纂。四库虽成，儒学犹杂于百氏；经解卒刊，至道仍散于简编。部居散乱，有逊大全。某敢谢不敏，意欲因儒为题，勿过勿滥；以经为本，或增或删。广搜博采，千古儒学囊括宝藏；条分缕析，万卷经籍提要勾玄。

前纪末叶，时在九七，川大学人，慨然兴《儒藏》之举。发凡起例，定三藏二十四目，焚膏继晷，孜孜矻矻，历春秋二十有二。五千文献校勘入藏，三藏经典精选成编。为卷六百五十余册，该括两千五百余年。儒史既得以通览，经学终成其大全。然卷帙浩繁，势难以遍藏书馆；文成数亿，又岂能家诵户弦？纵览既叹于望洋，翻检亦惮于目眩。含英咀华，或尚需于治要；阅藏知津，期有补乎考献。喜孔学渐盛，专案幸荣获资助；斯文将兴，课题庶免于孤单。爰有总目提要之谋划，期尽染指尝鼎之夙愿。用汇其总，揭橥内涵。编纂粗就，指日布刊。

更贾余勇，再作冯妇；依前篇帙，成兹要览。折中经典，立宏愿以建规制；涵咀儒籍，仍旧贯亦复沉潜。时历三秋，事经众手。三千种提要黾勉撰讫，二百万文字楮墨灿然。缕述作者，籍贯共仕履毕备；考稽文献，体例与优劣互参。汉学宋学并重，师法家法齐完。综经论史而为大统，穷天地人以就宝函。荧光熻火，裒成集腋。不弃涓滴，终为海渊。远师七略别录，历历叙彼源委；近宗通考总目，班班别其疵妍。阅藏近便于入手，及门远捷于韦编。开卷有益，于斯为胜；沉浸泳游，莫善此前。匡谬补阙，幸见教于不吝；尽善尽美，犹敬待于高贤。

是为序。

苏轼策论中的"君子"人格与儒家政治情怀

单江东

（柏林自由大学哲学系）

摘　要：苏轼的策论是中国文人政治中的一种特殊现象。他以旷世罕见的"大文豪"身份参与了北宋中高层的政治活动，与新旧两党均有交集，其对中国文人政治的反思俱见于其大量的策论之中，而"君子"又是其策论中的重要议题。秉持儒家仁义为本的政治德性，苏轼的"君子"议题既反映了封建制向郡县制转变中的"身份政治"，也折射出他对儒家人性教化与科举制度关联性的思考。通过苏轼策论中的这一议题，我们可以重新评价儒家"君子"人格所展现的主体性、普遍性和创新性在社会治理和制度稳定方面的特殊意义。本文主张，通过苏轼"君子"议题的提示，儒家政治德性中的"仁智勇"三达德可以再细分为"仁"与"智勇"两类德性，以"仁"为主体性、基础性的人文德性，以"智勇"为客体性、运用性的制度德性，由它们共同构成评价中国文人政治的基本要素。

关键词：文人政治　君子　人性论　人文情怀　政治德性

北京燕山出版社出版的《苏东坡全集》（注译本，1998年版）在"论"的编目下，集中了苏轼的七十四篇政论文稿，主要涉及他参加各级科举考试的策论，以及对中国政治史上的重要思想家及政治人物、重要的政治事件、政治议题、儒家重要经典的分析和评论。而"君子"则为这些文稿中的一个重要核心概念，通过对"君子"在策论中各种语境的探索和分析，我们可以比较全面地透视苏轼带有显著"淑世"情怀的儒家政治理想。

一 "君子"：不同制度下称谓的变迁

现代中国语境中的"君子"仅有道德人格的含义，常与"小人"对举，人们耳熟能详的孔子格言"君子喻于义，小人喻于利"（《论语·里仁》），即是对这种日常用语的权威解释。但是，从中国史官文化和文人政治的角度讲，"君子"词义的渊源则应追溯至先秦的政治体制。

如果说中国古代政制主要由先秦的封建制和秦汉后的郡县制构成，那么，"君子"在封建制时代的主要含义就是"官衔"，即具有诸侯身份的国君，而郡县制时代的内涵则集中在其道德意识方面，即"明道君子"。但是，在孔孟作品中，这两种含义则是交互使用的："君子"要么是周代的一种官衔，要么是儒家的人借此官衔表达的一种道德理想。

中国古代最早的官方文献汇编《尚书》有言："亦惟君惟长，不能厥家人越厥小臣、外正；惟威惟虐，大放王命；乃非德用乂。"① 这里所谓"君""长"指的就是一种官衔，即诸侯国的国君，是之后人们用语中"君子"的制度渊源，与"君""长"的权位相对的则是"家人"和"小臣"；按照儒家的解释，前者对后者具有行政领导权力和以身作则的道德责任，根据权责平衡的思想，如果做不到这两点，君臣关系就会失序，社会就会混乱。到了孔子生活的春秋时代，"君"在更多的语境中都被称为"君子"，这或许是父权制社会的一种自然反映——诸侯国的国君统一为男性，这也是"身份政治"（identity politics）在中国古代社会中的历史见证。而与"君子"对举的便是"小人"，如果说"君子"具有权位和道德责任这两个因素，那么"小人"就意味着没有权位和没有道德责任。《论语》中提到君子、小人者凡八十二处，"集中论述君子、小人"者凡五十一处，而且君子和小人是春秋时代非常流行的词语，往往有两种含义，一种是以道德品质为标准区分，君子代表品德高尚、有操守、

---

① 《白话尚书》，岳麓书社1990年版，周秉钧译注，第127页。

有担当、有教养的男士,小人代表品德低下、无操守、无担当、无教养的男人;另一种是以社会地位和权位区分,君子代表有社会地位、有官位的贵族士大夫阶层人士,小人代表社会地位低下的体力劳动者。根据周礼的分封原则,在最高统治者周天子之下,权位等级的序列分别是诸侯(国君)①、卿大夫和士,也就是说封建制下的贵族等级制度为天子、诸侯、卿大夫和士这四个阶层。但是,到了孔孟生活的春秋战国时代,中国社会的政治权力主要集中在诸侯和卿大夫这两个阶层,而以"春秋五霸"和"战国七雄"这样的历史和政治术语来讲,春秋战国时代的权力又集中到了诸侯国君的身上,所以,孔孟或者其他儒家学者都以"君子"人格来揭示其政治道德,其实质就是为中国语境下的权力设置道德约束机制,称为"道德约权",以与孟德斯鸠的"分权制衡"相区别。当然,孔子语境里的"君子"和孟子语境里的"大丈夫"也都体现着这种"道德约权"的特色。因此,我们读《论语》时,发现其中"君子"多被用于与"小人"的对举;读《孟子》时,"大丈夫"亦明确提示是与"国君"的政治资源——"威武"和"富贵"相抗衡。在周代的礼乐制度中,"君子"本是一种政治身份,但是孔子却以一个平民思想家(尽管其远祖是殷商的贵族)的身份对"礼坏乐崩"的社会制度进行批判,提出了"人而不仁如礼何?人而不仁如乐何?"(《论语·八佾》)根据人类社会普遍的政治经验,任何一种制度性的规范,如果没有人内在的道德自觉与之相对应,是不可能有效地约束人的政治行为的。因此,孔子的批判思路是:周公"制礼作乐"形成的"礼乐之治"到春秋时代终于出现了"礼坏乐崩"而"天下大乱"的无序状态,原因就是礼乐规范的制度伦理出了问题,所以,他要倡导"仁德",以为礼乐确立制度伦理和政治原则;他所设想的"君君,臣臣,父父,子子"也正是应对春秋霸主之一齐景公的"问政",其旨意就是为"君、臣、父、子"的社会地位确立一种相应的政治身份,即现代人所理解的"政治伦理",违反此伦理,社会身份就会变得"不伦不类",而致使"天下失序",齐景公似乎是听

---

① 根据《荀子·儒效》,周初"兼制天下,立七十一国,姬姓独居五十三人,而天下不称偏焉",当时封为诸侯国国君的周族宗亲和殷商保留下来的诸侯国国君及社会转型中新生的诸侯国国君,在先前的史书中提及的加起来总数应该有一百三十多个。

懂了孔子的意思，肯定地回应说："善哉！信如君不君，臣不臣，父不父，子不子，虽有粟，吾得而食诸？"（《论语·颜渊》）

从孔子生活的春秋时代到孟子生活的战国时代，孔子所批评的"礼坏乐崩"的政治局面并没有好转，诸侯国"君子"中的核心人物从"春秋五霸"转移到了"战国七雄"，所以《孟子》开篇就教训、斥责梁惠王，终而以"尽心"结束其气势磅礴的政论。从要求大国国君"与民同乐"到怒斥"不仁哉梁惠王也"，儒家经典中以这样磅礴气势贬斥权贵的，恐怕没有超出《孟子》的了；拜其所赐，儒家政治哲学中开出了"以德抗位"的独立人格传统。滕文公曾经派人询问孟子有关"井田制"的问题，孟子回答："子之君将行仁政，选择而使子，子必勉之！夫仁政，必自经界始。经界不正，井地不均，谷禄不平，是故暴君污吏必慢其经界。经界既正，分田制禄可坐而定也。"（《孟子·滕文公上》）他建议滕国的"国君"行仁政，与民治产，藏富于民，这样才能实现"与民同乐"、社会有序，否则权贵"与民争利"、垄断经济资源，必然堕落为"暴君污吏"，进而引发制度紊乱、社会动荡，即所谓"不仁而在高位，是播其恶于众也。上无道揆也，下无法守也，朝不信道，工不信度，君子犯义，小人犯刑，国之所存者幸也"（《孟子·离娄上》）。这是对国君以权位"赌国运"的直接否定。显然，孟子在论述这些政治观点时，完全是以一种"贤者为帝王师"的口吻，将儒家的"仁义"视为政治哲学中最为尊贵的"德性"，以之评价"分封建侯"体制中国君的权位。比较而言，大约与孟子同时代的西方政治哲学的鼻祖亚里士多德认为，希腊世界的政治体制是依赖不同的"政治德性"（political excellence）所确立的，"血缘"确立了君主制，"财富"确立了贵族制，而"自由"（自由民身份）确立了民主制，在这种"科学的科学"（master science）中，"德性"只是一种客观的科学测量指标，参与政治活动的人和人性尊严反而不见了踪影。反观孔孟对于"分封建侯"制度中"君子"的客观身份则采取了主观的价值评判立场，以"孔仁孟义"对礼乐制度、对"君子"身份进行道德判断，以其为"优势德性"（superior excellence）对礼乐制度和"君子"身份进行"道德立法"，开启了儒家"以德抗位"和"替天行道"的政治哲学进路。

秦汉之后，社会体制已经基本完成了由"分封建侯"向郡县制度的转型,"君子"的内涵亦从诸侯国君的权位转向儒家所提倡的政治道德和社会伦理。对于此转变,苏轼认为是历史的进化对人性权欲的修正,不过这种修正是通过封建制与郡县制中"君子"的"政治身份"而展示出来的:在封建制中君臣篡弑皆出于权力诱惑,而在郡县制中君子已经被赋予了"仁人志士"的道德内涵。

> 昔之论封建者,曹元首、陆机、刘颂及唐太宗时魏征、李百药、颜师古,其后则刘秩、杜佑、柳宗元。宗元之论出,而诸子之论废矣。虽圣人复起,不能易也。故吾取其说而附益之。曰:凡有血气,必争,争必以利,利莫大于封建。封建者,争之端而乱之始也。自书契以来,臣弑其君,子弑其父,父子兄弟相贼杀,有不出于袭封而争位者乎!自三代圣人以礼乐教化天下,至刑措不用,然终不能已篡弑之祸。至汉以来,君臣父子相残虐者,皆诸侯王子孙。其余卿士大夫不世袭者,盖未尝有也。近世无复封建,则此祸几绝。仁人君子,忍复开之欤![1]

他将封建制和郡县制中"君子"的"政治身份"的变化归功于"三代的礼乐教化",自谦自己的判断只是对柳宗元"封建论"的"附益"。以苏轼的博学与文才,他也是在提示汉代的"附益之法"对封建制中"世袭权力必然导致政治腐败"的一种暗语式的揶揄,因为柳宗元的"封建论"以周秦各为封建制和郡县制的代表,分析的结论无非"失在于制,不在于政,周事然也"和"失在于政,不在于制,秦事然也"。[2] 具体讲,周的封建制之"失"在于诸侯国"君子"的世袭和权力的垄断,其"政"本于"明德慎罚"和"敬德保民"这类儒家的"德治"理想,是政治上的"得";而秦的郡县制之"失"在于中央皇帝垄断权力的"私欲",是政治腐败,其制度倒有利于非血统世袭社会人才的晋升,在郡县层次上实现权力的公平开放;汉代能够"汉承秦制"、引入周孔先圣伦理以矫秦

---

[1] (宋)苏轼:《论封建》,载段书伟、李之亮、毛德富主编《苏东坡全集》,北京燕山出版社1998年版,第1892页。

[2] (唐)柳宗元:《封建论》,《柳宗元集 张籍集》,伊犁人民出版社1990年版,第118页。

政之弊,此王夫之所谓"郡县之制,垂二千年而弗能改矣,合古今上下皆安之,势之所趋,岂非理而能然哉?"① 这个"理所当然"的政治哲学趋势就是以儒家的"君子之道"取代封建制的"君子之亲",是儒家"公私之辨"在政治制度上的集中体现,故王夫之总结为"郡县者,非天子之利也,国祚所以不长也;而为天下计,则害不如封建之滋也多矣。呜呼!秦以私天下之心而罢侯置守,而天假其私以行其大公,存乎神者之不测,有如是夫!"② 因此,前后参照柳宗元、王夫之的说法,苏轼以"臣弑其君"和"仁人君子"标识的"君子"政治内涵的转变,可以明显地看出他的儒家政治伦理倾向。

二 "君子"与"小人"

"君子"与"小人"对举在先秦只是一种政治制度安排,并无多少制度伦理或个人道德的意蕴。但是,春秋战国出现的"天下大乱"却迫使儒家学者对礼乐制度进行政治批判,进而形成了秦汉之后"君子"与"小人"论述的质变,凸现了儒家的"王道仁政"思想对"周礼"和"秦政"制度的批判性超越。汉代实行推恩令、附益法和察举制实质上是对先秦世官制的一种制度性改革,其理论依据就是借"君子小人之辨"而确立改制的政治伦理,使具备儒家"仁义道德"的人享有公权力而参与社会治理,缺乏或戕害"仁义道德"的贵胄子弟则不再世袭公权力,边缘化为道德上的"市井小人"。汉朝政权因此而展示出新的生机活力,造就了中国古代历史上的盛世局面,在社会治理的体制上实现了继往开来:承接并改造了先秦的"世官制",开启并推动了隋唐的"科举制",终而促成了中国特色的"文官制"。深谙儒家"经世致用"传统的苏轼正是在这一制度建构中来评价"君子""小人"的"政治身份",以见其"道德约权"的奥义。

在秦汉郡县制之后,"君子"与"小人"的关系已经从政治身份转换

---

① (清)王夫之:《读通鉴论》卷1,《船山全书》,岳麓书社1988年版,第10册,第67页。

② (清)王夫之:《读通鉴论》卷1,《船山全书》,第10册,第68页。

为"政治人格",儒家讨论的主题也已从"君臣之辨"转为"君子小人之辨",即政治语境中的"义利之辨"。而"君子""小人"的义利得失之辨在汉代的兴衰之中又表现得最为充分,其道理正如诸葛亮所总结的"亲贤臣,远小人,此先汉所以兴隆也;亲小人,远贤臣,此后汉所以倾颓也"(《三国志·诸葛亮传》)。苏轼对诸葛亮《出师表》中的这个评论十分熟悉,故其评论诸葛亮与曹操时仍然沿用了三国时代关于"君子""小人"的政治人格标准。

> 取之以仁义,守之以仁义者,周也。取之以诈力,守之以诈力者,秦也。以秦之所以取取之,以周之所以守守之者,汉也。仁义诈力杂用以取天下者,此孔明之所以失也。
>
> 曹操因衰乘危,得逞其奸,孔明耻之,欲信大义于天下……孔明之特以胜之者,独以其区区之忠信,有以激天下之心耳。夫天下廉隅节概慷慨死义之士,固非心服曹氏也,特以威劫而强臣之,闻孔明之风,宜其千里之外有相应者,如此则虽无措足之地,而天下固为之用矣。且夫杀一不辜而得天下,有所不为,而后天下忠臣义士乐为之死。①

从表面来看,苏轼将诸葛亮与曹操放到周、秦和汉的不同制度框架下进行政治人格方面的比较,结论不免有些自相矛盾:周偏仁义,秦偏诈力,汉则兼而用之,何以孔明兼用仁义和诈力即为其"失"呢?对于这个直观上的"自相矛盾",我们可以借鉴西方政治哲学中的一句格言,"为了正当的目的可以不择手段"来进行比较分析,以之解释苏轼的评论,就比较容易看清楚他是借助诸葛亮和曹操来表达"君子""小人"在政治人格上的差异。按照苏轼的逻辑,周的政治目的是"仁义"(敬德保民),而秦的政治手段是"诈力"(以人为耕战工具),汉的政制是以秦的政治手段保证周的政治目的,这也不失为一种政治权衡。而在汉末三国混战中,曹操的政治人格近于秦,是诉诸"诈力"的政治小人;诸葛亮则近

---

① (宋)苏轼:《诸葛亮论》,载段书伟、李之亮、毛德富主编《苏东坡全集》,第1819页。

于汉之正统的"君子",然而其"君子"人格亦有所失,即"失之于手段对目的的僭越"(the tyranny of the means over the end),"孔明迁刘璋,既已失天下义士之望",而"此其与曹操异者几希矣",可见诸葛亮对周秦政治资源的"取守"皆失其当,落入西方政治所谓威权人物"政治目的至上,手段自然合法"的陷阱,也背离了儒家"仁义为本"的政治诚信原则,于"正人君子"的政治人格自然也有所缺失。

  在思考"君子""小人"的道德人格上,苏轼既不同于西方纯思辨型的政治哲学家如亚里士多德、霍布斯或洛克,也不同于先秦的孔子、孟子和汉代的董仲舒;他有成功的科举考试的背景和参与丰富的、不同层次的社会治理的经验,因此,他对"君子"人格的政治哲学反思具有明显的"实践智慧"(phronesis),即可以运用于实际政治活动中的那些理论反思。这也是中国文人政治的一个特点,是苏轼策论中对"君子之道"的创新性解释。对于郡县制背景下讨论的"忠臣"和"奸臣",苏轼则以"君子""小人"的政治人格加以分析,并参照实践中的政治效果形成结论。他所谓"忠臣"是能够秉持道义原则且符合礼乐制度而战胜"奸佞小人"者:"世之君子,将有志于天下,欲扶其衰而救其危者,必先计其后而为可居之功,其济不济则命也,是故功成而天下安之。今夫小人,君不诛而吾诛之,则是侵君之权,而不可居之功也。夫既已侵君之权,而能北面就人臣之位,使君不吾疑者,天下未尝有也。"① 在他看来,"君子"和"小人"同处于一个政治体制之下,"小人"之所以得势,必定是利用了国君的政治弱点,投其所好,这在理论上讲是不应该的;从现实层面看自然是"不幸"的。所以,"小人"得势也间接折射出了制度本身存在的问题——中国历史上将此制度的弊端常常归咎于国君的人格上的缺陷,即"昏君",也就是苏轼所谓的"天下不幸而无明君,使小人执其政"。补救的办法自然就是"忠臣"展示自己的"实践智慧",既能摒除小人又能顾全"昏君"的面子,稳定住国君的江山社稷。这便是苏轼结合儒家的"君子之道"和自己的从政经验得到的一个折中答案,以"实践智慧"丰富"君子"政治人格的内涵。因此,与《周易》的"革命"思想和孟子的"诛一夫"的政治气势相比,苏轼语境中的"君子"

---

① (宋)苏轼:《大臣论上》,载段书伟、李之亮、毛德富主编《苏东坡全集》,第1843页。

人格略显保守且难以自圆其说。他的思路是"夫小人者，必先得于其君而自固于天下，是故法不可击。击之而不胜身死，其祸止于一身。击之而胜，君臣不相安，天下必亡。是以《春秋》之法，不待君命而诛其侧之恶人谓之叛"①。既然小人"必先得于其君而自固天下"，君子就没有主动去除小人的合法性，这就是把"君子"和"小人"置于国君的一统权威之下，只有国君觉悟了，号召"君子"清除"小人"才具有政治合法性。在这样的前提之下，讨论"君子"和"小人"的政治人格就显得"首鼠两端"，终而"不知所取"；国无明君，小人得势；国有明主，君子俟命。"君子"与"小人"的使命皆由君主的好恶而定，这样讨论"君子"和"小人"的政治人格就没有什么实质的意义了。可惜，苏轼认识不及于此，而是限于"实践智慧"，在政治哲学的语境中所表达的思想与他"豪放派"的文人身份相去甚远。

不过，苏轼并没有觉得他的"实践智慧"与"君子""小人"的政治人格之辨有什么隔膜，以为正是"实践智慧"才清楚地表达了"君子""小人"的政治人格之辨的意义："故凡天下之患，起于小人，而成于君子之速之也。小人在内，君子在外，君子为客，小人为主。主未发而客先焉，则小人之词直，而君子之势近于不顺。直则可以欺众，而不顺则难以令其下。故昔之举事者，常以中道而众散，以至于败，则其理岂不甚明哉？"② 这不是明显地将政治手段异化成了政治目的吗？难免落入老百姓口头禅中的"以成败论英雄"之讥，去孔子"义之与比"（《论语·里仁》）和孟子"君子莫大乎与人为善"（《孟子·公孙丑上》）的思想原则远矣！

与封建制不同，郡县制中的"君子"是权力的合法占有者，如果"小人"占有权力，自然就是非法的，用儒家的术语讲就是"不得人心"，进而失去"天意"。因此，把"小人"从权位上罢黜是理所当然的，即《易·革·彖辞》所谓"汤武革命，顺乎天而应乎人"③；面临这样"德不配位"的政治困境，儒家特别是"王道仁政"的孟子心性学派主

---

① （宋）苏轼：《大臣论上》，载段书伟、李之亮、毛德富主编《苏东坡全集》，第1842页。
② （宋）苏轼：《大臣论下》，载段书伟、李之亮、毛德富主编《苏东坡全集》，第1845页。
③ 黄寿祺、张善文：《周易译注》，上海古籍出版社2001年版，第406页。

张诉诸政治革命，用现代政治哲学的术语讲就是"权力的合法性"。在这一点上，苏轼过于顾及政治"后果"和君主的天下，而对于儒家坚持的"王道仁政"的目的则有所减损，是其"君子政治人格论"中的一处败笔，也是中国皇权专制加诸文人政治之上的思想禁锢，中国历史上大多数从政的文人皆不能免此思想禁锢之弊，苏轼自然亦不应因此而遭深诟。

撇开"君子""小人"的政治人格之辨不论，单就"君子"的政治人格而言，苏轼仍然坚持以儒家的"絜矩之道"看待君子，近乎美国当代"待人宽容如待己"（Live and Let Live）的政治伦理。

> 君子之为善，非特以适己自便而已。其取于人也，必度其人可以与我也。其予人也，必度其人可以受之于我也。我可以取之，而其人不可以与我，君子不取。我可以予之，而其人不可受，君子不予。既为己虑之，又为人谋之，取之必可予，予之必可受。若己为君子，而使人为小人，是亦去小人无几耳。①

其中既强调君子的道德主体意识，又体贴他人的自尊及自立，对儒家传统的君子之道多所阐扬，较孔子之"诚信"和孟子之"性善"更为丰富和周到。

三 人性与"君子"的政治人格

儒家所论"君子"的政治人格多与人性论相关，苏轼亦注意到此关联性。不过，他的解释又多限于人的个体性情，以文人特有的秉性透视政治，有得有失：得者见于政治人物的性情；失者蔽于政体与"君子"人格的关联。

中国的文人政治形成于儒家理想的圣贤政治与现实的"百官"政制的博弈。从世官制到察举制再到科举制，中国古代社会官员的"政治资

---

① （宋）苏轼：《刘恺丁鸿孰贤论》，载段书伟、李之亮、毛德富主编《苏东坡全集》，第1702页。

源"或"任职资格"出现了相对应的变迁：从"血缘贵族"转向"世家子弟"，再到"士人学子"，最终形成了比较稳定和公平的"文官体制"。从社会权力的开放和共享程度来看，这是一种制度上的"民主化"和思想上的"自由化"，让社会上更多的人能够更自由地走上公共权力平台，实现个人独立自主的价值。这种中国特色的政治进程很大程度上得益于儒家对于人性的经验主义解释，避免了西方神本位的人性论所导致的"政教合一"或"皇权独大"的政治局面，因而也避免了政教、新旧教派之间的冲突及其所引发的战争，使中国儒家的"性善论""性恶论"和"性三品论"都能认同人性自身的主体价值，开展基于人性正义或自然正义的公平竞争，并在社会政治生活中实现创造性升华，展示了"人皆可以为圣贤"的人格内涵。

虽然中国儒家学者在"人性论"的经验主义解释上有两种不同的形式，即孟子的"性善论"和荀子的"性恶论"，但是在联系到君子的政治人格时又都承认二者是有共性的，即有认知的能力和公平的伦理趋向，而这个共性的基础又都是孔子的"仁义"的政治伦理。这一特点在政治哲学上明显见于孔子对"士君子"，孟子对"王道仁政"，以及荀子对"涂之人可以为禹"（《荀子·性恶》）的解释。

具体地讲，孔子论述"仁义"的政治伦理，多从"君子"人格的"政治身份"——"智者"和"仁者"及他们"任重道远"的社会使命讲起。在询问完子路和子贡关于"智者""仁者"的解释后，孔子以同样的问题询问颜回，后者的答案是："智者自知，仁者自爱"，孔子对于这个回答很肯定，称赞其"可谓士君子矣"。① 孔子的赞许将当时的"士"和"君子"并为一个词，蕴含"士"和"君子"在政治功能上的区别与联系，"士"只是"知人和使人知己""爱人和使人爱己"；君子则是"仁者不忧，知者不惑，勇者不惧"（《论语·宪问》）；而"士君子"就是两者的综合，展现出"仁智勇"这三达德，特别是"自知"和"自爱"，蕴含中国人熟谙的"将心比心""推己及人"及"德才兼备"的政治秉性。孟子则明确将人性论与政治制度相关联，提出了中国历代政治思想家津津乐道的"王道仁政"思想："人皆有不忍人

---

① 王盛元译注：《孔子家语》，上海三联书店2012年版，第120页。

之心。先王有不忍人之心，斯有不忍人之政矣。以不忍人之心，行不忍人之政，治天下可运之掌上。"（《孟子·公孙丑上》）然而，荀子对于人性的解释表面上与孟子有很大的区别："人之性恶，其善者伪也。""涂之人可以为禹，曷谓也？曰：凡禹之所以为禹者，以其为仁义法正也。然而仁义法正，有可知可能之理。然而涂之人也，皆有可以知仁义法正之质，皆有可以能仁义法正之具，然则其可以为禹明矣。"（《荀子·性恶》）。但是，从君子的人格和政治目的来看，"性善"和"性恶"都共同指向圣贤人物所象征的"仁义"伦理，即冯友兰所谓的"孟子和荀子都主张人类是平等的，这就是民主思想中的重要核心"[①]。也正是基于儒家"人性论"之上的"政治身份"特征，中国学者提出了一套特殊的政制评价术语，以"圣贤人物"暗喻三代（封建制）所应具备的"王道仁政"，以"英雄帝王"喻指秦汉（郡县制）所代表的"霸道暴政"；正统的儒家学者不以姓氏指称三代，暗示其政治伦理合于"天下为公"的精神，而专以姓氏指称秦汉之后的朝代，哪怕"汉唐盛世"也名之为"刘汉、李唐"，暗示其政治伦理不出"天下为家"之陋，颇似亚里士多德以"公利"（the public interest）和"私利"（the factional interest）对应希腊政制的"正体"（the true form）和"变体"（the deviated form）所做的目的论判断。

然而，苏轼对于人性与政治人格、圣贤伦理与"王道仁政"则有不同于孟、荀的评价。他认为孔子之所以不谈"性善""性恶"是因为人性不属于"善恶"可以定论的问题，所以，孟子将"性善"与"仁政"联系起来既偏离了孔子的思想又在传统儒家内部引起了多余的争论：

> 且夫夫子未尝言性也，盖亦尝言之矣，而未有必然之论也。孟子之所谓性善者，皆出于其师子思之书。子思之书，皆圣人之微言笃论，孟子得之而不善用之，能言其道而不知其所以为言之名，举天下之大，而必之以性善之论，昭昭乎自以为的于天下，使天下之

[①] 冯友兰：《中国哲学中之民主思想》，《三松堂全集》第11卷，河南人民出版社2000年版，第577页。

过者，莫不欲援弓而射之。故夫二子之为异论者，皆孟子之过也。①

一般儒家学者都认为孟子的"性善论"是延续了子思《中庸》中的"性命论"，故有"思孟学派"之称，而苏轼反认为孟子的"性善论"曲解了子思的"性命论"，结果孟子的政治思想反倒被解释为歧出于孔子。笔者以为苏轼此论流于文人议政的草率和臧否人物的任性；他忘记了如果没有孟子基于"性善"的"王道仁政"思想，我们就很难理解孔子以"仁道"伦理对礼乐制度开展的政治批判："人而不仁如礼何？人而不仁如乐何？""笃信好学，守死善道。危邦不入，乱邦不居。天下有道则见，无道则隐。邦有道，贫且贱焉，耻也。邦无道，富且贵焉，耻也。"（《论语·泰伯》）按照孔子所生活的春秋时代的标准，"国君有道，则天下之士接踵而至"，"国君无道，则国人皆作鸟兽散"，因此，士君子皆"仁以为己任"，"弘道"于天下，死而后已。孟子秉持同样的精神，以"富贵不能淫，贫贱不能移，威武不能屈"（《孟子·滕文公下》）的"大丈夫"气势彰显孔子的士君子人格，称为"孔仁孟义"，岂可以因"天下援弓而射之"为其"过"？再者，苏轼又在"孟子论"中赞扬孟子的政治道义思想深得孔子仁德之治的真传，所谓"盖尝求之于六经，至于《诗》与《春秋》之际，而后知圣人之道，始终本末，各有条理。夫王化之本，始于天下之易行……不观于《诗》，无以见王道之易，不观于《春秋》，无以知王政之难……自孔子没，诸子各以所闻著书，而皆不得其源流，故其言无有统要。若孟子，可谓深于《诗》而长于《春秋》者矣。其道始于至粗，而极于至精。充乎天地，放乎四海，而毫厘有所必计。至宽而不可犯，至密而可乐者，此其中必有所守，而后世或未之见也"②。从这些对儒家政治思想的分析和对孟子的赞誉中，不难窥见苏轼对儒家"王道仁政"的高度认同，可惜论述到"思孟学派"的"心性论"与君子的政治人格时，他又显得自相矛盾。以"性善论"为孟子政治思想之过，暴露出他在理解儒家政治情感和政治道义之间关系的困惑。儒家六经是

---

① （宋）苏轼：《子思论》，载段书伟、李之亮、毛德富主编《苏东坡全集》，第1792—1793页。

② （宋）苏轼：《孟子论》，载段书伟、李之亮、毛德富主编《苏东坡全集》，第1795页。

"经世致用"和"修齐治平"的政治文献,其中《诗》的重点在于调动人的政治情感,即"可以兴,可以观,可以群,可以怨。迩之事父,远之事君"(《论语·阳货》);有利于开拓人的心胸,抒发人的情感。而《春秋》的重点则在阐扬政治"道义",是司马迁所谓"孔子知言之不用,道之不行,是非二百四十二年之中,以为天下仪表,贬天子,退诸侯,讨大夫,以达王事而已矣"(《史记·太史公自序》)。"达王事"就是揭示出三代的"王道",就是"别嫌疑,明是非"的政治道义,所以后人皆以《春秋》为儒家"修齐治平"的代表性经典,有"不知《春秋》,不能涉世;不精《老》《庄》,不能忘世;不参禅,不能出世"①的三教各异其社会功能之高论。而孟子之所以"长于《春秋》者"正在于他以"大丈夫"的人格内涵彰显"性善论"与"王道仁政"之间的统一性,这恰好是苏轼赞扬孟子"所守"的"春秋大义",是孟子对子思"性命论"的创造性发挥,而苏轼被"性善论"引发的"人性论"争议所迷惑,在"子思论"和"孟子论"中对儒家"君子"人格的心性论基础作了前后矛盾的评价。

四 "君子"与儒家的政治情怀

苏轼虽然以"大文豪"的身份参与北宋朝廷政治,置身于新旧党人政治缠斗的漩涡之中,与孔孟家比起来,其对君子"政治身份"的反思理论的自洽性略显不足,反而长于其对"君子"的情怀方面的论述。这一特点显见于他对汉儒贾谊的评论。

贾谊是儒家"修齐治平"传统中的一个特殊的人物,可以说是理想的"德才兼备"者,可是时运不济,短命夭折,辜负了其稀有的"才德",是中国政治历史上"怀才不遇""赍志以殁"的悲剧性典范。苏轼对他的政治际遇十分同情,而对他的人格性情则多所讥讽,认为"古之贤人"虽才有"王者之佐",然而终"不能行其万一"②,这要归咎于他

---

① 《憨山大师梦游全集·说·学要》,转引自方立天《佛教哲学》(增订本),中国人民大学出版社1991年版,第54页。

② (宋)苏轼:《贾宜论》,载段书伟、李之亮、毛德富主编《苏东坡全集》,第1808页。

们性情上的多愁善感、缺乏成就大事的"忍耐之心"。如同我们现代人读贾谊的《过秦论》和《治安策》之类的政论，无不为其中的深思睿见所感慨！然而，联系到作者切身的政治命运，又对其"英雄气短"的结局表示痛惜。实际上，在儒家政治人物谱系中，孔孟在推行自己的政治思想时际遇并不比贾谊好，甚至困厄还更多，但是我们不会对孔孟产生对贾谊那样的一种惋惜，而更多的是励志、敬仰。这种差异，就是源于他们之间不同的政治情怀或性情，而不是他们的政治理念。这个判断或许是受到了苏轼对贾谊的政治性情的评价的影响。

> 愚观贾生之论，如其所言，虽三代何以远过。得君如汉文犹且以不用死。然则是天下无尧舜，终不可以有所为耶？仲尼圣人，历试于天下，苟非大无道之国，皆欲勉强扶持，庶几一日得行其道。将之荆，先之以子夏、申之以冉有。君子之欲得其君，如此其勤也。孟子去齐，三宿而后出昼，犹曰："王其庶几召我。"君子之不忍弃其君，如此其厚也。公孙丑问曰："夫子何为不豫？"孟子曰："方今天下，舍我其谁哉，而吾何为不豫？"君子之爱其身，如此其至也。夫如此而不用，然后知天下之果不足与有为，而可以无憾矣。若贾生者，非汉文不用生，生之不能用汉文也……夫谋之一不见用，安知终不复用也？不知默默以待其变，而自残至此。呜呼！贾生志大而量小，才有余而识不足也。①

拿"君子"与国君相比，苏轼认为国君的优势是权位，如汉文帝；而君子的优势是才德，如贾谊。但是在社会治理的环境下，它们之间的关系又是相互为用的，国君对于"君子"是"选贤任能"，"君子"对于国君是"士为知己者用"，但同时双方又都需要具备与其身份相宜的政治德性：作为国君要有鉴别君子才德的慧眼，并有不拘一格用人才的雅量；而作为君子也要有自知之明并对国君抱有充分的信心。按照这个标准，贾谊在才德方面颇为自信当然是好事，不过他对国君（郡县制下实际是

---

① （宋）苏轼：《贾宜论》，载段书伟、李之亮、毛德富主编《苏东坡全集》，第1808—1809页。

天子）则没有持久的信心，故此苏轼大为感叹："若贾生者，非汉文之不用生，生之不能用汉文也。"与贾谊相比，苏轼更推崇孔子和孟子，认为他们在政治德性或"君子"人格方面十分自信，因此可以超越"怀才不遇"导致的心理沮丧，在政治心态上始终保持"士君子"和"大丈夫"的气势，彰显了"儒者可亲而不可劫也，可近而不可迫也，可杀而不可辱也"（《礼记·儒行》）的政治情怀。

苏轼拿贾谊的政治气量与孔孟的政治情怀作比较，大体可以看出他认为儒家寄托于"君子"身份的政治情怀有其高于政治理性——勇、辩、智的人文价值。他的这种暗示表明他对法家偏好法、术、势的政治工具主义是十分疏离的，与亚里士多德所谓"人是政治的动物"——必然利用城邦这样有效的治理工具来实现自己的最大幸福也大异其趣，其主旨是在揭示君子人格中的"仁"，即超越礼乐制度之上的人文主义情怀。孔子曾经说："为政在人，取人以身，修身以道，修道以仁。仁者人也，亲亲为大；义者宜也，尊贤为大。亲亲之杀，尊贤之等，礼所生也。"（《礼记·中庸》）他对政治的论述，与亚里士多德正好相反：人不是被动地适应政治，受制于城邦，或者说政体受制于各种客观的政治德性，如血统、财富或自由民身份，而是自己主观努力的结果。政治是人亲情的客观化过程，礼乐制度不是客观的规制，而是人情世故的外在形式，其本质规定性或政治行为的始基都是人的生命情感——仁，内在的修身、家庭的亲近、社会的尊贤都以"仁"为最高准则，这才是儒家思想所定义的"人"，才是中国"文人政治"的基本精神。因此苏轼感叹："尝读《孔子世家》，观其言语文章，循循莫不有规矩，不敢方言高论，言必称先王，然后知圣人忧天下之深也。茫乎不知其畔岸，而非远也。浩乎不知其津涯，而非深也。其所言者，匹夫匹妇之所共知；而所行者，圣人有所不能尽也。"① 这种主体性的、生活性的、常识性的生命体验，其中蕴含丰富的人文情怀，既非逻辑推论亦非上帝的"第一推动"，是后来王阳明讲的"不离日用常行内，直造先天未画前"（《别诸生》）。苏轼将之与其他可理性化测量的政治德性相比："子路之勇，子贡之辩，冉有之智，

---

① （宋）苏轼：《荀卿论》，载段书伟、李之亮、毛德富主编《苏东坡全集》，第1800—1801页。

此三子者，皆天下之所谓难能而可贵者也。然三子者，每不为夫子之所悦。颜渊默然不见其所能，若无异于众人者，而夫子亟称之。且夫学圣人者，岂必其言之云尔哉？亦观其意之所向而已。夫子以为后世必有不能行其说者矣，必有窃其说而为不义者矣。是故其言平易正直，而不敢为非常可喜之论，要在于不可易也。"①

勇、辩、智这三种政治德性都有明显的客观测量标准，如千军万马之勇，"辩才无碍"或"智商"指数等，这些都不是孔子所称许的，他称许的倒是颜回所象征的那种"仁"："回也，其心三月不违仁。"（《论语·雍也》）这里的"仁"所标志的就是"人之所以为人者"。《论语》里有许多关于"仁"的解释，适用于孔子主观判断的各种场合，超越各种客观条件的限制，可以说是思想方法上的"仁者，无敌于天下"，不可以其他客观条件为其设限，而这恰好是君子的人文情怀所在，较之于国君各种客观的政治条件或政治资源，有其无限的人文价值。经过苏轼这段策论的启示，笔者倾向认为在儒家三种基本政治德性或资源中，还可以将"仁智勇"三达德再分为两大类：一类是基础性的人文德性；一类是运用性的制度德性，由基础性德性评价运用性德性，即由"仁"作为价值取向来引导"智勇"，使后者免于被滥用而落入"狡黠之智"和"残暴之勇"。

苏轼以君子的"人格"德性暗示儒家政治情怀还体现在他对圣贤活动的"知"与"乐"的比较方面。

> 知之者与乐之者，是贤人、圣人之辨也。好之者，是贤人之所由以求诚者也。君子之为学，慎乎其始，何则？其所先入者，重也。知之多而未能乐焉，则是不如不知之愈也。人之好恶，莫如好色而恶臭，是人之性也。好善如好色，恶恶如恶臭，是圣人之诚也。故曰"自诚明谓之性"。②

---

① （宋）苏轼：《荀卿论》，载段书伟、李之亮、毛德富主编《苏东坡全集》，第1800—1801页。

② （宋）苏轼：《中庸论上》，载段书伟、李之亮、毛德富主编《苏东坡全集》，第1731页。

因为儒家语境中的圣贤人物都是被设置于"修齐治平"的政治活动中,所以圣贤的政治德性也有高下之分,"知"只是一种客观的工具性德性,而"乐"则是一种主观的价值德性,"知"可以用物理性的指标测量,如"知识的渊博或肤浅",而"乐"则具有超越物理指标限制的自由,如"其乐无穷"或"乐不思蜀"。我们不仅在引用宋儒的话讲"士希贤,贤希圣,圣希天"《通书》时自觉"圣"对于"贤"的超越性,而且在吟唱明儒王艮的《乐学歌》"人心本此乐,自为私欲缚;私欲净尽时,人心还自乐。乐是乐此学,学是学此乐;不乐不是学,不学不是乐"时也能体会"乐"与"学"的层次差异,以及"心"统"乐""学"的超越性,也正是这种超越性,使儒家的"心"主导了"思"并为"思""开拓了万古之心胸",即圣人之诚或儒家的政治情怀。

五 结论

通过苏轼策论中有关"君子"议题的分析,大体可以看出封建制与郡县制背景下中国文人的"政治身份"转变所蕴含的伦理意义。参照西方哲学家亚里士多德在《政治学》中对政体要素——政治德性的论述原则,苏轼策论语境中的"君子"更多地反映的是他对儒家借君子人格所表达的"仁义",其与亚里士多德所列举的政治德性——血缘、财富和自由人身份有本质的区别。前者表现为人的政治情怀,是政治德性中具有主体性、普遍性和创新性的"心性"或"良知"等特殊资源,是儒家所信奉的"得人心者得天下"的政治合法性的表达方式;后者则表现为政治德性中的客观性、特殊性和确定性的理性指标,是政治的、科学性的论证方式。相比而言,苏轼策论中"君子"的伦理秉性能更准确地反映出儒家人性论与中国文人政治相互阐明的辩证关系,以说明通过心性教化的察举制和科举制途径,以郡县制的权力组合形式向社会各阶层开放权力晋升体系,避免了封建制的权力垄断和人性退化,使中国古代社会的政体文明保持了超常的稳定形态,而同时期的希腊化帝国(马其顿)和罗马帝国皆因单向度地依赖征服性武力而随之消长存废,最终形成所谓"希腊罗马有古而无今,英美帝国有今而无古,中华帝国亘古亘今"①的世界政体谱系，其中"君子"所彰显的人性尊严和伦理取向是郡县制中最有特色的"政治德性"，而不是封建制中的"世袭官爵"，而此"政治德性"较之西方的"政治理性"则更契合全球化背景下人类社会所形成的关于人的内在尊严和价值的伦理共识。

---

① 冯友兰：《三松堂全集》第13卷，河南人民出版社1994年版，第748页。

承继与演绎：
清代《国语》研究成果评析[*]

仇利萍

（安阳师范学院历史与文博学院）

摘　要：清人的《国语》研究是《国语》学史上的重要阶段。从清初到乾嘉时期，再到道咸以后的晚清，清人《国语》研究的轨迹与清代学术的演化大体同步。特别是乾嘉时期，《国语》研究在音韵训诂、文字校勘、文本辑佚方面有所突破，呈现出学术视角的多样性。道咸以后，在今文经学和汉学并存的背景下，《国语》不足以阐发思想，只在训诂、辑佚方面继续前行，出现了一些集大成的注疏之作。清代《国语》研究在注疏、校勘、辑佚方面均取得突出的成就，不仅是对前人研究成果的继承和演绎，同时也超越了前代，推动了《国语》研究的发展与转型。

关键词：清代　《国语》　注释　辑佚

清人的《国语》研究是《国语》学史上的重要阶段，其承继前代，下启近代，在文字考释、史事考证、文本辑佚等方面均取得了较为杰出的成绩。与当时的学术背景相一致，清人的《国语》研究从研究取向上又可分为三个阶段，即清初的《国语》研究、乾嘉时期的《国语》研究

---

[*] 本文系全国高校古籍整理项目"董增龄《国语正义》校释"（1621）、河南省哲学社会科学规划项目"清代《国语》文献研究"（2017CLS018）、四川省哲学社会科学重点研究基地"儒学研究中心"项目（RX12H02）的阶段性成果。

和晚清的《国语》研究。细而究之,清初重文本性质、史事考辨,乾嘉时期重文本互勘和考释,晚清则重文本辑佚。本文将分时期对清人的《国语》研究状况作一梳理考察。

一 清初《国语》研究概况

从时间来讲,清初大致是指顺治、康熙、雍正三个朝代。清初学风是对宋明学风的继承与反动,在清初所倡导的"求真""务实"学术思潮的影响下,学者放弃了宋明以来重义理阐发的诠释之学,转而讲求注解经典要取证他籍、立说有据,强调复原"本经"或"本义"的重要性。除了以往的"以经证经"外,以史证经、以子证经也成为重要的注经方法,如张尚瑗提出"经传与史合流"之说①,其言:

> 非解经之书,顾其起于穆王,远接《尚书》之"君牙三命",所载共、厉、宣、幽,补平王东迁以前之记言记事,实有助于《春秋》。②

在这里,张氏将《国语》归为"史书"类目,始脱离了经典行列,至乾隆朝编撰《四库全书》,《国语》被正式归入"史部·杂史类"。此外,《国语》还被视为佐证《春秋》经文的史料著作,即以《国语》所载史实考辨经传之是非。这一佐经之功也大大提升了其史料价值,成为清初学者关注《国语》的主要视角。

继张尚瑗之后,清初对《国语》的专门研究有王懋竑《读书质疑》之《国语存校》,其中分条对《国语》原文及贾逵、郑众、韦昭等各家注解进行了考辨,并就《国语》诸解之优劣做出了评判。根据其考辨内容,分文字校勘和史事考证两类。其一,校文字讹误。王氏考察《国语》,尤

---

① 张尚瑗的"经传与史合流"之说,上承李贽"经史一物"(《焚书》卷5《经史相为表里》)之言,下启钱大昕"史与六经并传"(《廿二史札记序》)及章学诚"六经皆史"(《文史通义》卷1《易教上》),均是提倡以史学的方法研究经学。这不仅提高了史学的地位,同时也拓宽了经学研究的路径。

② (清)张尚瑗:《三传折诸》序,文渊阁《四库全书》本。

重对其字、词的校勘，涉及条目最多。如"郑伯南也"条，其言："南当作男，本误。郑伯爵而云伯男，盖连言之，犹云伯子男也。贾云：'在南服。'郑云：'在畿内食子男之地。'韦云：'在男服。'俱未确，此说更考之。"① 指出各注解的不足。其二，考史事源流。在史事考证方面，如"有虞氏禘黄帝而祖颛顼"条，其言："禘、郊、宗、祖皆天子之祭，而有虞氏禅于夏，则宗舜者非天子也。故贾侍中以舜后在夏、殷为二王后当之，然亦未有据。"② 又"注：'祭昊天于圜丘曰禘'，是又与禘祫之禘不同。《祭法》：'有虞氏郊喾而宗尧。'当从《祭法》，《国语》盖误，贾侍中注亦强解耳"③。从《国语》文本指出贾逵批注之不足。又如"男女相及"条，他认为："重耳，怀嬴之舅。盖以前穆公云寡人之适，疑其为穆姬之子，是怀嬴不独为文公从子妇，且甥女矣。然胥臣只以子圉为言，恐非穆姬之女也，楚成王取郑两女，则《传》明讥之。"④ 由此可见，王懋竑言必据典，讲求学术渊源，体现了清初学者的求实之风。另外，王懋竑的这种治学方式开启了扬州学派的"通核"之路，对后世产生了深远的影响。如刘台拱治《国语》，就继承其朴学之路。

这一时期，为科举士子服务的著作中也多涉及《国语》的内容。如王煦著有《国语释文》⑤，或阐发音义，或解读字词；又储欣著成《国语选》80余篇（见于《古文七种》）⑥，其主要结合柳宗元的《非国语》对《国语》内容展开议论，如评《周语·三川皆震》："柳子非其但论天事，不言人事。然当时人事断然无可补救者，第叹息于天之亡周而已。"⑦ 又评《周语·召公谏厉王止谤》篇曰："厉王无道甚矣，《传》止载二条，以其塞人言，学专利也。嗟乎！此亡国之本也。城门开，言路闭，而宋亡；拜三公，悔不小靳而汉亡。兼斯二者，不亡何待。"⑧ 储氏的评点联系当时的社会现实，史学味浓厚，具有很强的求实精神和历史思辨性。

---

① （清）王懋竑：《读书记疑·国语存校》，文渊阁《四库全书》本。
② （清）王懋竑：《读书记疑·国语存校》，文渊阁《四库全书》本。
③ （清）王懋竑：《读书记疑·国语存校》，文渊阁《四库全书》本。
④ （清）王懋竑：《读书记疑·国语存校》，文渊阁《四库全书》本。
⑤ 参见（清）范希曾《书目答问补正》，上海古籍出版社1983年点校本。
⑥ 参见《清史列传》卷71《文苑传二》，中华书局1987年点校本。
⑦ 朱清主编：《古文观止鉴赏集评》，安徽文艺出版社2010年版，第96页。
⑧ 朱清主编：《古文观止鉴赏集评》，第96页。

清初学者们虽仍以"春秋外传"称呼《国语》，但对其定性已有转变，更多侧重其史料方面的价值。他们在治经的同时研史，在内容方面涉及者多以条目论之，较少有专门的专著；在研究方法上利用音韵、训诂等治经方法，重视考证和校勘。

二 乾嘉时期《国语》研究概况

乾隆、嘉庆时期，是清代学术发展的辉煌时期。自清初顾炎武、黄宗羲等学者力反明末学风空疏之弊，提倡读书，强调证据，开启一代新的学风。① 学者以考证的方法从事经史研究，重视对文本的校勘、训诂和辑佚，形成了独具风格的乾嘉学风。在这一学术背景的影响下，学者们首先发起了有关《国语》校勘和版本方面的考察，出现了一批校本，如吴派之惠栋校本、卢文弨校本、段玉裁校本及黄丕烈、顾广圻校勘明道本。其中，尤以黄丕烈、顾广圻校勘明道本最为后人称颂，并撰《校勘札记》附后，是在前人校勘基础上的集大成者。另有汪中《国语校文》（又名《国语校讹》）、刘台拱《国语补校》，专门对《国语》文本及韦昭注解进行校勘考证。而且，刘台拱《国语补校》为王先谦所重，录入《清经解续编》中。

除此之外，这一时期出现了较多专门著述，主要以考校《国语》文本及韦昭注解为主。主要有：董增龄《国语正义》二十一卷、陈瑑《国语翼解》六卷、姚鼐《国语补注》一卷及黄模《国语补韦》四卷。

其中，董增龄《国语正义》二十一卷，在吸收前贤旧注义法的基础上，着力考订及增补史事、考释名物典章、介绍人物地理、覈定年代世系，拓展了《国语》的注疏的内容。如《楚语》载"遇之于郑，飨之，以璧侑"，韦昭注云："飨，食也。璧侑，以璧侑食也。"董氏疏曰："侑训劝，谓助劝也。僖二十八年《传》：'王飨礼，命晋侯侑。'侑，古通右。《诗·彤弓》：'一朝右之'，《毛传》：'右，劝也。'"② 其训释字词，简明准确，且往往征引典籍述其源流，使读者了解其来龙去脉。又如

---

① 黄爱平：《钱大昕与乾嘉考据学》，《清史研究》1993年第3期。
② （清）董增龄：《国语正义》卷17，巴蜀书社1985年版，第1093页。

《越语》"使王孙雒（雄）行成于越"句，韦昭以"王孙"为姓氏，董氏以为非也，他认为："王孙，吴先王之孙，与夫差同族，非姓也。姓则姬耳，《越世家》作'公孙雒（雄）'，则王孙非姓也。"检之《史记·越世家》，考证了"王孙"非姓氏之实，纠正了韦昭注文的失误。通过这些方面，可以考察董增龄对于《国语》的训诂方法和主要成就。

《国语翼解》一书主要是参证先秦秦汉经传及清代诸家之说，对韦昭《国语解》作疏证补充工作。与董增龄《国语正义》的注疏体例不同，陈氏之《国语翼解》属于重注性质，仅摘列《国语》及与韦注有关的文句加以校勘诠释，意在疏通文义、阐明史实，但其考释中多存在武断之处。

《国语补注》是姚鼐读《国语》时所做札记，内容涉及《周语》一条、《鲁语》六条、《齐语》十二条、《晋语》五条、《吴语》一条，凡二十五条。该书间有新说，可以补韦昭《国语解》之不足；但亦有近迂者，如其谓《周语》"杜伯射王于鄗"见于《墨子》。除此之外，姚氏在《惜抱轩全集》中也有谈到《国语》，将其归入《史部》，或阐述事实，或校勘文字，或补韦注之阙。另在《辨郑语》篇中提到对《国语》作者的看法时，说："太史公曰：'左丘失明，厥有《国语》。'吾谓不然。今左氏《传》非尽邱明所录，吾固论之矣。若《国语》所载，亦多为《左传》采录，而采之非必邱明也。"① 否定《左传》《国语》二书同出左丘明说。

黄模《国语补韦》四卷，则是在韦昭《国语解》的基础上，专门收集汉唐以来各类古书中与韦昭注释不同的内容，主要涉及了文字讹误、地名考释、句读校理及训诂字词四个方面。此书最大的特点是取参众注，以摘录为主，具有辑佚的性质。但是，黄模的《国语补韦》并不是单纯地进行辑录，其在文中间加按语，在保留了前人研究成果的同时又体现自己的见解和主张。如《周语》"犬戎树惇"句，以往学者在注解此句一向有分歧，有以"树"为上读者，有以"树"为下读者。韦昭注《国语》以"树"为动词，上读。黄氏征引赵一清在《水经注释》中"有树颓水"的注解，以"树惇"为地名。黄氏进一步引证《史记集解》所论，云："徐广曰：'树，一作楸'，信乎语音轻重之异同，其为犬戎嗣君

---

① （清）姚鼐：《辨郑语》，《惜抱轩全集·文集》卷5，中国书店1991年版，第55页。

名无疑矣。"① 黄氏对古解的辑录和提倡,深受乾嘉考据之风的影响,通过其从其他文献典籍中对《国语》注文的兼采汇聚,不难看出黄氏强调古解之价值所做出的努力,也为我们探讨《国语》本身提供了一个角度。

以上是乾嘉时期的《国语》研究概况。从内容看,以训诂、校勘为主流,学者多在汉晋注解的基础上进行补正、充实;从方法看,这一时期的学者在考据中形成了一套严谨的研究方法,即通过积累大量的材料,然后加以归类排比,用以校勘史籍、印证史事,确实做到了言必有据、孤证不立,有很强的说服力。但是,他们也有自己的局限。乾嘉时期,大多数治史者,如董增龄、姚鼐等人,都是由经入史,用治经的方法治史,这就使他们在研究方法上受到经学的束缚和羁绊,为考据而考据。

三 晚清《国语》研究概况

道咸至清末,在今文经学和汉学并存的背景下,《国语》研究主要在训诂考据方面有一些重要成果,表现在两个方面。一是校注与辑佚研究。晚清学者在前人考据、校勘的基础上更进一步,出现了一些集校集注之作,除了吴曾祺《国语韦解补正》的专著外,较有代表性的就是清人笔记中的《国语》考评,如俞樾《群经平议》、于鬯《香草校书》等,将《国语》与诸经并列,并以考经的方法解读《国语》,在考据方法和内容方面皆有创获。值得一提的是,晚清《国语》研究还出现了一些转型,如谭沄的《国语释地》以《国语》中的地名为对象而详加考证,蠡述沿革。同时,这一时期的学者在《国语》旧注辑佚方面也下了很大功夫,解决了《国语》文本及注文中的很多问题,也为后人的研究提供了精校精注本,这些成就都是值得肯定的。二是《左传》《国语》关系考。伴随着今文学家对《左传》真伪的考辨,也涉及对专篇的论证,开启了近代疑古思潮的先锋。

(一) 有关《国语》的校注

笔记是承载清代学人学术观点和学术成果的重要载体,其内容丰富,

---

① (清)黄模:《国语补韦》卷1,"犬戎树惇"条 1935 年淳安邵瑞彭刻本。

著述形式也多样化，涉及考辨、立说、品评、辑佚等凡六类。其中，涉及《国语》研究者，多属于考据辨类的笔记，包括：俞樾《群经平议》卷28至卷29的《国语》札记数条，李慈铭《越缦堂日记》中对《国语》所载上古世系之考论，陈伟《愚虑录》、朱亦栋《群书札记》及于鬯《香草校书》中发正韦昭注解之条目，往往考据精确、考论结合，启人深思。

除了清人笔记中关于《国语》的校注成果之外，另有代表专著谭沄的《国语释地》和吴曾祺的《国语韦解补正》。其中，谭沄所著《国语释地》一书，分上、中、下三卷，对《国语》诸语中涉及的三百余条地名、方位进行了详细考证，一一列出，其中尤为注重对封爵地名的考释。关于其著述缘由，其在《国语释地》"序"中言："窃谓韦君批注详备有体，可称一家名学，独惜其于地理尚多阙略。因按籍披图，详加考订，以指示诸生。"① 是首部从历史地理角度研究《国语》的著作。而吴曾祺《国语韦解补正》则侧重对韦昭注解的集补，其以黄丕烈校刊明道本《国语》为底本，同时采摭各家之说，如王引之《经义述闻》、汪远孙《国语发正》、董增龄《国语正义》及黄丕烈《校刊国语札记》等，以"补其所未备""正其所未安"，共有八百余条笺注和百余条校勘异文者，是晚清最为详备的《国语》注本。

（二）有关《国语》的辑佚

与当时回归原典的文化背景相适应，清代的辑佚之风极盛。自乾隆中期修《四库全书》采集《永乐大典》开其先声，"此后兹业日昌，自周秦诸子，汉人经注，魏晋六朝逸史逸集，苟有片语留存，无不搜罗最录"②，辑佚成果蔚为大观。其中，清代《国语》文献的整理与研究也深受影响，出现了一批对《国语》文本及散失注解的辑佚之作。

---

① （清）谭沄：《国语释地》"序"，清光绪庚辰年（1880）刻《味义根斋全书》本。
② 梁启超撰，朱维铮导读：《清代学术概论》，上海古籍出版社2005年版，第51页。

马国翰①在《玉函山房辑佚书》辑佚有关《国语》注解的佚文有汉郑众《国语章句》一卷、贾逵《国语解诂》二卷、三国吴虞翻《春秋外传国语虞氏注》一卷、唐固《春秋外传国语唐氏注》一卷、晋孔晁《春秋外传国语孔氏注》一卷、无名氏《国语音》一卷凡六种。在马国翰所辑《国语》诸书中,以贾逵《国语解诂》条目为最重。与郑众《国语章句》相比,两者虽都为东汉成书,但贾逵《国语解诂》的流传时间要远远超出前者,清代及其前的众多著作对其均有征引,并在每条下详细标明出处。

王仁俊②《玉函山房辑佚书续编三种》,意在增补马国翰《玉函山房辑佚书》,王氏在《玉函山房辑佚书续编·自叙》中提道:"历城马氏国翰辑唐以前佚书凡五百八十余种,为卷六百有奇,其有目无书者阙四十余种,其散见各叙所谓已有著录者,如陆希声《周易传》之类九种,今亦无之。匡君源所谓待后之君子搜补焉。仁俊幼嗜搜辑奇书硕记露钞雪纂,马编之外时多弋获……旁引秘文,日事捃撷,遂成此编。"③其中与《国语》相关的有:《玉函山房辑佚书续编》中的汉贾逵《国语贾氏注》一卷、三国吴虞翻《国语虞氏注》一卷,以及《经籍佚文》中的《国语佚文》一卷。

黄奭④所辑《国语》注解的佚文归入《黄氏逸书考》"子史钩沉"之中,包括汉郑众《国语解诂》一卷、贾逵《国语注》一卷、三国魏王肃

---

① 马国翰,字竹吾,历城人。道光壬辰年(1832)进士。其早年嗜好读书,遍览经史,尝以近世学者不见唐以前古籍为憾事,"乃举周、秦以来,以迄唐代诸儒撰述,其名氏篇第,列于史志,及他书可考者,广引博征,自群经注疏、音义,旁及史传、类书,片辞只字,罔弗搜辑,分经史诸子为三编,每书各作序录,冠于篇首,共得五百八十余种,为卷六百有奇,统名曰《玉函山房辑佚书》"。(《清儒学案》卷196《诸儒学案二》)

② 王仁俊(1866—1913),字捍郑,一字感菀,江苏吴县人。光绪十八年(1892)进士。其早年师从朴学大师俞樾,精于考据、金石之学,著述颇丰,尤以辑佚学成果最为显著,代表作有《玉函山房辑佚书续编三种》,包括《玉函山房辑佚书续编》《玉函山房辑佚书补编》《经籍佚文》三书。

③ 王仁俊:《玉函山房辑佚书续编·自叙》,续修《四库全书》影印本。

④ 黄奭(1809—1853),字右原,江苏甘泉人。黄氏家境富裕,藏书颇丰,学识渊博。其毕生致力于辑刊古佚书,所辑佚书近三百种,汇成《黄氏逸书考》,又名"汉学堂丛书"。全书分四类,包括《汉学堂经解》一百二十种、《通纬》七十二种、《子史钩沉》八十四种、《通德堂经解》十七种,凡二百八十五种、七千三百九十三篇。因遇到太平军,黄奭在世期间未全部刊刻成稿,后经藏书家朱长圻补校,于1934年全部刊印成书。

《国语章句》一卷、吴虞翻《国语注》一卷、吴唐固《国语注》一卷、晋孔晁《国语注》一卷。黄奭辑书善于利用前人的辑佚成果，其所辑《国语》注文中不乏照录前人辑本者，其中又以参照马国翰《玉函山房辑佚书》居多。此外，其所辑佚文大都比较规范，能一一标明出处，间有考辨校勘之语，具有较高的辑佚价值。

除了以上诸家外，另有王谟《汉魏遗书钞》辑有贾逵《国语注》一卷，蒋曰豫《蒋侑石遗书》辑有贾逵《国语贾景伯注》一卷。

清代有关《国语》的辑佚工作，主要包括两方面的内容：一是《国语》佚文的辑佚，一是清代以前特别是汉晋时期的《国语》注解之辑佚。就其内容来看，主要集中在对《国语》注解的辑佚上，有专门的旧注辑佚专著，也有相关旧注汇编。对这些辑佚成果的全面梳理和认识，有助于我们了解汉晋时期《国语》注解的概貌，也为后人的补注补疏提供了一个重要参考。

（三）有关《左传》《国语》关系的论断

清代今文学家在考证《左传》时，也涉及对《左传》《国语》关系的论断，以刘逢禄、崔适、廖平、康有为之论为代表。

刘逢禄在《左氏春秋考证》中认为"《左氏》体例与《国语》相似，不必比附《春秋》年月"，认为二者既有相似之处，也有不同之处，采取一种比较审慎的态度，并未作明确论断。廖平进一步指出《左传》乃左氏后人取《国语》文以经编年而成，其"不专传《春秋》，盖仿经文'行事加王心'之意为之"①。至康有为，则坚持认为《左传》是刘歆从《国语》里割裂出来的，其言"五十四篇者，左丘明之原本也，歆既分其大半凡三十篇以为《春秋传》，于是留其残剩，掇拾杂书，加以附益，而为今本之《国语》，故仅得二十一篇也"，又"然则左丘明所作，史迁所据，《国语》而已，无所谓《春秋传》也"②。在此基础上，崔适在《史记探源》中说："刘歆破散《国语》，并自造诞妄之辞与释经之语，编入《春秋》逐年之下，托之出自中秘书，命曰《春秋古文》，亦曰《春秋左

---

① 廖平：《古学考》，载李耀仙主编《廖平选集》（上），巴蜀书社1998年版，第139页。
② 康有为：《新学伪经考》卷3《汉书艺文志辨伪上》，中华书局1956年版，第84页。

氏传》。"① 延续刘逢禄、康有为的观点,斥责刘歆篡改《国语》伪作《左传》。

时至近代,古史辨派学者继承康有为、崔适之说,在学术界产生了很大影响。钱玄同认为《左传》是刘歆从《国语》中割裂出来的,他说:"《左传》是真书,但它本是《国语》的一部分,并非《春秋》的传。康长素的《伪经考》与先师崔觯甫先生的《史记探源》中都说《汉书·艺文志》有《新国语》五十四篇,这是'原本《国语》',刘歆把其中与《春秋》有关的事改成《春秋左氏传》,那不要的仍旧留作《国语》,遂成'今本《国语》'……刘歆把《国语》的一部分改成《春秋》的传,意在抵制《公羊传》。《汉书·刘歆传》'歆治《左氏》,引传文以解经',这就是他给《春秋》跟《国语》的一部分做媒人的证据。"② 后来他又写了《左氏春秋考证书后》《重论经今古文学问题》等,继续重审前说。傅斯年在《周颂说——附论鲁南两地与〈诗〉、〈书〉之来源》一文中云:"我们用《左传》证《诗》《书》,有个大危险,即《左传》之由《国语》出来本来是西汉晚年的事",又言:"《左传》昭二年见《易象》与《鲁春秋》句显然是古文学者从《国语》造出《左传》来的时候添的。"③ 郭沫若在《述吴起》里也说:"本来《春秋左氏传》是刘歆割裂古史掺杂己见而伪托的。"④

以上论说,逐渐升级,似乎论断充分,不可推翻。实际上,从源头来看,康有为所论就是不成立的。

其一,如果《左传》是从《国语》分割出去的,而且有三十篇之多,那么二书所载史事必不会出现重复。可是,我们发现《国语》所载一百九十六条主题,《左传》涉及一百零四条,而且虽同记一事,具体内容有很大差异。如《左传》记夫差杀伍子胥在鲁哀公十一年(前484),而《越语》则在勾践返国后三年,即鲁哀公七年(前488)。

---

① 崔适:《史记探源》卷1《春秋古文》,中华书局1986年版,第2页。
② 钱玄同:《论获麟后〈续经〉及〈春秋〉例书》,载《古史辨》,上海古籍出版社1982年版,第1册,第278—279页。
③ 傅斯年:《周颂说——附论鲁南两地与〈诗〉、〈书〉之来源》,《国立中央研究院历史语言研究所集刊》1930年第4期。
④ 郭沫若:《青铜时代》,中国人民大学出版社2005年版,第170页。

其二，康有为所言"然则左丘明所作，史迁所据，《国语》而已，无所谓《春秋传》也"，更是不切实际。因为详考《史记》，其中有大量使用《左传》解经的材料。除司马迁外，在其之前的荀卿、韩非子著述中也有征引《左传》的痕迹。如《荀子·大略篇》："赗赠所以佐生也；赠禭所以送死也。送死不及柩尸，吊生不及悲哀，非礼也"，即出自《左传》"隐公元年"，"赠死不及尸，吊生及哀"之文。

刘歆割裂《国语》伪造《左传》说，是以康有为为首的清代今文学家打击古文、推崇今文的产物，同时也是其宣扬变法的理论依据。在此，康氏的身份更多是激进的资产阶级政治家，而非严谨的学者。而崔适服膺康说，不惜歪曲事实，益加申辩，皆出自学派成见。梁启超批驳他们"以好奇好博之故，往往不惜抹杀证据或曲解证据，以犯科学家之大忌，此其所以短也"①。

四 清代《国语》研究的成就与特点

关于清代学术演变之阶段，梁启超将其总结为："本朝学派，以经学考据为中坚，以为欲求经义，必当假途于文字也，于是训诂一派出。以文字与语言相联属也，于是音韵一派出。又以今所传本之文字，或未可信据也，于是校勘一派出……以今传之经籍为未完备也，于是辑佚一派出。崇古尊汉之极点，而以东汉之学术，其导源更自西汉也，于是今文经说一派出。是为乾嘉以后续之学派。"②清人对于《国语》的研究也大致类此，呈现出注疏、校勘、辑佚多种学派并存的多元格局，著述之宏富、涉及之方面为前代所未有。总体而言，清代《国语》学的发展，是和清代的学术发展轨迹相一致的，但又表现出自己的一些特色。

（一）文本性质的双重性

关于《国语》文本性质的讨论，历来意见不一。清代编修《四库全

---

① 梁启超撰，朱维铮导读：《清代学术概论》，上海古籍出版社2005年版，第65页。
② 梁启超：《论中国学术思想变迁之大势》，中国人民大学出版社2009年版，第104—105页。

书》,将其归入"史部·杂家类",以官方形式确定了其文本性质。但是,清代学者在对《国语》进行研究时,更多的是在附庸"春秋"的格局下以治经的方法治《国语》,孜孜于考校文字、训诂名物、考证史实地理等,详于考据而不涉义理。更有如王引之父子《经义述闻》、俞樾《群经平议》者,将其与诸经并列研究,明确以其"春秋外传"的身份进行训释。亦经亦史,兼具双性。也正得益于此,清人对《国语》关注较多,他们的研究改变了以往《国语》学的衰微局面,得以大放光彩。

(二) 学术视角的多样性

清代学者多以"春秋外传"视《国语》,主要从注疏、校勘、辑佚三个维度进行研究,取得了超越前人的学术成就。

其一,疏正韦昭《国语解》。清代以前,学者多对《国语》的文本性质发难,很少怀疑韦昭《国语解》;清儒以汉学为宗,考校韦昭注文,评其是非,并加以补正。特别是乾嘉以后,有关专著相继出炉,或训诂名物,或考证史实,或专研地理沿革,各有特色。

其二,文本校勘。《国语》自汉代流传至清,其间辗转抄刻,难免造成文字脱误。清儒善以治经的方法治《国语》,对《国语》文本进行系统考校,并将其考校范围扩大至随文刊刻的韦昭注文,涉及内容由早期的单校文字发展到后面的识字审义,延续了顾炎武"读九经自考文始,考文自知音始"[①] 的治学方法。

其三,辑存旧注。郑众、贾逵、虞翻、唐固、韦昭、孔晁六家注解《国语》,造就了汉晋时期《国语》在训诂方面的较高成就。唐代以后,韦昭《国语解》盛行,其他诸家先后浸微亡佚,这是《国语》学史上的一大缺憾。清代以前,虽有极少数的学者已经开始《国语》汉魏旧注的辑佚工作,但仅仅处于初始阶段,搜列条目,不成系统。时至清代,在汉学思想影响下,汪远孙、马国翰、王仁俊、黄奭、王谟等学者着力于《国语》旧注的辑佚研究,他们广征典籍,认真搜采,使散失已久的汉晋旧说稍还旧貌,后人赖此得以重睹《国语》汉学之概貌。

---

① 顾炎武:《亭林文集》卷4《答李子德书》,载《顾亭林诗文集》,华忱之点校,中华书局1959年版,第73页。

（三）学术成就的晚熟性和延续性

以研究《国语》的学者与著述量为界标来考察，清代前期专门研究的学者及成就较少，而清代中期以后，特别是乾嘉以后成就渐为突出。造成这种现象的原因是多方面的，其中一个重要的原因是黄丕烈对明道本《国语》的重新刊刻，扩大了其流布区域。此外，学术的发展具有前后承继性。一个朝代的学术发展，需要以往各时期学者赓续不断的积累，同时其学术成果又会被以后的学者所继承，这也是其价值的体现。清代学者在《国语》文本及韦昭注文训释方面的成果，即是对汉晋以来《国语》研究的继承与发展，同时也为后人延续更有创获，其中具有代表性的便是徐元诰的《国语集解》，该书继承清代以来诸如王引之、汪中、刘台拱、黄丕烈、汪远孙、陈瑑、董增龄、吴曾祺等众家之校勘成果，更参考大量的史书、经书、类书、字书附加已注于文中有疑义处，成为补注《国语》最为完善者，超越了以往各代，推动了《国语》研究的发展。

但是，也应看到清代《国语》研究的局限性。清儒研究《国语》，将研究的重心仅限于训诂考据，疏于义理，更无关社会现实，所以未能使传统的《国语》研究开出新的局面。晚清以后，重视义理阐释的今文经学复兴，《国语》不足以阐发思想，只能在训诂方面继续前行，出现了一些集大成的注疏之作，为近代以降《国语》研究的体系化奠定了基础。

承先启后　旷世独绝

——谢启昆《小学考》述论

李文泽　霞绍晖

（四川大学古籍整理研究所）

摘　要：谢启昆《小学考》仿朱彝尊《经义考》之例，汇聚近两千年中国传统小学著述，不但是《经义考》的重要补充，也是考察中国传统小学学术发展源流，辨章其学术异同的重要典籍，在中国学术史上有着重要的价值和地位。该书卷帙浩繁，信息丰富，瑕瑜互见，学界对其研究仍有不足，兹文特就其编撰得失展开讨论，以便学者正确认识和利用。

关键词：《小学考》　价值　得与失

清人入关之初，天下未定，思想文化政策来不及创制，基本上延续了明代的格局。顺治八年（1651），开始着手文化建设。顺治十二年（1655），基本确定"兴文教，崇经术"的总体思路，并开展相应的经筵制度、科举制度和文献访求与整理。从中国学术发展的历史来看，清代学术在很大程度上对中国传统学术做了整理和总结，这不但为旧有学术的发展开辟了新路，客观上也对西方学术的传入和接受做了思想准备。清代学术思想的主流，一方面是对明代陆王心学的批判，呼吁经世致用；另一方面则是大规模整理文献，总结清代以前的学术历史，开辟新的学术发展局面。清朝接受儒学，全面汉化，并笼络汉族知识分子，巩固统治。顺治之际，便以"御撰"的名义，编成了《资政要览》《范行恒言》

《人臣儆心录》等书,确立了汉文化主导下的国家制度。又命纂修《通鉴全书》《孝经衍义》《内则衍义》《易经通注》等,并在"甲寅,诏求遗书"①。康熙继统,一方面继续开设经筵,撰定《日讲四书解义》《易经解义》《书经解义》《孝经解义》等经学著作;另一方面访求遗书,编纂图书,先后撰成《佩文韵府》《渊鉴类函》《分类字锦》《古今图书集成》《全唐诗》《律历渊源》《周易折中》《康熙字典》《性理精义》《朱子全书》等。这些官修图书,统一了学术思想,为乾嘉时期的学术繁荣奠定了厚实的学术基础。

乾嘉时期,学术方法取向主要是考据。考证是否有力,是否能成为定论,其基础就是文献材料,因此收集编纂各种专门的资料汇编,成为当时学术界的一道风景。谢启昆组织幕宾编纂的《小学考》五十卷,就是专门汇集中国传统小学类著作的大型目录著述。此书一出,传统小学之发展脉络、声韵文字训诂之变迁传承,粲然毕备。然而目前学界对此书的特色与疏失,认识尚嫌不足。有鉴于此,拟就《小学考》的相关问题展开论述,以就教于方家。

一 谢启昆与《小学考》的编纂

谢启昆(1737—1802),字蕴山,号苏潭,江西南康(今属江西)人。幼承家训,勤奋好学,博闻强识,尤善诗。十六岁补太学,二十四岁试中乡试。次年,即乾隆二十六年(1761)进士会试为第八,殿试钦授第一,选庶吉士,分习国书,散馆授编修、日讲起居注官。尝典河南乡试,分校礼闱,号称得士。乾隆三十七年(1772)为镇江知府,调扬州、宁国知府。乾隆五十五年(1790)擢江南河库道,迁浙江按察使。乾隆六十年(1795)移山西,时山西粮赋亏欠甚巨,不到一年全部补完,清高宗异其才,改浙江布政使。嘉庆四年(1799),擢广西巡抚。嘉庆七年(1802)卒于任所,时年六十六岁。谢启昆毕生勤于著述,著作颇丰,有《树经堂集》二十三卷、《杂文》四卷、《树经堂咏史诗》五百二十六首,又为宋代诗人黄庭坚《山谷集》之别集、外集作补。其在编修史志

---

① 《清史稿·世祖本纪》,中华书局1986年标点本,第2册,第149页。

方面更是卓有成就，尝主持编修《西魏书》二十四卷，《清史稿》称赞是书"义例皆精审，非徒矜书法，类史钞也"①；主持编撰《南昌府志》《广西通志》《广西金石略》及《史籍考》《小学考》，其中《小学考》五十卷，尤为殚精竭虑之作，颇为后世学人所称道。《清史稿》卷484、《清史列传》卷31有传。

《小学考》一书的编纂，是为补清初朱彝尊《经义考》收书之阙失而作。朱氏《经义考》以《易》《尚书》《诗》《十三经》为类目，考述历代各经著述之存佚缺略及诸儒学说、经学派别及著者生平事迹等。因涉猎广泛，卷帙浩繁，故多有漏略，未为赅备。后来翁方纲为此专门撰《经义考补正》，以补其憾。其中收集《尔雅》一类著述，仅收以"尔雅"命名者，如《尔雅》及其注疏、音义、图赞之属，不以"尔雅"命名之书一律不收，故小学类著述漏略尤甚，翁氏在《经义考补正》"序"中称"《尔雅》类下宜备列训诂六书诸目……而小学未能自类一类，宜与宣讲立学同补，拟以愚得，续录成帙"②，拟欲增广小学类著述。翁方纲虽有此念，然而却未曾实施。谢启昆为翁方纲门生，翁氏曾将此念告知谢氏，谢遂萌生了补纂小学类著述的意愿，谢氏在《小学考》"自序"中云："吾师翁学士覃溪先生作《补正》，又欲广小学一门，时为予言之"③。可见谢启昆编纂《小学考》的初念实乃肇始于翁方纲。

关于《小学考》成书始末，据谢启昆自序，"乾隆乙卯（1795），启昆官浙江按察使，得观文澜阁中秘之书，经始采辑为《小学考》"④，则编纂《小学考》在其首任浙江按察使时。谢氏"自序"又云，初稿完成"时嘉庆戊午季夏，越五年壬戌重加厘定，乃付板削焉"⑤，则初稿撰成于清嘉庆三年（1798）。同年八月，钱大昕、姚鼐分别应邀为是书作序。稿成之后，续有增补刊改，延至嘉庆八年（1803）方始杀青，自乾隆乙卯年（1795）迄嘉庆八年（1803），前后共费时八年。《小学考》的成书，

---

① 《清史稿·吴任臣传》，第13349页。
② （清）翁方纲：《经义考补正》卷首，丛书集成初编本。
③ （清）翁方纲：《小学考序》，载谢启昆《小学考》卷首，光绪十四年（1888）浙江书局刊本。
④ （清）翁方纲：《小学考序》，载谢启昆《小学考》卷首。
⑤ （清）翁方纲：《小学考序》，载谢启昆《小学考》卷首。

除了谢启昆领衔修纂以外，还有赖于其幕宾的参与。谢氏在《小学考序》中云"助为撰录者，桐城胡征君虔及海宁陈鳣"①。胡虔、陈鳣二人均为谢启昆历官时的幕宾。胡虔（1753—1804），字雒君，号枫原，桐城（今属安徽）人。尝受业于姚鼐之门，长于舆地考证，娴于目录之学，尝助谢氏编撰各种史志。著有《柿叶轩笔记》《识学录》等书。陈鳣（1753—1817），字仲鱼，号简庄，一号河庄，海宁（今属浙江）人，嘉庆三年（1798）举人，与钱大昕、王念孙等相善。博闻强识，精文字训诂，长于校勘辑佚，著有《论语古义》《尔雅集解》《说文解字正义》等书，辑有郑玄的《孝经郑氏注》《六艺论》。

《小学考》五十卷，仿《经义考》之类例，其内容大致可分为训诂、文字、声韵和音义四端。

卷首：列清帝敕撰之书，以示尊崇，共二卷，计八种。

训诂类：以《尔雅》《小尔雅》《广雅》《方言》《释名》《通俗文》等类"雅"学著述（包含上述著作的注释及摹仿、辑佚等）归之，共计六卷，一百五十三种。

文字类：以《三苍》《爰历》《说文》《字林》《玉篇》等著作（包括上述部分著作的注释及摹仿、辑佚等）归之，共二十卷，四百一十九种。

声韵类：以《声类》《韵集》《广韵》《集韵》《切韵指掌图》《平水韵》《韵补》等著作（包括上述部分著作的注释及摹仿、辑佚等）归之，共十六卷，三百二十二种。

音义类：以训释某一经史诸子文集音义的著作属之，如《十三经》之《易》《诗》《尚书》《三礼》《春秋》《经典释文》《群经音辨》《九经直音》，史籍之《国语》《史记》《汉书》《后汉书》《唐书》《通鉴》等音义，子部之《老子》《庄子》《列子》《太玄》《一切经》《大藏经》《本草》等音义，集部之《楚辞》《文选》、韩柳文集等音义归之，共六卷，二百六十八种。

---

① （清）谢启昆：《小学考序》，《小学考》卷首。

总计收录各类著作书目凡一千一百八十种。[①] 其搜罗之富，足可概见其补《经义考》之功。

二 《小学考》的编纂特色

《小学考》作为一种著录历代小学类著述的大型目录著作，不仅收录数量巨大，而且同时还包含了诸如存佚、著者传记、书目叙录、学术评介等相关内容，其全面性、系统性远非其他目录著述可比拟。从编纂体例来看，《小学考》既保存了传统目录书的共同特色，又突出了作为小学类专门目录书的分类原则及架构，表现出其独有的特点。本文将从以下四个方面来简要讨论《小学考》的成书特色。

（一）有著必录，架构完备

有著必录是《小学考》遵循的基本原则。从秦汉到清乾隆、嘉庆时期的小学著作（乾嘉时期的著作有所选择），不论存佚，均一律编入。有著必录是中国传统目录著作的通式，即通过全面著录此前时代的各类典籍，反映该领域学术著述之总量。早在汉代，刘歆的《七略》、班固的《汉书·艺文志》即已如此，后世的各类公、私目录著作无一不遵循这一原则搜罗书目，《小学考》也不例外。从各类文献中钩稽爬梳，既汇集了现存目录著述记录的书目，也包含了各类典籍中的零散记载，将汉代以迄清代乾嘉时期的小学类著述广为网罗，各归其类，收列书中。

《小学考》对具体每一书目设置了以下几项类目："撰著者"、"书名卷帙"（包括书籍的不同名称、卷帙的数量异同）、"存佚"、"著者传记"、"书录序跋"及"重要评论"、"按语"。这些类目所记述的内容虽各有侧重，但又完全服务于反映该书信息的需要。这种类目结构，有的是沿袭了中国传统目录著作的基本范式，有的则是属于《小学考》的创新，体现了《小学考》的学术特色。

[①] 按：此统计数目不包括其"按语"中所涉及的当时著作。《小学考》的体例是：正文中不收当时尚在世学人之著作，而是将其展现在"按语"之中。如果算上这一类著作，其数量将大大增加。

例如标注"存佚"一项，《小学考》分别以"存""佚""未见"三种术语记录了各类小学文献的存世状况：现存者曰"存"，佚亡者曰"佚"，书籍存世而谢氏等人未见者曰"未见"。这一类目可为阅读者提供该书存佚的相关信息，于阅读者颇为有用。由于掌握某种著述的存世情况难度很大，因此采用这类著录方式的目录著作数量并不太多。

《七略》《汉书·艺文志》不考存佚，历代史志，包括《隋志》《唐志》《宋志》《明志》亦然，清编《四库全书总目》也仅就现存图书著录，而不录已经佚亡的图书。朱彝尊《经义考》一书设置"存佚"一项，对所著录之书标注"存佚"，立此一例，后来的《四库全书简明目录标注》也设置了"存佚""版本"等类目。《小学考》继之，专设著录"存佚"一栏，这一做法值得称许。至于《小学考》其他类目的设置，如设置撰著者简要"传记"，有助于"知人论世"之研究；设置"书录序跋"，对一书的学术予以评说，有助于了解该书的内容及价值；设置"按语"，更可以对《小学考》的各种问题进行多角度的考论，阐发编者的学术见解。

（二）编排合理，融通条畅

《小学考》贯彻了"以类归书，按代胪列"的收录体例，对所收一千余种书籍进行科学分类排列。尽管说"以类归书，按代胪列"是中国大多数目录著作的编排通例，并非《小学考》之首创，然而采用这一编排体例时，谢启昆又根据著述的专业学术类性质加以变通和改造，增加了新的形式。

所谓"以类归书"是指把所收著述划分为若干大类，按其内容归并于各类之中，以类别为纲，统率诸多图书。在类别的设置上，中国传统小学著述大致以训诂、文字、音韵三大类为别。《小学考》除保留了传统的训诂、文字、音韵三类之外，又分出"音义"一类与之平列。谢启昆对设置"音义"类的原因做了说明，其云："训诂、文字、声韵者体也，音义者用也，体用具而后小学全焉。"[①] 其在"音义"类第一种《周易音》后附按语云："音义为解释群经及子史之书，故诸家著录不收入小

---

① （清）谢启昆：《小学考序》，《小学考》卷首。

学，然其训诂反切，小学之精义具在于是，实可与专门著述互订得失，且《通俗文》《声类》之属世无传本者，散见于各书音义中至多，则音义者小学之支流也。昔贤通小学以作音义，后世即音义以证小学，好古者必有取焉。今从晁氏《读书志》载《经典释文》之例，别录音义一门以附于末。"① 按谢氏的理解，小学类著作可区分为两类——体与用，二者功用不同，然而又缺一不可。"音义"一类是专为解释"群经及子史之书"，在此前的目录著述中虽不列入"小学"类，但其内容仍然是训释"小学"类的问题，与韵书、字书的性质实相等同。

所谓"按代胪列"，是指在同一类著述中，以某一著作的具体撰著时代先后为序编排。这种编排方式如线贯珠、脉络清晰，不至于杂乱无章。同时这种编排方式还为读者提供了各类著作产生时间（或大概时段）的先后顺序，通过这种序列可以展现该类著述的纵向传承、发展线索，更可以通过这一线索探讨该学术的产生及历时演变过程，这就使其不仅单一地记载某类著述，更具有了"辨章学术，考镜源流"的功用。蒋湘南赞其"条古今之流别，集正变之大成"②，对这一编排方式盛赞有加。

《小学考》沿用清代编《四库全书》的成例，不收录存世之人的著作，故乾隆末、嘉庆间之学人的著述未曾录入，然这一做法存在较大的弊端。因为乾嘉时期恰恰是中国传统学术的一大高峰，出现了许多著名学者和著作，这些名家名著付之阙如，不但不能全面反映该时期的学术成就，还会割裂时代学术的延续，形成学术断层。为了弥补这一阙失，谢启昆采用了一种变通的方式，即将当时一些重要学人的重要著作归于"按语"中加以记述。这一方式，谢启昆在沈旋《尔雅集注》条"按语"中有所阐述，其云："著录之例不入见存人书，然研究小学者近今贤喆独优，故悉附载各类中，以待后人论定。"③ 如当时的周春《尔雅补注》（卷3）、《杜诗双声叠韵谱》（卷37），阮元《经籍籑诂》（卷5），段玉裁《说文解字注》（卷10）、《六书音均表》（卷44）等巨著，都得以从其"按语"中获知。《小学考》这一融通的变例既保证了全书体例的完整连

---

① （清）谢启昆：《小学考》卷45。
② （清）蒋湘南：《重刊小学考序》，载谢启昆《小学考》卷首。
③ （清）谢启昆撰：《尔雅集注》"按语"，载《小学考》卷3。

贯性，又能反映乾嘉时期学术的实际成就，确乎值得称道赞赏。

（三）广收博引，信而有征

中国古代小学类文献数量浩繁，但又极为零散：从该书著录情况来看，既有各类史志（正史如艺文志、经籍志，专史如《三通》《续三通》）、目录类著作的集中著录，更有见于各种文献的零星记载，如史书传记、行状碑志、方志、笔记、文集中的单篇文章等，检寻起来十分费力。从其存佚、收藏情况来看，也极为复杂，有现今存世者，有佚亡者，甚至有未曾完稿之著；于现存书籍而言，也有刊本、重刊本、钞本、稿本之别，不一而足。不亲自查阅图书文籍实物，仅靠转相抄录，撰写出的目录著述可信度是很低的。因此中国目录版本学作为具有悠久历史的传统学术，最为强调实践功夫，所谓"读天下书未遍，不可妄下雌黄"，其道理正在于此。中国古代优秀的目录学家，无一不是家藏古书万卷，对文献典籍熟稔到如数家珍的程度。谢启昆虽家藏之书未能称首，然其经历却给了他完成《小学考》纂修的重要条件。谢启昆有两次任官浙江的经历，杭州文澜阁为清代皇家藏书阁之一，其时乾隆间朝廷所编的《四库全书》已经归入《儒藏》，有如此便利，谢启昆等人得以遍查所藏图籍，为《小学考》的编纂提供了极为坚实的文献保障。此外，清代江浙一带经济文化发达，藏书、刊刻事业极为盛行，私人藏书也较其他省份多，因而谢启昆欲借阅各类图书，购求各种书籍并非难事，得此便利，方能收集到很多前人或同时代学人的著作。

《小学考》在编纂时查阅了上千种官、私藏书，方才形成如今的规模。大略考察，其所征引的各类典籍有：历代正史中的经籍、艺文诸志；官修、私家各类书目，自《七略》直至明代《千顷堂书目》、清代《四库全书总目》《浙江采集书目》等；专史类如《三通》及《续三通》所载的各类经籍名录；方志（主要是清代各省省志）、明清《一统志》，甚至还有少量清代府、州方志的著录；各类笔记，尤其是学术型笔记的记载；史书中的列传，历代文集所载的学人碑传、行状、书目序跋、考辨的记载；金石刻史料；辑佚书录；等等。几乎包括了中国传统文献所有的类别，搜集殆遍，囊括无遗。《小学考》由于收罗宏富，故能以文献典籍为基础，汇录排比，考辨论次，往往信而有征，而非凭空臆说。

（四）考论精确，卓然可据

总体而言，《小学考》在考论方面花费了很大的气力，很多论说都堪称精审，这应该是此书具有重要学术价值的根本所在。虞万里先生曾列举谢启昆考辨"平水韵"非南宋人刘渊所创，而实为金人毛麾所创之例，认为谢氏以省志著录为据，并援引钱大昕所见原本文献以支持其说，称其"足以启迪究音韵学者缘此而深思"①，由此而彰显《小学考》注重考证的特色。其实远不止于此，作为大型小学类目录著作，《小学考》查阅海量著作，著录千余种书目，而对每种书目的记载又涉及若干方面，包括撰写人、书名、卷帙、存佚、学术品评、学人序跋，等等，于其中的每一项内容，都需要编撰者关注，对其中的疏误，也需要进行详尽的考论，辨析正误，如此方能达到"辨章学术"的功用。

《小学考》一书的考论数量众多，涉及面广，不仅解决了某一具体的个案，有时甚至还反映出编者对具有普遍意义的、涉及方法论的一些问题所持的见解与思考，表现出其学识功力。从这一意义来看，《小学考》的考论的确关乎该书的成败得失，这就难怪谢氏等人对此如此重视。《小学考》运用考论基本上采用了两种模式：一是以小字注的方式直接附于需要考论的正文之下，这类考论一般文字都较简略，专用以考论某一专题；二是采用"按语"的方式置于该条之末，这一类"按语"往往文字较详，罗列文献数据，引证史实，援引前人论说，附加自己的阐发，或补足前人之未备，或驳斥前人之谬说，以求其是。两种模式中以后一种为多，在该书的任何一卷都能寻到它们的踪迹。

三 《小学考》编纂的得与失

《小学考》的编撰，总集近两千年的音韵文字训诂书目，加以考论，并做到信而有征，的确十分困难。谢氏集数人之力，完成此作，真可谓功莫大焉。前文已述及，《小学考》擅长运用考论是其一大亮点，通过考论，得以准确诠释古籍文献中的一些疑难，以正前人论说的一些谬误，

---

① 虞万里：《影印小学考前言》，汉语大辞典出版社1997年影印本。

确实彰显了该书"辨章学术,考镜源流"的功用。该书之所以至今仍然具有很高的学术价值,仍然受到学人的重视,精审的考论是其不可或缺的重要因素。当然,仅就数人之力,遍阅数千种文献而加以考订辨证,其疏误在所难免,为了正确认识《小学考》的学术价值,方便学人使用,兹不揣谫陋,我们从《小学考》的认识角度出发,对此巨著的得与失加以论说,希望可以为学人提供一些参考。首先,从《小学考》的内容出发,来分析其考论成绩。

第一,考论书目方面的成绩。因文献流传时代久远,同一著作经过不同载籍的反复著录,可能会出现不同的名称,极易造成后人的误解,或一书误分为二,或二书误合为一。《小学考》通过对各种书目记载的考论,判断其确切归属,纠正了一些旧籍载录的疏误,例如郑樵《通志》卷63《艺文略》著录隋曹宪《广雅音》四卷、《博雅》十卷。谢启昆于"按语"云:"宪江都人,《博雅》即《广雅音》,郑氏《通志》分作二书,误。"① 吴任臣《十国春秋·徐锴传》记载徐锴有《说文解字系传》四十卷、《说文通释》四十卷。谢启昆于文中注云:"按:《通释》即《系传》,篇名误分为二。"② 明焦竑《国史经籍志》著录"梁有《演说文》一卷",其后《千顷堂书目》沿其说。谢启昆于"按语"云:"《隋志》十五卷下云:'(《说文解字》)许慎撰,梁有《演说文》一卷,庾俨默注,亡。'凡谓'梁有某书'者,乃《七录》有之也。焦竑《经籍志》云'梁有《演说文》一卷',误以梁有为姓名。黄虞稷《书目》及近人补宋元《艺文志》,皆沿其误。"③ 上述诸例,谢氏以"按语"或小注的方式纠正了前代载籍著录书目的疏误,并分析了其致误的原因,都言之凿凿,证据充实,令人信服。最后一例,由于焦竑误读《隋书》的文字,将庾俨默的《演说文注》误为"梁有《演说文》",对这种张冠李戴之失,《小学考》的辨析则显得非常精准。

第二,考论正文方面的成绩。对所著录的书目正文做简述或简论,提供该书的内容节要,也是《小学考》考论的重要组成部分。这种考论

---

① （清）谢启昆:《小学考》卷5"曹宪《广雅音》"条。
② （清）谢启昆:《小学考》卷11"徐锴《说文解字系传》"条。
③ （清）谢启昆:《小学考》卷11"庾俨默《演说文》"条。

包括了两方面的内容：一是对现存著作的节文要点予以概述，这种选择对正文作"要录"式的概述，可以提供原著的内容梗概，具有类似书目提要的功能；二是对已经亡佚的著作，其原书已然不存，仅有后人辑佚之文，《小学考》通过其他文献记载或转述其佚文，或亲自纂辑佚文，补足其文字，讨论其体例，所汇集到的佚文尽管吉光片羽，数量有限，但对读者把握该书却有"尝鼎一脔"的功用。相对而言，后一类考论比前一类更具有文献辑佚的重要价值，也更值得学人关注。如明人张位著有《问奇集》，是书今存。谢启昆于"按语"云："是书又载《闲云馆别编》中，分十九门，考辨音学，始于六书大义，终于各地乡音，俱无精义可采。"[①] 上述之例，其书尚存，谢启昆分别从版本、内容、体例、价值等多方面对该书做了简要评述，三言两语，读者即可从中获取其书的相关提要，这种考论可谓要而不繁。又如：东汉蔡邕著《女史》一篇，《后汉书》本传、《七录》皆著录，今佚。谢启昆于"按语"云："此篇当以四字或三字为句，便于女子初学成诵，首有'女史'句，故以名篇。后世《女千字文》所由昉也。"[②] 晋代李彤《字指》两卷，《隋书·经籍志》著录，今佚。谢启昆"按语"引李善《文选注》《一切经音义》所引《字指》文字，补释了若干字词的训释，指出其为李彤《字指》所有，而非郭训《杂字指》之文。[③] 上述诸例，原书均亡。《小学考》或援引其他文献所辑佚文，或自辑录佚文，在"按语"中讨论字义，分析体例，辨别真伪，尽管只是一些零星文字而非原书全貌，但对了解该书已不无裨益。

第三，考论卷帙、存佚方面的成绩。各种载籍所记载的各类书目的卷帙或有差异。一般来说，经过历代数次整理、重刊之本，或增删文字，或合并卷次，各本的卷帙往往会有不同；而一些佚亡之书，前后目录著作相互钞撮，也会产生误钞误录现象。《小学考》对一些书目之卷帙、存亡异同等也作了考论。如唐颜真卿撰《韵海镜原》，《唐书·艺文志》著录为三百六十卷，《崇文总目》则著录为十六卷，其书今佚。谢启昆于"按语"云："《韵海镜原》，《崇文总目》仅存十六卷，知亡佚已多。《通

[①] （清）谢启昆：《小学考》卷28"张位《问奇集》"条。
[②] （清）谢启昆：《小学考》卷28"蔡邕《女史篇》"条。
[③] 参见（清）谢启昆《小学考》卷28"李彤《字指》"条。

志》作'鉴原',避翼祖讳也。"① 东汉延笃撰《史记音义》一卷,唐司马贞《史记索隐后叙》云:"《太史公书》,古今为注解者绝少,音义亦希。始后汉延笃,乃有《音义》一卷。又别有《音隐》五卷,不记作者何人。近代鲜有二家之本。"谢启昆于"按语"云:"延笃《音义》不见《隋志》及新、旧《唐志》,司马贞《史记索隐后叙》溯《史记》音注之始,以为实始于笃。彼时书已不传,宜无征引之也。"② 上述之考论,都以文献为据,论断精确,对原书的存佚、卷帙进行了梳理,很有价值。

第四,考论撰写人方面的成绩。旧时的目录著作不太注重记载撰写人行实履历,即或载之也往往语焉不详,甚至一些旧籍还误署撰写人姓名,甲乙混淆,造成撰写人行实的种种缺失,因此考辨撰写人姓名,增补其传记行实也成为《小学考》的考论内容。《小学考》设置有"传记"一栏,简要摘录史志、碑传所载有关撰写人的传记史料,同时还在一些条目中通过"按语"对涉及撰写人传记的相关问题予以讨论,纠正了一些旧籍记载的疏失。如宋罗愿撰《尔雅翼》三十二卷。明人都穆序称,"惜乎史阙公传,《文献通考》亦不载其书"③ 云云。是书今存。谢启昆于"按语"云:"按,《宋史》罗愿附其父汝楫传后,都穆序云'史阙公传',失考。"④ 晋郭璞注《方言》,宋人李孟传撰有《后序》。谢启昆于"按语"云:"孟传字文授,会稽上虞人。父光,谥庄简。父子皆宋名臣,《宋史》有传。而孟传有两传,一见卷三百六十三,一见卷四百一,前略后详,讹作孟传。"⑤ 上述诸例,谢氏分别援据各种文献,对撰著者的姓名、行实做了考辨,或补充传记资料,或纠正前代典籍误记,或分析各书记载之异同,知人论世,此亦为阅读该书之一助。

第五,考论旧说疏误方面的成绩。《小学考》对书目、正文、卷帙、存佚、撰写人等的考论,很大程度上是针对前人论说之谬误而发,此论"考论旧说疏误",是除上述专题之外的一些问题,涉及史实文化、典故习俗、引文脱讹等方面的内容。《小学考》对这类疏误,一一予以辩驳。

---

① (清)谢启昆:《小学考》卷30"颜真卿《韵海镜原》"条。
② (清)谢启昆:《小学考》卷49"延笃《史记音义》"条。
③ (清)谢启昆:《小学考》卷4"罗愿《尔雅翼》"条。
④ (清)谢启昆:《小学考》卷4"罗愿《尔雅翼》"条。
⑤ (清)谢启昆:《小学考》卷7"郭璞《方言注》"条。

如扬雄有《训纂》一篇，《汉书·艺文志》著录，今佚。后世有辑其佚文者。谢启昆于"按语"云："《史记正义》引《训纂》'户扈雩鄠三字一也'，王伯厚指为篇中正文。考之《通典》，乃姚察《汉书训纂》耳。"①元欧阳德隆有《增修校正押韵释疑》。朱彝尊《跋》云："契丹僧行均撰《龙龛手鉴》三卷，本之《华严》三十六字母。"② 谢启昆于"按语"云："钱詹事曰《华严经》字母四十二，与僧守温所定之字母三十六迥乎不同，《华严》四十二母，梵音也；守温三十六母，华音也。竹垞以三十六母属之《华严》，误也。"③ 上述诸例，谢氏对前人的一些旧说予以批驳是正，为我们阅读带来了很多便利，避免了以讹传讹。

其次，我们也不得不说，《小学考》编撰考订过程中，也存在诸多疏失，使其学术价值大打折扣，而且这些疏失如果不加注意，会误导使用者，以讹传讹，不利于充分利用该书。因此揭示该书的不足，正其谬误，也是我们将要讨论的内容。④ 我们较为仔细地分析了《小学考》一书的文字内容，并核查所涉相关原典，对其进行了专项检查，大致梳理出其存在的失误，分疏归类，罗列于此。⑤

第一，非著作误为著作。《小学考》共收书目一千一百多种，其中一部分采自目录书，一部分采自各类文献的载记。对于出自目录著作的书目，尚易辨别；而对于出自其他典籍的记载，则需要认真考索文意，分析句法关系，判定其是否确实为著作之名。编撰者有时因误读原文，疏于考辨，故将一些原本不是书名的误拟作书名。

如该书著录晋束皙《楚晋事名》，云出自《晋书》本传。《晋书·束皙传》所载原文云："其言楚晋事名三篇，似《礼记》，又似《尔雅》"。文中所云"楚晋事名"，当为束皙所撰收所载之内容，从句法结构来看，

---

① （清）谢启昆：《小学考》卷9"扬雄《训纂》"条。
② （清）谢启昆：《小学考》卷32"欧阳德隆《增修校正押韵释疑》"条。
③ （清）谢启昆：《小学考》卷32"欧阳德隆《增修校正押韵释疑》"条。
④ 虞万里先生在《小学考》影印前言中列举了若干阙失、漏略，其所举之例，确乎硬伤。我们这里沿其余波，深入讨论。
⑤ 按：我们这里讨论《小学考》的相关疏误，均为其已经著录的书目。而关于漏收书目的问题，在此暂不予讨论。其尚有较多数量的书目漏收、著录书目不全等，自然也是其重大疏误。

"楚晋事名"为"所言"之宾语,并不为著述之名。① 该书著录释八思巴《蒙古新字》,云采自《元史·释老传》。《元史》记载元世祖曾诏令僧人八思巴仿照畏吾儿(即维吾尔)字样创制蒙古文字,以备朝廷应用之需。所谓"蒙古新字"乃是一种蒙古文字形体,而非著作之名。② 上述诸例,由于编撰者误读原书文字,疏于推敲,未能顾及原文语意,也未注意句法结构关系,率意提取原书部分字句,误拟其为著作之名,以致造成疏误,当是正之。此类疏误还有卷14"魏世祖《新字》"条,卷15"赵文深《刊定六体》"条,卷21"完颜希尹《女直大字》""金熙宗《女直小字》"条,卷30"句中正《有声无字》条"等。

第二,著录方面存在疏误。所谓"著录疏误",是指《小学考》收录某书时根据不同书目的记载,照录原文,未经详考,或将二书合为一种,或是一书重复著录,以致失误。如该书著录南唐徐铉有《说文质疑论》二卷,云见《江南通志》。此条采自雍正《江南通志》卷190,其文云"徐铉有说文质疑论二卷"。原书所载《说文》《质疑论》实为二书,《说文》即现存之《说文》大徐本,《质疑论》为徐氏之论说文章,原书已佚,今其文集中尚有零篇存世。《江南通志》通署作一条,《小学考》遂误合二书为一书。③ 该书卷34著录止庵《韵略易通》一卷,云采自《述古堂书目》,引清钱曾云"止庵不知何人";卷36又有兰廷秀《韵略易通》两卷,云采自《千顷堂书目》。此二书实为同一种著作。明人兰廷秀字止庵,撰有《韵略易通》两卷,见《明史·艺文志》。编撰者据不同书目列为二书,误;又援引钱曾所云"不知何人",亦误。④ 上述二例实为两种类别,前例将二书并为一书,后例将同一书重复收录,理应是正。后例还有如卷26"梅膺祚《字汇》"、"陈溟子《同文字汇》"条,卷30"陈彭年《重修广韵》"诸条,卷31"丁度《礼部韵略》《景佑韵》"条等。

第三,误署撰写人。该书有误署撰写人之失,未曾细考原典文献所

---

① 参见(清)谢启昆《小学考》卷7"束晳《晋楚事名》"条。
② 参见(清)谢启昆《小学考》卷22"释八思巴《蒙古新字》"条。
③ 参见(清)谢启昆《小学考》卷11"《说文质疑论》"条。
④ 参见(清)谢启昆《小学考》卷34"止庵《韵略易通》"条、卷36"兰廷秀《韵略易通》"条。

署撰写人，或以姓氏、字号之不同而别署，或人名甲乙混淆，或以他人之著附于其上，以致张冠李戴。如该书著录惠园《草书集韵》，云周复俊《全蜀艺文志》载有其序。此人应为明代蜀藩王朱申鉴，"惠园"为其号，著有《惠园集》，见《明史·诸王传》、《四川通志》卷29下。编撰者标署撰人作"惠园"，不妥；又以《全蜀艺文志》为周复俊所编纂，亦误，当改作"杨慎"。① 该书著录周彦伦《四声切韵》，云出自《南史》。今佚。《南史》卷34《周颙传》云周颙字彦伦，著有《四声切韵》一书。此处不应以"周彦伦"署名，而应署作"周颙"。② 该书著录陈荩谟《元音统韵》二十八卷，云出自《千顷堂书目》。《千顷堂书目》不载是书，而载于《续文献通考》卷160、《四库全书总目》卷44"存目类"，其撰人非"陈荩谟"而为"陈荩臣"。编撰者以原书前条撰人为"陈荩谟"，此条即顺续而误。③ 以上诸例，要么不符目录书著录通例，要么错误钞录原典，致使所录著者姓名难以据依。

第四，其他疏误。除上述诸种疏误以外，由于其书卷帙浩繁，出自众手，加之耗时数年，各种笔误，在所难免。这些疏失包括征引原文、著录存佚、标署出处等。如该书著录《守温三十六字母图》一卷，云采自《通志》，其后摘引郑樵《通志》叙录，其文起于"切韵之学起自西域"，迄于"学者诚不可忽也"一段，作为本条提要之语。《小学考》所引郑樵原文，实乃《通志》总论"音韵"的叙录，为《七音略》之总纲，而非专论《三十六字母图》之文，编撰者引文有误。④ 该书著录李舜臣《古文考》《籀文考》二书，并有李氏《古文考序》，《籀文考》无序。二书今佚。李舜臣撰有《古文考序》《籀文考序》两篇，均载于其文集《愚谷集》卷26。《小学考》所录《古文考序》实为《籀文考序》，另有一篇《古文考序》却失收。⑤ 该书著录元陈元吉《韵海》，引李惠序文，云采自《全蜀艺文志》。是书今已佚。今核《全蜀艺文志》无此篇序文，

---

① 按：《四库全书》编者即将《全蜀艺文志》编者署作周复俊，《小学考》乃沿袭四库馆臣之误。
② 参见（清）谢启昆《小学考》卷29"周彦伦《四声切韵》"条。
③ 参见（清）谢启昆《小学考》卷36"陈荩谟《元音统韵》"条。
④ 参见（清）谢启昆《小学考》卷31"僧守温《三十六字母图》"条。
⑤ 参见（清）谢启昆《小学考》卷25"《古文考》"条"《籀文考》"条。

而其载于元袁桷《清容居士集》卷22。该篇序文实为袁桷所撰，《小学考》误署为李惠。① 上述三例为《小学考》摘录引文的疏误。前例所钞文字与原题目无关涉；中间一例误钞序文，真正属于本书的序文则未录；最后一例弄错序文之撰写人、出处。均应是正。

又如该书收录邢昺《尔雅疏》十卷，云出自《宋史·艺文志》，署作"佚"。邢昺《尔雅疏》为十三经注疏之一种，又邢疏单行本亦尚存世，阮元刊《十三经注疏》，即尝用宋刊单疏本作为校勘。《小学考》称其佚，大误。② 该书著录梁周兴嗣《千字文》一卷，引《隋书·经籍志》，署作"佚"。梁周兴嗣尝奉武帝诏命，截取王羲之所书字样，新编为四字韵语，以"天地玄黄，宇宙洪荒"为句，共二百五十句，供幼童诵读。后来历代名家书法甚众，至今流传甚广，与《三字经》《百家姓》共称为"三百千"。若论周氏书法真迹不存于世尚可，若论其正文内容，则完整地保存于诸家书法作品之中。《小学考》以收录正文为标准，谓之"佚"，实为不确。③ 上述两例，《小学考》将存世著作标署为佚，实属有误。

又如该书著录郑介夫《韵海》，云采自《千顷堂书目》，今已佚。考《千顷堂书目》无此书，然见于《明一统志》卷43、《大清一统志》卷233、《万姓统谱》卷170，其云郑介夫"开化人，号铁柱，性刚直敢言，著《韵海》。"④ 该书著录李轨《周礼音》、王晓《周礼音》、戚衮《周礼音》，诸书均已佚，而不标署出处。上述诸书并见陆德明《经典释文叙录》。《小学考》不署出处，阅读者无从获取其信息，未安。⑤ 上述两例均为标署原书出处的疏误。或误署出处，为读者提供错误信息；或全不标注出典，不提供原文出处信息，这都会直接影响该书的使用。还有一些非常明显的抄录文字的疏失，像文字的错讹、脱落、增衍，均未能避免。因为条目过于琐细，读者可以参考具体各条，在此就不一一进行考论了。

---

① 参见（清）谢启昆《小学考》卷34"陈元吉《韵海》"条。
② 参见（清）谢启昆《小学考》卷3"邢昺《尔雅疏》"条。
③ 参见（清）谢启昆《小学考》卷14"周兴嗣《千字文》"条。
④ （清）谢启昆：《小学考》卷34"郑介夫《韵海》"条。
⑤ 《小学考》于已佚之书而未署出处的例子数量不少，如卷13之陆善经《新字林》、卷十四吕裁之《千字文》、卷四十五之李恕《毛诗音训》等。参见（清）谢启昆《小学考》卷46"李轨《周礼音》"条、"王晓《周礼音》"条、"戚衮《周礼音》"条。

四　结语

综上所述，我们以举例的方式对《小学考》作了较为详细的分析，至此对该书可以有一个总体的定位：首先，《小学考》作为一种全面著录中国传统小学著述的书录，汇聚了自秦汉至清乾嘉时期的小学类书目，从书名、卷帙、撰写人、学术品评等方面予以整体著录，记录了该时代小学类著作的总量，反映出一代学术的发展概貌，提供了较充实的学术信息，对于研究中国传统小学的发展大有裨益。这是其重要的学术价值，也是现代学者重视其书的原因所在。然而《小学考》又是一种瑕瑜并存的著作，它以数人之力、数年之功，欲反映数千年的小学著述概况，势有所难，故其自身存在各种疏误，涉及诸多方面，这就使该书的学术性有所损失，也影响到现代学人对该书的利用。因此我们对《小学考》一书既要重视其学术价值，也不能拘泥于该书，注意研究其得失优缺，做到扬长避短，以求其实，不盲目信从，以避免造成学术研究的桎梏。

清初关中王学述论

米文科

（宝鸡文理学院哲学系）

摘　要：经过晚明王学不断地自我修正和东林学派与关中冯从吾等人的批判，到了清初，王学实际上已逐渐摆脱了晚明时的空疏之风。以当时王学在关中的发展为例，以李二曲和王心敬为代表的清初关中王学，在"明学术、醒人心"和解决"朱王之争"为问题意识的引导下，一方面继续挺立良知道德本体；另一方面则融合朱子学，强调躬行实践与经世致用，从而形成了以"明体适用"和"全体大用、真体实工"为特色的学术宗旨。但与清初其他地区的王学相比，关中王学的这一特点反而造成了其学术上的保守性和传统性，影响直至清末。

关键词：清初　关中王学　朱王之争　明体适用

尽管王学在明代非常兴盛，但正如黄宗羲在《明儒学案》中说的"北方之为王氏学者独少"[①]，明代关中王学不流行，既与当时关中地区认同和讲王学的学者较少、影响不大有关系[②]。也与明代关中地区讲学的相

---

① （清）黄宗羲：《明儒学案》（修订本），中华书局2008年标点本，第635页。
② 黄宗羲在《明儒学案》中对关中地区王门学者的记载仅有渭南的南大吉一人。南大吉于嘉靖二年（1523）在浙江绍兴从学于王阳明，嘉靖五年（1526）因罢官而返回关中，从此以后便只在家乡渭南传播良知学，未曾参与到日渐兴盛的阳明学讲会中。另外，南大吉之弟南逢吉也与其兄一同在绍兴师从王阳明，《王阳明全集》卷32《传习录拾遗》中收有南逢吉向王阳明请教"尊德性"与"道问学"关系的问答之语，王阳明在《答南元善》中也提到南逢吉，寄望南氏兄弟回到家乡后能一起在关中传播良知学。南逢吉在其兄去世后，建姜泉书院继续讲良知学。但因其著作《姜泉集》和《越中述传》今已佚失，难以窥知其思想。不知什么原因，《明儒学案》中并没有收录南逢吉。

对封闭性，关学受张载读经重礼、躬行实践、崇尚气节等学风的影响较深，以及吕柟、马理、韩邦奇等以程朱理学为宗的关学主流学者的拒绝有关。① 因此与其他王学盛行的地区相比，明代关中王学显得有些凋零，但这一状况到了清初发生了显著变化。因此，无论是从王学自身的传播与发展来看，还是从王学对不同区域文化思想的影响来看，关中王学仍然值得我们去深入研究。本文即是以王学在清初的发展与演变为问题意识，以清初关中王学为对象，来探讨清初关中学者在王学哪些方面坚持，又在哪些方面发展了王学，以及与当时其他地区的王学相比，清初关中王学又呈现出什么特点。

一 清初关中王学的起源

自从明嘉靖五年（1526）。王阳明的两位关中弟子南大吉（瑞泉，1487—1541年）与其弟南逢吉（姜泉，1494—1574年）开始在家乡渭南传播良知学，关中就有了王学。② 不过，南氏兄弟对王学的传播，还只限于渭南一带，当时关学的主流仍然是朱子学，而以吕柟、马理等人为代表的关中学者对王学基本上是持反对或批评的态度。在南氏兄弟之后，王学在关中一时沉寂，少有闻者，不过，王学并没有绝迹。晚明关中大儒冯从吾（少墟，1557—1627年）的父亲在冯从吾小的时候，就以王阳明"个个人心有仲尼"③之诗，令冯从吾习字并学其为人。后来冯从吾又师从湛若水的再传弟子许孚远（敬庵，1535—1604年），许孚远既以"随处体认天理"为学，又笃信王阳明的"致良知"，属于湛门中调和湛、王者。受庭训和师教的影响，冯从吾一改之前关学以主敬穷理和读经重礼为主的学风，转而挺立心性道德本体，并致力于融合朱、王之学，主张"识得本体，然后可做工夫；做得工夫，然后可复本体"④，从而使阳

---

① 参见米文科《明代关学与阳明学之关系略论》，《孔子研究》2011年第6期。
② 晚清关学学者柏景伟（沣西，1831—1891年）说："阳明崛起东南，渭南南元善传其说以归，是为关中有王学之始。"（明）冯从吾：《关学编（附续编）》，中华书局1987年标点本，第69页。
③ （明）王守仁：《王阳明全集》，上海古籍出版社2014年标点本，第870页。
④ （明）冯从吾：《冯从吾集》，西北大学出版社2015年标点本，第252页。

明学通过本体与工夫合一的方式再次出现在晚明的关中地区，到了清初遂走向极盛。

清初关中王学以李二曲（二曲，1627—1705年）及其弟子王心敬（丰川，1656—1738年）为代表，他们也是这一时期关学的主流。李二曲是陕西周至人，其学在清初关中影响巨大，又曾因受弟子常州知府骆钟麟之邀而前往江南一带讲学，历时三个多月，遂为学者所知。时人将其与黄宗羲、孙奇逢并称为清初"三大儒"，而且李二曲对晚明以来关学的复兴也具有重要作用。全祖望（谢山，1705—1755年）说："关学自横渠而后，三原、泾野、少虚，累作累替，至先生而复盛。"① 李二曲继承了晚明关学以心性为学的宗旨，同时更强调"良知"本体对人心道德和世风、学风的重要性，但由于明清之际时代和思想的变迁，以及所要解决的问题意识不同，因此其王学思想呈现出与晚明关学不同的特点。

第一，以体认良知本体为主。与晚明关学强调本体与工夫合一不同，冯从吾提出这一主张主要是为解决当时的学术分歧。其曰："近世学术多歧，议论不一，起于本体、工夫辨之不甚清楚。……若论工夫不合本体，则泛然用工夫，必失之支离缠绕；论本体而不用工夫，则悬空谈体，必失之捷径猖狂，其于圣学终隔燕越矣。"② 冯从吾认为，晚明学者纷纷于朱子学与阳明学之辨，主要在于对本体和工夫之间的关系认识不清楚，不是舍工夫而谈本体，就是舍本体而谈工夫，因此不是失之玄虚，就是失之支离，使得圣贤心性之学越来越晦涩不明。故冯从吾提出本体与工夫要统一起来，"识得本体，然后可做工夫；做得工夫，然后可复本体"。但对李二曲来说，他所想要解决的问题意识却不是学术分歧，而是辞章功利之习。他认为，当时学者"所习惟在于辞章，所志惟在于名利"③，此外全然不知学问为何事，但学风和士风实则又关系到世道隆污、天下治乱，因此在李二曲看来，"明学术，醒人心"才是当时匡时救世的第一要务，所谓"治乱生于人心，人心不正，则天下不治；学术不明，则人

---

① （清）李颙：《二曲集》，中华书局1996年标点本，第612页。
② （明）冯从吾：《冯从吾集》，第288页。
③ （清）李颙：《二曲集》，第105页。

心不正。故今日急务，莫先于讲明学术，以提醒天下之人心"①。

对李二曲来说，他所要讲明的"学术"就是以"良知"为主的学问，具体来说，就是要对良知心体有一个透彻的认识和把握。他说：

> 夫学必彻性地，而后为真学；证必彻性地，而后为实证。若不求个安顿着落处，纵阐尽道理，总是门外辊；做尽工夫，总是煮空铛，究将何成耶？②

> 千圣相传，只是此知，吾人之所以博学审问、慎思明辨者，惟求此知。此知未明，终是冥行；此知既明，才得到家。此知未明，学问无主；此知既明，学有主人。此知未明，藉闻见以求入门；此知既明，则开门即是闭门人。此知未明，终日帮补凑合于外，七八月之间雨集，沟浍非不皆盈，然而无本，终是易涸；此知既明，犹水之有本，源泉混混，"逝者如斯夫，不舍昼夜"。③

因此，为学首先要"识本"，也就是先识头脑，而"本"和"头脑"就是良知本体。李二曲说："不学不虑之'良'，乃人生本面，学焉而悟此，犹水有源、树有根、人有脉；学焉而昧此，犹水无源、树无根、人无脉。孟子论学，言言痛切，而'良知'二字，尤为单传直指，作圣真脉。"④ 故学问先要洞本彻原，挺立良知心体的价值，做到良知"虚明寂定，湛然莹然"⑤，如此才像水有源、树有根、人有脉一样，而即使学以躬行实践为主，也要"先立乎其大"，否则所谓的道德行为就是"践迹"，就是"义袭"。

第二，强调经世致用。在主张洞彻本原、涵养良知道德本体的同时，有鉴于晚明王学"空谈良知"的空疏学风，李二曲又积极提倡经世致用，主张"明体适用"，认为"儒者之学，明体适用之学也"⑥。李二曲所说的"明体"，是包括本体与工夫在内；所谓"适用"，即是经世致用。

---

① （清）李颙：《二曲集》，第456页。
② （清）李颙：《二曲集》，第139页。
③ （清）李颙：《二曲集》，第437页。
④ （清）李颙：《二曲集》，第529页。
⑤ （清）李颙：《二曲集》，第527页。
⑥ （清）李颙：《二曲集》，第120页。

> 问：何为"明体适用"？曰："穷理致知，反之于内，则识心悟性，实修实证；达之于外，则开物成务，康济群生，夫是之谓'明体适用'。明体适用，乃人生性分之所不容已，学焉而昧乎此，即失其所以为人矣！明体而不适于用，便是腐儒；适用而不本明体，便是霸儒；既不明体，又不适用，徒灭裂于口耳伎俩之末，便是异端。"①

这里，李二曲明确指出，真正的儒学是既"明体"又"适用"的，任何割裂二者的做法都是不对的，不是"腐儒"，就是"霸儒"，或者是只懂得口耳记诵的"俗学"（"异端"）。因此，他号召学者要从习俗之中勇猛振拔出来，务为体用之学，"澄心返观，深造默成以立体；通达治理，酌古准今以致用，体用兼该，斯不愧须眉"②。尽管中年以后，李二曲治学的重心发生了较大的变化，更偏重于"返观默识，潜心性命"③，但他并没有放弃之前的说法，只不过对内外、本末有了新的认识，认为先本而后末，由内而及外，方能真正做到体用兼赅。他说："然明体方能适用，未有体未立而可以骤及于用；若体未立而骤及用世之业，犹未立而先学走，鲜有不仆。故必先自治而后治人，盖能治心，方能治天下国家。"④

总之，李二曲对经世致用的强调，是清初王学在关中地区发展的一个重要特征，它不仅反映了明清之际理学的思想变迁，体现了当时"经世致用"的思潮，而且更成为有清一代关中王学的一个重要内容。

第三，融会朱子学。在如何看待朱子学与阳明学的问题上，李二曲也与晚明关学有所不同。冯从吾虽然主张用本体与工夫合一来解决晚明玄虚或支离的学风，但他其实对朱子学和阳明学之间的关系并未给予具体评论。从其思想来看，一方面可以看到冯从吾虽然笃信"良知说"，但

---

① （清）李颙：《二曲集》，第120页。
② （清）李颙：《二曲集》，第401页。
③ 曾在康熙八年（1669）向李二曲请教"明体适用"之学的同州（今大荔）人张珥指出，李二曲中年以前，"殷殷以明体适用为言"，而中年以后，则"惟教以返观默识，潜心性命"（清）李颙：《二曲集》，第48页。《二曲先生年谱》"顺治十四年，三十一岁"条也记载，李二曲于是年深感于"默坐澄心"之说，"自是屏去一切，时时返观默识，涵养本源"。（清）李颙：《二曲集》，第634—635页。
④ （清）李颙：《二曲集》，第480页。

他对王学的"无善无恶说"则进行了强烈批评；另一方面则可以看到冯从吾对理气、义理之性气质之性、道心人心、天理人欲和涵养省察的划分无不体现出朱子学"二分"的思维方式，因此其学问宗旨仍属于朱子学。李二曲则不同，他一方面以陆王为宗，另一方面则对程朱、陆王之学各自的长处及后学末流的弊端进行了说明，从而强调二者是相辅相成的。他提出：

> 人之所以为人，止是一心，七篇之书反复开导，无非欲人求心。孟氏而后，学知求心，若象山之"先立乎其大"、阳明之"致良知"，简易直截，令人当下直得心要，可为千古一快。而末流承传不能无弊，往往略工夫而谈本体，舍下学而务上达，不失之空疏杜撰鲜实用，则失之恍惚虚寂杂于禅。程子言"涵养须用敬，进学在致知"，朱子约之为"主敬穷理"，以轨一学者，使人知行并进，深得孔门"博约"家法。而其末流之弊，高者谈工夫而昧本体，事现在而忘源头；卑者没溺于文义，葛藤于论说，辨门户同异而已。①

在李二曲看来，陆王之学原与禅学无关，而是出自孟子。然而，朱子学与陆王之学传承既久，其后学末流不免各有弊端，因此学者应当补偏救弊、舍短取长，如此才不失朱子、阳明学问的本旨。如王学直指人心一念独知之微，令人洞悟本性，可以救朱子后学支离锢蔽之习，而朱子学对主敬穷理、存养省察等工夫的重视则能救王门后学空疏和虚寂之病。因此，陆王之学与程朱之学是相辅相成的，"学术之有程朱，有陆王，犹车之有左轮，有右轮，缺一不可，尊一辟一皆偏也"②，为学应"以孔子为宗，以孟氏为导，以程朱陆王为辅，'先立其大''致良知'以明本体，'居敬穷理''涵养省察'以做工夫，既不失之支离，又不堕于空寂，内外兼诣，下学上达，一以贯之矣"③。基于这一认识，李二曲对清初流行的"尊朱辟王"的风气进行了反驳，认为当下的"尊朱辟王"只不过是

---

① （清）李颙：《二曲集》，第532页。
② （清）李颙：《二曲集》，第532页。
③ （清）李颙：《二曲集》，第532页。

口耳之争,并非真能体认实践程朱、陆王之学。不过,如何看待和解决"朱王之争"并非是李二曲为学的重心,这是其弟子王心敬所关注的主要问题。

二 清初关中王学的发展

继李二曲之后,其弟子王心敬(尔缉,1656—1738年)成为清初关中王学的又一重要代表。王心敬曾先后应湖北巡抚陈诜(实斋,1643—1722年)和江苏巡抚张伯行(敬庵,1651—1725年)之邀在武昌江汉书院和苏州紫阳书院讲学,使关中王学又一次在清初的思想界中产生了较大影响。从总体来看,王心敬的王学继承了其师李二曲的学说并对其进一步发展,这可以从其"全体大用,真体实功"① 的为学宗旨看出。具体地说,王心敬的王学可以概括为三个主要方面。

第一,融会朱、王之学。在李二曲看来,提醒人心,以救士子陷溺于辞章功利之习中,唯有先树立道德本心,因此学问的当务之急是在体认良知本体上,而非辨朱辨陆。但随着清初"辟王尊朱"之风愈演愈烈,以及在苏州讲学时与江南朱子学者之间的相互辩难,王心敬深感于门户之争对儒家之学的危害,因此不同于其师,他把解决"朱王之争",特别是以"辟王"为"尊朱"的风气作为其学问重心。王心敬说:

> 自晚村(吕留良)之说行天下,制举者无不读其选,故十九见言及陆王者极口诋斥,但有一人不然者,即移排陆王之力以排是人,曰是愿学陆王者也,并举其生平而弃之。②

但要解决朱、王门户之争包括"辟王"之风,当然不能尊一抑一,但不管怎样,第一,要为王学正名。

一是陆、王之"立大本"和"致良知"之说来自孟子。王心敬说:

---

① (清)王心敬:《语录一》,《丰川全集(正编)》卷1,清康熙五十五年(1716)额伦特刻本。

② (清)王心敬:《又与逊功弟》,《丰川全集(正编)》卷11。

"陆王之立本良知,非陆王之私创,乃孟子之本旨,陆王可排,孟子亦可排耶?孟子之立本良知不为禅,陆王之立本良知遂禅耶?"① 因此,排斥陆王,亦是排斥孟子,以陆王为禅,即是以孟子为禅。

二是陆王非禅。王心敬先是强调心性之学并非佛老专属,而是"吾儒之学,原本心性"②,朱子生平亦是以心性之存养为要归,故不能以陆王之重心性就以为其是禅学,否则就是将儒家性命精微之旨都归于佛老,也不懂得朱子为学之本意,而只在闻见支离、辞章记诵中求所谓学问。接着,王心敬指出儒学与佛道二教的区别并不在心性,而是在于经世与出世与否。他说:"夫圣与佛岂一理者?圣人之道主于经世,佛氏之道主于出世。经世者,欲其仁为己任,死而后已;出世者,欲其一超见性,顿出三界。宗旨路途,天渊不侔,浑而一之,不惟不达吾道,并不知佛旨也。"③ 而从陆王为学宗旨来看,显然,陆王与佛氏不同,"陆王教人存心尽性于人伦日用之中,禅学教人明心见性于三界万象之外,血脉宗旨,天渊分异"④,因而若以陆王为禅而非之,则不仅惹陆王学者讥笑,更谈不上穷理知言。

三是陆王之学对于儒学具有重要、积极的意义。王心敬指出,程朱后学往往陷溺于支离闻见之中,现在得陆王"先立乎其大"和"致良知"的提撕,自然对学问有补偏救弊的意义。当然,由于陆王在本体方面有所偏重,而其后学既不能守其原说,也不能会通其本旨,故未免脱离实修工夫,但程朱与陆王并非像"吾儒"与"佛老"那样判然二分,属圣学与异端之别。所以,学者要各取所长,以融会贯通为主,而非汲汲于朱、王之辨,甚至"尊朱辟王"。他说:"专尊陆王而轻排程朱,是不知工夫外原无本体,不惟不知程朱,并不知陆王;若专尊程朱而轻排陆王,是不知本体外无有工夫,不惟不知陆王,并不知程朱。"⑤ 又说:"为学不知尊德性,则流为俗儒之支离闻见;然徒知尊德性而不知道问学,亦类于二氏之溺空滞寂。……然却要知尊德性之功原在于道问学,而所以道

---

① (清)王心敬:《姑苏论学》,《丰川全集(续编)》卷1。
② (清)王心敬:《存省录》,《丰川全集(正编)》卷1。
③ (清)王心敬:《与济宁赵荐清书》,《丰川全集(正编)》卷17。
④ (清)王心敬:《姑苏纪略》,《丰川全集(续编)》卷3。
⑤ (清)王心敬:《寄无锡顾杨诸君》,《丰川续集》卷14,清乾隆十五年(1750)刻本。

问学之意亦原是为尊德性。"①

第二，返归孔孟，以《大学》为宗。不同于其师李二曲专从朱、王末流之弊来说明二者是相辅相成、缺一不可的，王心敬一方面强调对程朱、陆王要各取所长，以救其弊；另一方面则指出合程朱、陆王而一之，并非只为补偏救弊或为调停两家之说，而是学问本来就是本体与工夫、天德与王道、全体与大用合一的，而非分为两截。为了证明这一点，王心敬用追本溯源的方式指出孔子、孟子的学问便是如此，这可以从《大学》一书中得到验证。他说：

> 孔、孟之学术本全体大用、本体工夫一以贯之，而后之学术或且详于本体而略工夫作用，或且独重作用工夫而略本体。……故今之学术欲合诸先生为一家，非漫然调停之也。②
> 古今道统学术之源流尽于全体大用、真体实功，惟《大学》"明新至善"乃于此包括无遗，真是会四渎百川之众流于沧海，更无一滴旁溢。明此者，六经四子乃得其宗传，百家众说乃得所权衡，吾辈遵闻行知乃不至差如旁蹊小径。③

王心敬指出，孔孟之学乃是全体大用、本体工夫一以贯之的，其具体表现就是《大学》一书中讲的"明新止至善"，而"五经""四书"亦归于此，以全体大用、本体工夫一贯不偏为宗旨。所以，现在融合朱、王之学并非只是为了调和二者，使之不起争端，而是孔孟学术本是如此。这样，王心敬就通过返归孔孟，以《大学》为宗，为其"会通朱王"提供了一个"合法性"的依据。这是王心敬对晚明以来"朱陆之辨"的进一步发展，也是其学的一个主要特征。

第三，主张经世致用。尽管李二曲因鉴于晚明学风的空疏而主张"明体适用"，但其主要问题意识则在于"醒人心"，所以其学问重心还是在"默坐澄心，体认天理"上，亦即强调对良知心体的体悟和躬行。不

---

① （清）王心敬：《姑苏论学》，《丰川全集（续编）》卷2。
② （清）王心敬：《答友人论折中学术书》，《丰川全集（正编）》卷18。
③ （清）王心敬：《语录一》，《丰川全集（正编）》卷1。

过，王心敬则继承了李二曲的"明体适用"的学问之路，在重视心性修养的同时，强调经世致用，在其著作《丰川续集》中可以看到他对礼制、选举、积储、备荒、水利、筹边、军事等众多现实问题进行了大量的讨论，这也是其"全体大用、真体实工"的学问宗旨在"大用"方面的体现。

总之，以李二曲和王心敬为代表的清初关中王学，一方面继续突出良知本体在道德修养中的根本性地位；另一方面又以纠正辞章功利之习和消除朱王门户之争为问题导向。其既融合朱子学重工夫的内容，积极主张反身实践，又强调儒学的经世致用功能，从而一方面引领关中王学继续在传统理学的框架内行进；另一方面则逐渐摆脱了晚明王学"空谈良知"的弊端。

第四，除李二曲、王心敬之外，清初的关中学者还有武功的康吕赐（一峰，1644—1731年）和彬县的王吉相（天如，1645—1689年）亦以王学为宗。康吕赐以致良知为宗旨，以慎独为工夫，但可惜其著作已佚失，难以窥知其学之全貌。王吉相则为李二曲弟子，其学以发明王学"知行合一"之旨为主，重在躬行实践，有《四书心解》传世。可见，在康、王二人的王学思想中特别突出工夫对于本体的重要性，这也是清初关中王学的一个重要特点。

三　清初关中王学与其他地区王学的差异

清初，除了关中地区，河北、河南、浙东、苏州等地王学也比较流行，与这些地区的王学相比，关中王学有同有异。其相同处：一是主张在良知本体上用功，挺立价值之源；二是强调躬行实践；三是重视经世致用，以纠正晚明王学"空谈良知"之风；四是在修养工夫上肯定静坐；五是反对朱、王门户之争，特别是只在口头言语上互相排斥诋毁，而主张力行程朱或陆王之学；六是反对时下的辞章记诵之学；等等。

尽管有不少相同之处，但总的来看，关中王学的问题意识显得比较突出和明确，如李二曲认为当时的士子除了辞章记诵、举业功利之外，更不知学问为何事，所以他把"明学术，醒人心"看作自己的学术使命，以此来挽救世道人心，而王心敬则致力于寻求解决朱、王门户之争，特别是"尊朱辟王"之风的方法,并将其作为自己一生的学术任务。因此,清初关中王学的现实感比较强,体现了关学"学贵有用"的性格,关中学者对王学的认同,并不是出于纯粹的理论兴趣或个人爱好,也不是出于家庭、师门的传授和影响等,不像浙江余姚的姚江书院从明末至清康熙年间都是全国重要的王学讲学中心,而邵廷采(念鲁,1648—1711年)就生活在这样一个环境之中,且其父、祖与老师韩孔当(遗韩,1599—1671年)都属于王学后学,故其学也是以王学为主。

关中王学与其他地区的不同之处主要表现在,一是关中王学在气象规模上不如河北的孙奇逢(钟元,1584—1675年)的研究。孙奇逢也反对朱、王门户之争,但他在对待二者上,并不像其他学者一样把朱、王之学只看作是互救其弊、相辅相成的,如车之两轮一样,而是认为朱、王之学殊途而同归、百虑而一致。他说:

> 道原于天,故圣学本天。……夫天,大之而元会运世,小之而春夏秋冬,至纷纭矣,然皆天之元气也。诸大圣、诸大贤、诸大儒各钟一时之元气,时至事起,汤、武自不能为尧、舜之事,孔、孟自不能为汤、武之事,而谓朱必与陆同,王必与朱同邪?天不能以聪明全畀一人,尧、舜亦未尝尽尧、舜之量,孔子亦未尝尽孔子之量。孔子集大成矣,聪明不尽洩于孔子也。朱子集诸儒之大成,聪明岂遂尽洩于朱子乎?阳明格物之说,以《大学》未尝错简,论其理非论其人,何妨于道之一?①
>
> 学以孔子为昆仑,颜、曾、思、孟则五岳四渎也,濂溪以周,伊洛以程,横渠以张,紫阳以朱,象山以陆,皆能为其山川重,所谓小德川流,总之以海为归宿。其道理虽有迂直远近,朝宗于海则一。见不必相同,意不必相非。②

孙奇逢从"圣学本天"的观点出发,指出程朱、陆王皆"各钟一时之元气",而且天也不能把聪明全付诸一人,所以尽管朱子集诸儒之大

---

① (清)孙奇逢:《夏峰先生集》,中华书局2004年标点本,第137—138页。
② (清)孙奇逢:《夏峰先生集》,第128页。

成,但"聪明岂遂尽泄于朱子乎",因此程朱与陆王之学,"其道理虽有
迂直远近,朝宗于海则一",就像流水万派千溪,而总归于海一样。故在
孙奇逢看来,朱、王之学不是一种互补的存在,而是殊途而同归、一致
而百虑的,所谓"道问学与尊德性,原是一桩事,正不妨并存,见圣道
之大,各人入门不同",所谓"建安亦无朱元晦,青田亦无陆子静,姚江
亦无王伯安"①。可见,孙奇逢之学的气象和规模相对是比较大的。

二是关中王学在思想上拘守于程朱、陆王之间,比较传统和保守,
不像其他地区的王学常与其他学术相结合,或发展新的思想理论,或开
辟新的学问路径。如浙东余姚的黄宗羲(梨洲,1610—1695年)一方面
学主阳明,肯定"心即理",另一方面又认为"心即气也","心即气之
灵处",而"心体流行,其流行而有条理者,即性也"②,从而发展了心
学理论,走出了一条"心气合一"的心学与气学交融的学问之路。而邵
廷采则倡言"经学与心性之学本出一原,圣人作经,皆以发挥心性"③,
认为于经学之外别求心性,必失圣人作经之意而流于空谈,这即赋予了
经学以新的意义,又避免了王学的空虚之病。邵廷采又非常重视史学,
认为治史在于鉴古知今,以救时弊,从而推动王学走上经史之学的道路。
另外,苏州的彭定求(南畇,1645—1719年)亦在以陆王为学的同时,
主张经学与理学相结合,认为"理莫备于六经,则舍理更何所为学"④,
反对考据家把经学只当作考据训诂,而主张在经中追求身心性命之理。

三是在会通程朱、陆王的具体方式上有所不同。清初关中王学主要
以晚明冯从吾提出的本体与工夫合一的方式来融合会通朱、王。如李二
曲说:"识得本体,若不继之以操存,则本体自本体。……所谓识得本
体,好做工夫;做得工夫,方才不失本体。"⑤王心敬也说:"无体不立,
无用不达,无真本体则工夫亦并不真,无实工夫则本体亦并不实。"⑥认

---

① (清)孙奇逢:《夏峰先生集》,第315—316页。
② (明清)黄宗羲:《黄宗羲全集》,浙江古籍出版社2005年标点本,第1册,第60页。
③ (清)邵廷采:《思复堂文集》,浙江古籍出版社2012年标点本,第317页。
④ (清)彭定求:《彭定求诗文集》,上海古籍出版社2016年标点本,第708页。
⑤ (清)李颙:《二曲集》,第455页。
⑥ (清)王心敬:《语录下》,《丰川全集(正编)》卷4。

为"本体即工夫之体段,工夫即本体之精神"①。而其他地区的王学多是从传统的"尊德性"与"道问学"来强调朱子与象山、阳明本人都是"德性""问学"合一的,只是到了后学才有了分别。如孙奇逢说:"博后约,道问学,正所以尊德性也;约后博,尊德性,自不离道问学也,总求其弗畔而已。"②"尊德性,道问学,说虽不一,本是一事。"③ 邵廷采也说:"良知即明德,是为德性;致之有事,必由问学。尊德性而道问学,致良知焉尽之矣。故谓象山为尊德性,而堕于禅学之空虚,非尊德性也;谓晦庵为道问学,而失于俗学之支离,非道问学也。非存心无以致知,后人自分而晦庵、象山自合耳。"④

另外,四川的杨甲仁(愧庵,1640—1718年)则从对"格物"的重新解释来融会朱、王之学。他指出,圣人之学原是心性之学,是从"不睹不闻、无声无臭"处下手,但后儒错把"格物"看作向外穷理,以为若只在心性上做工夫,必然会遗弃人伦事物,堕入佛老空虚寂灭之中。杨甲仁认为,"格物"就像寻找水的源头一样,要寻找道德价值的源头,亦即"格其明德至善之物",而不是向外追寻事物之理。他说:"格物是格其明德至善之物,即物有本末之本物,从性体上下手,格得天命底源头,千真万确,那后起不善之私欲自丝毫混杂污染不上。知就致止在至善明德,即止至善,意便诚,心便正了,这原是从内面作底工夫。"⑤ 又说:"圣门格物是格其明德至善之物,教人直认着性体去做,从本体下工夫,用工夫复本体,既得主脑,又非对治,故一了百当。"⑥ 这样,杨甲仁就通过对"格物"的重新定义,即不废工夫,又不离本体,工夫就在人伦日用、眼前事物上;而本体则在工夫之中,从而将朱、王之学融合起来。

以上三点是清初关中王学与其他地区王学相比,显现出来的一些主要差异,当然,这并不是全部。如不同地区王学对明代王门后学的评价

---

① (清)王心敬:《语录一》,《丰川全集(正编)》卷1。
② (清)孙奇逢:《夏峰先生集》,第342页。
③ (清)孙奇逢:《夏峰先生集》,第86页。
④ (清)邵廷采:《思复堂文集》,第12页。
⑤ (清)杨甲仁:《下学录》,《愧庵遗著集要》卷2,1921年刻本,载《清代诗文集汇编》,上海古籍出版社2010年影印本,第161册,第690页。
⑥ (清)杨甲仁:《下学录》,《愧庵遗著集要》卷2,第692页。

也不尽相同，李二曲比较推重王龙溪之学，孙奇逢则推崇罗念庵，而黄宗羲与邵廷采都推尊刘宗周之学等，这些都可以从一个侧面反映出各家各地之学的某些特点。此外，对王学的一些概念和命题如"无善无恶"的理解，各家也不完全相同，等等。

四

以上所述，我们可以看到，清初关中以李二曲、王心敬为代表的王学学者以明确的问题意识为导向，在挺立心性价值本体的同时，又注重躬行实践和强调经世致用，从而形成了以"明体适用"和"全体大用、真体实工"为主要特色和学术宗旨的清初关中王学。但同时，关中王学的这一特点也造成了其学术性格上的保守和传统，而不像清初其他地区的王学常常会与其他学术如气学、经学或史学相结合而发展出新的思想理论或开辟出新的学问路径来，更不用说与那些敢于挑战传统理学的学者如陈确、颜元、李塨等人相比了，关中王学始终是在程朱理学与阳明心学的范围内前行。但反过来，保守性和传统性又使得关中在清代保持着较浓厚的理学氛围，即使是在"乾嘉汉学"盛行的时候，关中地区仍主要是以传统理学（程朱理学）为主，从事考据、训诂的学者也很少。

不管如何，清初关中的王学就像全国其他地区的王学一样，进入乾隆年间，就逐渐衰落下去，程朱理学再次成为关中地区的学术主流，这种状况一直持续到清末，最后长安的柏景伟（子俊，1831—1891）和咸阳的刘光蕡（古愚，1843—1903）以良知学为基础，以经世致用为方向，积极主张学习西学，从而开辟了关中王学发展的新道路，并赋予了王学以新的时代意义。

关学的"眉县宗指"*

王宝峰

(西北大学哲学学院)

摘　要：关学是由张载创立的礼教理学。"眉县宗指"指礼教理学"知礼成性"的哲学学理及"张子四为"的志向与境界。"知礼成性"一方面追溯礼教实践之形上学根源；另一方面将儒学形上观念落实于礼教工夫之中。"知礼成性"合内外、一天人，成为礼教理学独特的"关中道统脉络"。"张子四为"斥异学以立圣学道统，展现了哲学家"勇于造道"，"大其心"，以德合天地之心，参赞化育的境界，以及归宗周礼为万世开太平的信念。"眉县宗指"所确立的"礼教理学范式"，对于重建兼具"中国效度"与"哲学效度"的中国哲学，具有重要的现实意义。

关键词：关学　礼教理学　知礼成性　张子四为

就地域性而言，关学指关中地区理学。理学又称道学，是自北宋以降以迄清末，儒家哲学发展的历史新阶段。"北宋五子"超越汉儒章句解经之学，坚持儒学立场又融贯佛道二教，通过创造性地解释《周易》《中庸》等儒家经典，揭示发明了"天人之道、性命之原"（《关学编序》）这一新的儒家哲学主题。理学以"性理之学""义理之学"的新形态，完善了儒学形上学学理，开拓了儒家哲学的新境界，故又名曰"新儒学"。

---

* 本文系国家社会科学基金重大项目："多卷本《宋明理学史新编》"（17ZDA013）阶段性成果。

成熟时期的理学，分程朱理学与陆王心学两大系。朱熹集濂学、洛学、关学、闽学之大成，创立了程朱理学。程朱理学在儒教社会后期占据着思想文化界主导地位，最终成为官方意识形态；陆王所开创的心学流派，也以学术形态与程朱理学相反相成，影响社会风气甚巨，成为理学的重要一翼。

关学历史与理学发展相始终。张载论道讲学于眉县横渠，是关学开宗立派的宗师。作为"北宋五子"之一，张载以礼立教，"穷神化，一天人，立大本，斥异学"①，教学者"知礼成性、变化气质之道，学必如圣人而后已"②。又以"四为"及《西铭》，揭示了学者的志向与境界；勉励学者勇于造道，笃实践行古礼，使关中风俗为之一变。张载从理论和实践两个方面，奠定了关学之"眉县宗指"。张载之后，蓝田"三吕"制订《乡约》《乡仪》，以礼化俗；高陵吕柟遍解经义，"一准之以礼"；三原王承裕、马理，推行《乡约》，率行"四礼"；大荔韩邦奇精研律数，修明礼乐；长安冯从吾力辨儒佛，以"四勿"释仁；周至李颙以礼立人极，贞定学仪；大荔李元春志辨"四礼"，以革敝俗，等等，关学诸子皆不能外礼教而言理学。冯从吾赞誉张载"学古力行，笃志好礼，为关中士人宗师"③。黄宗羲曰："关学世有渊源，皆以躬行礼教为本。"④ 柏景伟曰："自宋横渠张子出，与濂、洛鼎立，独尊礼教。"⑤ 深究关学之确立与发展，皆与礼教密切相关，就其学理本质而论，关学实为礼教理学。关中儒者，虽学术路径不能完全一致，但礼教理学的"眉县宗指"，已成为关学不绝如缕、一以贯之的"关中道统之脉络"（《关学续编序》），构成了关学学者的共同底色。

一 "知礼成性"：礼教理学宗旨

在张载看来，秦汉以来学者之大蔽，在于"知人而不知天，求为贤

---

① （宋）张载：《张子全书》，西北大学出版社2015年标点本，第461页。
② （宋）张载：《张子全书》，第459页。
③ （明）冯从吾：《关学编（附续编）》，中华书局1987年标点本，第5页。
④ （清）黄宗羲：《明儒学案（修订本）》，中华书局2008年标点本，第11页。
⑤ （明）冯从吾：《关学编（附续编）》，第69页。

人而不求为圣人"①。于是他以《易》为宗，以《中庸》为体，以孔、孟为法，与二程"共语道学之要"，著《易说》《正蒙》等，追究天人之际，深发性命之原，成为理学奠基者之一。

张载所开创的关中理学，有着明显的"以礼立教"的学派宗风。张载撰有《横渠张氏祭礼》《冠昏丧祭礼》《周礼说》《仪礼说》《礼记说》《正蒙·乐器》《经学理窟·周礼》等礼学专著。张载诗云："若要居仁宅，先须入礼门"②，又说，"进人之速无如礼学"③，"人必礼以立，失礼则孰为道"④，"学者且须观礼。盖礼者滋养人德性，又使人有常业，守得定，又可学便可行，又可集得义"⑤。时人评价张载"教人学虽博，要以礼为先"⑥，"子厚以礼立教，使学者有所据守也"⑦。

围绕"性与天道"这一理学命题，张载建构了"知礼成性"之礼教理学范式。"知礼成性"之说，源自《周易》。《周易·系辞上》云："《易》其至矣乎！夫《易》，圣人所以崇德而广业也。知崇礼卑，崇效天，卑法地。天地设位，而《易》行乎其中矣。成性存存，道义之门。"⑧张载据此发明"知礼成性"之要旨，曰：

> 非知，德不崇；非礼，业不广。知⑨崇，天也，形而上也。通昼夜之道而知，其知崇矣。知及之而不以礼性之，非己有也，故知礼成性而道义出，如天地位而《易》行。⑩

---

① （宋）张载：《张子全书》，第461页。
② （宋）吕本中：《童蒙训》卷上，明刻本。
③ （宋）张载：《张子全书》，第74页。
④ （宋）张载：《张子全书》，第214页。
⑤ （宋）张载：《张子全书》，第86页。
⑥ （宋）司马光：《温国文正公文集》卷5，《四部丛刊》景宋绍兴本。
⑦ （宋）程颢、程颐：《二程集》，中华书局2004年标点本，第1195页。
⑧ 《周易正义》，北京大学出版社1999年标点本，第273—274页。
⑨ 《张子全书》第29页（《正蒙·至当篇》。本段引文"知崇，天也"以下内容，亦见于此篇，略有异同）有"知"；《张子全书》第213页（《易说下》）无。《张载集》（中华书局1978年标点本，第191页）据《周易系辞精义》（"古逸丛书"本）校补"知"；"系辞"曰"崇效天"，非"崇，天也"。据补。
⑩ （宋）张载：《张子全书》，第213页。

可见，"知"（"知"通"智"）者，形而上之天道也，知以崇德；"礼"者，天道落实于礼教事业也，礼以广业。张载说："夫《易》，圣人所以崇德广业，以知为德，以礼为业"①，"圣人亦必知礼成性，然后道义从此出"②。因此，所谓"知礼成性"，主要指"崇德广业"之圣人，"知礼相资而成其性"③。张载主要从"礼下上达""礼上下达"两个方向，确立了礼教理学"知礼成性"范式的具体内容。

一方面，"知礼成性"之学"以人知天"，认为形而下之礼仪，必上溯至性、理、天道、仁、敬等形而上之"知"，方能确立礼教形而上之基础，此之谓"礼下上达"。张载说，"礼者理也，须是学穷理。礼则所以行其义，知理则能制礼，然则礼出于理之后"④，"礼本天之自然"⑤，"礼即天地之德"⑥，"不敬则礼不行"⑦，"不闻性与天道而能制礼作乐者，末矣"⑧。"礼以义起"，礼教义理即礼义。礼义是礼教的形而上之根本，"礼下上达"，关键就是要把握礼义之所在。不离礼教讲礼义、义理，是礼教理学的本质特点。

宋代义理之学之所以超越汉儒章句之学，就在于自"北宋五子"起，始立性理之说，关注性与天道，试图为儒家修齐治平之现实"人事"，确立宇宙论、人性论之形而上依据。宋学这一"下学上达"、探究儒学形而上根源之"内在性超越"，是理学之为哲学的本质所在。张载说"下达处行礼，上又见性与天道"⑨，此一"礼下上达"的义理之学，突显了礼教理学以礼立教，将礼教实践与形上观念紧密结合的独特关学哲学思辨的特点。

另一方面，"知礼成性"之学"体天于人"，在修齐治平中笃行礼教，实现性、理、天道、仁、诚等形而上诸范畴的现实教育、教化作用，此

---

① （宋）张载：《张子全书》，第213页。
② （宋）张载：《张子全书》，第213页。
③ 林乐昌：《正蒙合校集释》，中华书局2012年版，第562页。
④ （宋）张载：《张子全书》，第264页。
⑤ （宋）张载：《张子全书》，第73页。
⑥ （宋）张载：《张子全书》，第73页。
⑦ （宋）张载：《张子全书》，第28页。
⑧ （宋）张载：《张子全书》，第11页。
⑨ （宋）张载：《张子全书》，第88页。

之谓"礼上下达"。张载主张"性与天道"不能外礼而存在,"除了礼天下更无道矣"①,"礼所以持性,盖本出于性。持性,反本也。凡未成性,须礼以持之,能守礼已不畔道矣"②。张载更强调,仁"不得礼则不立"③,"礼仪三百,威仪三千,无一物而非仁也"④,"学礼所以求不疑,仁守之者,在学礼也"⑤,"'恭敬、樽节、退让以明礼',仁之至也,爱道之极也"⑥。可见,礼教理学以为,理学之形而上范畴,皆须落实于礼教方可存在:不能离礼以言理。孔孟之后,仁成为儒家本体论最高范畴。张载上述礼为仁用、非礼无仁等诸论,从儒学最重要的观念,体现了礼教理学"礼上下达"的学理特点。

中国哲学具有"通经致用""推天道以明人事""极高明而道中庸"的范式特质。在中国哲学中,形而上的宇宙论、人性论观念,唯有落实于现实事业,方能实现其哲学的价值与意义。张载礼教理学以为,性与天道讨论的是无行迹的形上之道,此道须见于有行迹之礼教实践方得显现。如果说"北宋五子"皆强调"性理之学"的形而上层面,那么张载礼教理学的突出特点,便是"礼下上达"与"礼上下达"二者相须而备的"知礼成性"的学理,此学理奠定了关学论道为学之基础。

二 "四勿":圣贤工夫

孔子论仁,多且广矣。其高足颜回问仁,子曰"克己复礼为仁",且告之以"非礼勿视,非礼勿听,非礼勿言,非礼勿动"(《论语·颜渊》)之"四勿"工夫细目。张载云:"克己反礼,壮莫甚焉"⑦,"颜子之心,直欲求为圣人"⑧。儒门圣贤仁德之落实,洵为克己复礼的"四勿"工夫。

礼教理学"礼上下达"、以求圣贤之学派特色,突出地表现在"四

---

① (宋) 张载:《张子全书》,第73页。
② (宋) 张载:《张子全书》,第73页。
③ (宋) 张载:《张子全书》,第82页。
④ (宋) 张载:《张子全书》,第7页。
⑤ (宋) 张载:《张子全书》,第74页。
⑥ (宋) 张载:《张子全书》,第28页。
⑦ (宋) 张载:《张子全书》,第164页。
⑧ (宋) 张载:《张子全书》,第257页。

勿"工夫论上。张载说："礼，但去其不可者；其他，取力能为之者。"①将此说落实于其"四勿论"，所谓"去其不可者"，就是以"四勿"工夫闲邪存诚："非礼而勿视听言动，邪斯闲矣。"② 所谓"取力能为之者"，是说要实现"四勿"圣贤工夫，一方面，必须勉行礼教："强礼然后可与立"③，"大人之事，则在思勉力行"④，"自非成德君子，必勉勉至从心所欲不逾矩，方可放下"⑤，"始则须拳拳服膺，出于牵勉，至于中礼却从容，如此方是为己之学"⑥；另一方面，"勉勉继继"以成性。"如颜子者，方勉勉于非礼勿言，非礼勿动也。勉者，勉勉以成性也"⑦。"所以勉勉者，谓'继之者善也，成之者性也'，继继不已，乃善而能至于成性也。"⑧ 继勉成性，须以持守"时中"为用力之处。"学者须得中道乃可守"⑨，"时中之宜甚大，须'精义入神'，始得'观其会通''行其典礼'，此方是真义理也"⑩。欲"见得时中"，"动焉而无不中理"，须考信前言往行，"比物丑类"以行其事。可见，能以"时中""四勿"工夫落实之义理，才是真义理，此工夫"由知及而循礼，以至于成性"⑪，实乃会通时中、精义入神者的致用工夫，非圣贤、大人不能。

"四勿"乃滋养德行，变化气质之道。在张载看来，"礼者滋养人德性"⑫，"克己，下学上达，交相养也"⑬，"非礼勿言，非礼勿动，即是养心之术也"⑭。张载认为，学者"当须立人之性"，"学所以为人"⑮；"为

---

① （宋）张载：《张子全书》，第254页。
② （宋）张载：《张子全书》，第87页。
③ （宋）张载：《张子全书》，第21页。
④ （宋）张载：《张子全书》，第231页。
⑤ （宋）张载：《张子全书》，第80页。
⑥ （宋）张载：《张子全书》，第77页。
⑦ （宋）张载：《张子全书》，第73页。
⑧ （宋）张载：《张子全书》，第75页。
⑨ （宋）张载：《张子全书》，第79页。
⑩ （宋）张载：《张子全书》，第265页。
⑪ 林乐昌：《正蒙合校集释》，第564页。
⑫ （宋）张载：《张子全书》，第86页。
⑬ （宋）张载：《张子全书》，第164页。
⑭ （宋）张载：《张子全书》，第92页。
⑮ （宋）张载：《张子全书》，第259页。

学大益，在自能变化气质，不尔卒无所发明，不得见圣人之奥"①，"使动作皆中礼，则气质自然全好"②。《乡党》中的孔子言行，说明孔子是一个礼教的存在，堪为"时中""四勿"工夫之典范。张载道，孔子《乡党》中谨敬的礼义，"皆变化气质之道也"③。克己复礼"四勿"工夫，实可看作礼滋养人性、变化气质之落实。

于上可见，礼教理学"变化气质""学如圣人"的要义及其落实处，概见之于张载"四勿"工夫论中了。礼教理学反对高谈性命、空言论道，"礼上下达""以礼性之""以礼实德"是关学礼教理学之本质特点。张载及关中学者躬行礼教，始终以"四勿"工夫为"知礼成性"之最终落实，这充分体现了礼教理学以礼为本之明体达用、学期圣贤的"关学脉络"。

三 知礼兼修：合内外之道

"知礼成性"实乃"一天人""合内外"之学。"礼下上达"是将人事推之于天道的"知崇""下学上达"；"礼上下达"则是将天道落实于人事之"礼卑""上学下达"。张载云："礼运云者，语其达也；礼器云者，语其成也。达与成，体与用之道。合体与用，大人之事备矣。"④ 王夫之解"知礼成性"，曰："知极于高明，礼不遗于卑下，如天地奠位而变化合一，以成乎乾坤之德业。圣学所以极高明而道中庸也。"⑤ 按照礼教理学学理，非"性与天道"的内在礼义，礼教无从产生；非礼仪、礼器之外在显现，"性与天道"也无从落实。"性与天道"与现实礼教循环往复、相互助益，实为体用一源、内外表里的关系。如此知礼成性，方能成就礼教理学之全体大用。

张载论"诚"，便体现了礼教理学体用一源、内外一致、天人合一之理论特质。张载说："性与天道合一存乎诚"⑥，"人生固有天道。人之事

---

① （宋）张载：《张子全书》，第 82 页。
② （宋）张载：《张子全书》，第 74 页。
③ （宋）张载：《张子全书》，第 77 页。
④ （宋）张载：《张子全书》，第 26 页。
⑤ 林乐昌：《正蒙合校集释》，第 562 页。
⑥ （宋）张载：《张子全书》，第 14 页。

在行,不行则无诚,不诚则无物,故须行实事。惟圣人践形为实之至,得人之形,可离非道也"①。"诚意而不以礼则无征,盖诚非礼无以见也。诚意与行礼无有先后,须兼修之。"② 又以"诚"与"明"论天人关系:"天人异用,不足以言诚;天人异知,不足以尽明。所谓诚明者,性与天道不见乎小大之别也。"③ "因明致诚,因诚致明,故天人合一。"④

可见,以礼教理学观之,"诚"为天道本体,非礼之用,不能落实之;"礼"为人事工夫,非"诚"之体,便无根本。"诚"与"礼",实为天人、体用、内外之关系,二者相须而备,缺一不可。

天人合一是中国哲学范式的本质特征之一。从张载"诚论"益可见,知礼成性之"礼下上达"与"礼上下达"互动,构成了礼教理学独特的天人合一学理。"眉县宗指"力戒空言论道、泛论天人。"知礼成性"之学"内外发明""合内外之道",是形上理论与礼教实践相结合的内外兼修、上下恒通、圆融无碍的天人合一之学。

四 学古力行:通经致用,志在周礼

张载"论学则必期于圣人,语治则必期于三代"⑤。张载诗云:"圣心难用浅心求,圣学须专礼法修"⑥;他主张"不行先王之道,不能为政于天下"⑦,"为政不法三代者,终苟道也"⑧。司马光追忆张载,"子厚平生用心,欲率今世之人,复三代之礼者也"⑨。张载"慨然有意三代之治"(《横渠先生行状》),志复古礼而力行之。礼教理学安民善俗、治国平天下之外王事业,信以周礼为依归。

---

① (宋)张载:《张子全书》,第263页。
② (宋)张载:《张子全书》,第75页。
③ (宋)张载:《张子全书》,第14页。
④ (宋)张载:《张子全书》,第56页。
⑤ (宋)张载:《张子全书》,第485页。
⑥ (宋)张载:《张子全书》,第296页。
⑦ (宋)张载:《张子全书》,第104页。
⑧ (宋)张载:《张子全书》,第459页。
⑨ (宋)张载:《张子全书》,第387页。

通经法古，志复三代之礼。张载年轻时，曾"访诸释、老之书，累年尽究其说。知无所得，反而求之'六经'"①。张载一生"游心经籍义理之间"②。他曾说："'六经'直是少一不得"③，"'六经'循环，年欲一观"④，"'六经'则须著循环，能使昼夜不息，理会得六七年，则自无可得看。若义理则尽无穷，待自家长得一格则又见得别"⑤。张载论"六经""四书"，则曰："须信《论语》《孟子》。《诗》《书》无舛杂。《礼》虽杂出诸儒，亦若无害义处，如《中庸》《大学》出于圣门，无可疑者。《礼记》则是诸儒杂记，至如礼文不可不信。"⑥ 又说："要见圣人，无如《论》《孟》为要。《论》《孟》二书于学者大足，只是须涵泳。"⑦ 范仲淹劝少年张载读《中庸》，张载云"某观《中庸》义二十年，每观每有义，已长得一格"⑧。深究学理，"六经""四书"无非是诠解周礼、"周文"之著述。⑨ 张载之学，全以"六经""四书"确立其理论根基，自然不能外周礼而立言。王夫之云："张子之学，无非《易》也，即无非《诗》之志，《书》之事，《礼》之节，《乐》之和，《春秋》之大法也，《论》《孟》之要归也"⑩。《黄氏日钞》亦谓"横渠好古之切"，"以诗书次周礼焉"。⑪ 张载"通经学古""学古力行"，所学所行者，周礼也。

周礼王道之急，治人先务，皆在井田经界。在张载看来，仁心必得其法，行先王之道，为仁政于天下，当行井田之法。"治天下不由井地，终无由得平。周道止是均平。"⑫ "仁政必自经界始。贫富不均，教养无

---

① （宋）张载：《张子全书》，第455页。
② （宋）张载：《张子全书》，第84页。
③ （宋）张载：《张子全书》，第86页。
④ （宋）张载：《张子全书》，第85页。
⑤ （宋）张载：《张子全书》，第85页。
⑥ （宋）张载：《张子全书》，第85页。
⑦ （宋）张载：《张子全书》，第80页。
⑧ （宋）张载：《张子全书》，第85页。
⑨ 笔者认为"六经""四书"的本质是讨论周礼的论说，以及关于"周文轴心"的表述，参见王宝峰《未来中国哲学导论：范式与方法论》，西北大学出版社2018年版。
⑩ 林乐昌：《正蒙合校集释》，第986页。
⑪ （宋）黄震：《黄氏日钞》卷33，元刻本。
⑫ （宋）张载：《张子全书》，第59页。

法，虽欲言治，皆苟而已。"① 世人以古法行之于今为难，张载曰："纵不能行之天下，犹可验之一乡。"② 于是，他买田一方，画为数井，"正经界，分宅里，立敛法，广储蓄，兴学校，成礼俗，救灾恤患，敦本抑末，足以推先王之遗法，明当今之可行"③。

《礼记·乐记》云："礼乐刑政，四达而不悖，王道备矣。"④ 张载认为王道不能无礼，"礼成教备，养道足，而后刑可行，政可明，明而不疑"⑤；"欲养民当自井田始，治民则教化刑罚俱不出于礼外"⑥。张载勇于实践，曾独排朝廷众议，以为冠昏丧祭之古礼可行；又倡导订正民间丧祭之法，闻者始疑终信，"一变从古者甚众"⑦。张载"试其所学"而终于"有志未就"，但其始终不迁于利禄时俗，读经好礼，以期"庶几有遇"。礼教理学从不以空言论道，张载念兹在兹、举而措诸事业者，无疑是周礼之王道礼法而已。

五 "大心希圣"："张子四为"、《西铭》

《张子语录》载"张子四为"⑧，曰："为天地立心，为生民立道，为去圣继绝学，为万世开太平。"⑨ 此"张子四为"与《西铭》一道，概论张载"大心希圣"之学，代表着礼教理学"大而化之"的气象、格局和境界。"张子四为"后被学者润色为"横渠四句"。经历代表彰，"横渠

---

① （宋）张载：《张子全书》，第458页。
② （宋）张载：《张子全书》，第458页。
③ （宋）张载：《张子全书》，第458页。
④ 《礼记正义》，北京大学出版社1999年标点本，第1085页。
⑤ （宋）张载：《张子全书》，第228页。
⑥ （宋）张载：《张子全书》，第73页。
⑦ （宋）张载：《张子全书》，第457页。
⑧ "张子四为"，后世颇多异文歧解。时下通行"为天地立心，为生民立命，为往圣继绝学，为万世开太平"四句（冯友兰名之曰"横渠四句"），系后人修改而成，与张载原文颇有出入（相关考证，参见张岱年《试谈"横渠四句"》，《中国文化研究》1997年春之卷；李锐《"横渠四句教"小考》，《史学史研究》2017年第3期；林乐昌《"为天地立心"——张载"四为"句新释》，《哲学研究》2009年第5期；刘学智《关学思想史》，西北大学出版社2015年版）。本文意在探求"眉县宗指"，故遵从《张子语录》原文，并名之曰"张子四为"，以与"横渠四句"相区分。
⑨ （宋）张载：《张子全书》，第259页。

四句"与《西铭》一道，已成为中国知识分子和思想家安身立命之准的，影响至今。①

（一）"为天地立心，为生民立道"：大心尽性，圣人成能

"张子四为"之核心，在于"为天地立心"。张载说，天无心，天心在于人心。人心中的天心，非一己私见之心、囿于闻见之心；而是众人之心同一之义理，"道体物我"的大道之心，是知天尽性、视天下无一物非我之大心。② 非大其心之圣人、大人，不足以合天地之心。

> 大其心则能体天下之物，物有未体，则心为有外。世人之心，止于见闻之狭。圣人尽性，不以见闻梏其心，其视天下无一物非我，孟子谓尽心则知性知天，以此。天大无外，故有外之心不足以合天心。见闻之知，乃物交而知，非德性所知。德性所知，不萌于见闻。③

---

① 如，陈来认为，"横渠四句"和《西铭》是关学对宋明儒学主流精神与核心价值的主要贡献；"横渠四句"塑造了中国知识分子的志向和心胸。在这个意义上说，"横渠四句"和《西铭》"构成了关学对中国文化发展的突出贡献"。陈来：《关学的精神》，《陕西师范大学学报》（哲学社会科学版）2016 年第 3 期。

② 冯友兰解释"横渠四句"之"天地之心"，曰："天地是没有心的，但人生于其间，人是有心的，人的心也就是天地的心了。"（冯友兰：《中国哲学史新编》，人民出版社 1999 年版，第 159 页）《周易·复卦·象》云："复，其见天地之心乎！"张载释之曰："大抵言'天地之心'者，'天地之大德曰生'，则以生物为本者，乃天地之心也。地雷见天地之心者，天地之心惟是生物，'天地之大德曰生'也。"（《张子全书》，第 148 页）林乐昌据此认为，"在天地创生万物的意义上，张载是明确肯认天地有心的"，"在张载看来，'天地之心'有别于'为天地立心'之'心'。'天地之心'是客观存有的，而'为天地立心'之'心'则只是通过人的主观努力才得以彰显"（林乐昌：《"为天地立心"——张载"四为"句新释》）。因此，林认为冯的说法，"是严重的误解"。林说不然。叶采早已指出，"天地以生生为心，圣人参赞化育，使万物各正其性命，此为天地立心也"（叶采：《近思录集解》卷 2，元刻明修本）。叶采之解，与林说本质上别无二致。二人之说，皆有问题。深究"天地之心"义理，天地本无所谓有心、无心，天地"以生生为心""以生物为心"云云，是哲人解释出来的。当我们说天地"以生生、生物为心"时，已在"为天地立心"了。张载明言："天无心，心都在人之心。一人私见固不足尽，至于众人之心同一则却是义理，总之则却是天。"（《张子全书》，第 66 页）此即是说，天地本无心，以人心为心；一己私见之心不是天心，惟大心圣人"义理之心"，才是所谓"天地之心"。

③ （宋）张载：《张子全书》，第 17 页。

欲大其心者，须"无我而后大"①。王夫之释之云："无我者，德全于心，天下之务皆可成，天下之志皆可通，万物备于我，安土而无不乐，斯乃以为大人。"② 总之，所谓"为天地立心"，指大其心之圣人、大人，通天地之变、尽万物之理，知天尽性，去私无我，合至大无外之天心。

"为生民立道"，实即"天地设位，圣人成能"之事。《周易·系辞下》曰："天地设位，圣人成能。"③ 张载解释道："天能为性，人谋为能。大人尽性，不以天能为能而以人谋为能。"④ "圣人主天地之物，又智周乎万物而道济天下，必也为之经营。"⑤ 可见，圣人、大人者，尽人之天性以成就天地之功能者也。所谓"为生民立道"者，"惟大人为能尽其道，是故立必俱立，知必周知，爱必兼爱，成不独成"⑥。"大人者，有容物，无去物，有爱物，无徇物，天之道然。天以直养万物，代天而理物者，曲成而不害其直，斯尽道矣。"⑦ 可见，所谓"为生民立道"，是指圣人代天理物：天地功能的实现，有赖于圣人、大人智周万物、道济天下，顺成天地化育人、物之道。

（二）《西铭》："为天地立心，为生民立道"之境界

《西铭》初名《订顽》，程颢言，"《订顽》立心，便达得天德"⑧，"《订顽》一篇，意极完备，乃仁之体也"⑨。程颐道，《西铭》"明理一分殊"，"推理以存义"，"分立而推理一，以止私胜之流，仁之方也"⑩。深究其实，《西铭》所谓立心达天德、"理一"、"仁之方"者，实即"大人"以天心为心、尽性无我之境界；"民胞物与"、万物一体之仁、"分殊"之意旨，不过大心圣人，视天下无一物非我、顺应天命、直养无害的境界。

---

① （宋）张载：《张子全书》，第10页。
② 林乐昌：《正蒙合校集释》，第227页。
③ 《周易正义》，北京大学出版社1999年标点本，第320页。
④ （宋）张载：《张子全书》，第239页。
⑤ （宋）张载：《张子全书》，第209页。
⑥ （宋）张载：《张子全书》，第14页。
⑦ （宋）张载：《张子全书》，第27页。
⑧ （宋）程颢、程颐：《二程集》，第77页。
⑨ （宋）程颢、程颐：《二程集》，第15页。
⑩ （宋）程颢、程颐：《二程集》，第609页。

能达上述境界者,非"为天地立心,为生民立道"之圣人、大人不能。

朱熹曰:"《西铭》首论天地万物与我同体之意,固极宏大。然其所论事天功夫,则自'于时保之'以下,方极亲切。"① 王夫之云:"张子推天道人性变化之极而归之于正经,则穷神知化,要以反求大正之中道,此由博反约之实学,《西铭》一此意广言之也。"② 《西铭》上达处,"极乐天践形、穷神知化之妙"③;而落实于下学处,正"九经"而已,博文约礼而已。杨时曰,《西铭》"亦只是要学者求仁"④。此仁者,实乃大心圣人万物一体之仁、仁孝之仁。朱熹说,《西铭》"彻上彻下,一以贯之","体用一原,显微无间"⑤,说的就是这种尽心尽性,民胞物与,"为天地立心,为生民立道"的圣人、大人境界。就境界论而言,《西铭》实可看作"张子四为"中"为天地立心,为生民立道"的内涵之落实与展开。⑥

(三)"为去圣继绝学,为万世开太平":圣学道统、周公心学

张载以圣学自期、道学自任,追溯礼法道统,继往开来,是其重要

---

① (宋)朱熹:《朱子全书(修订本)》,上海古籍出版社、安徽教育出版社2010年标点本,第22册,第2285页。
② 林乐昌:《正蒙合校集释》,第517页。
③ (宋)朱熹:《朱子全书(修订本)》,第21册,第1639页。
④ (宋)杨时:《龟山集》卷12,明万历刻本。
⑤ (宋)朱熹:《朱子全书(修订本)》,第21册,第1306、1307页。
⑥ "横渠四句"及《西铭》,曾对冯友兰学术活动及其境界学说的创制,发挥了非常重要的作用。参见王宝峰《〈西铭〉与天地境界比较研究》,硕士学位论文,西北大学,2003年;王宝峰《张载对冯友兰思想的影响》,《西北大学学报》(哲学社会科学版)2006年第4期。冯友兰将《西铭》誉为人的"安身立命之地",并将《西铭》的思想境界,等同于他的境界说最高等级之"天地境界"。他特别强调,"横渠四句"乃吾一切先哲著书立说之宗旨。无论其派别为何,而其言之字里行间,皆有此精神之弥漫,则善读者可觉而知也"(冯友兰:《中国哲学史·自序二》,华东师范大学出版社2000年版,"自序")。又说"横渠四句","简明地说出了人的特点,人之所以为人,即'人之所以异于禽兽者'",说清楚了何谓人的精神境界的提高(冯友兰:《中国现代哲学史》,广东人民出版社1999年版,第245—248页),"此哲学家所应自期许者也"(冯友兰:《新原人·自序》,《贞元六书》,华东师范大学出版社1996年版,"自序")。作为其学术生命之绝唱,《中国哲学史新编》终篇,即以"横渠四句"自期。冯友兰确立了中国哲学研究的基本范式;其境界说,更是对中国哲学研究的"一个突出贡献"(陈来:《现代中国哲学的追寻》,人民出版社2001年版,第307页)。于兹可见,"张子四为"及《西铭》之"眉县宗指",对中国哲学学科的建立和发展,有着重要的影响。

的学术旨归与志向。张载说，圣学、道学之传，"仲尼以前更有古可稽，虽文字不能传，然义理不灭"①。追踪礼法道统，"制法兴王之道"者，"作者七人"：伏羲、神农、黄帝、尧、舜、禹、汤。其中，上古"文章礼乐简易朴略"，至尧、舜之世，礼乐才"焕乎其有文章"，有"可得传者"。周监于二代，"可谓周尽"，"则亦述而已矣"。孔子述而不作、志在东周，"历代文章，自夫子而损益之，见其礼而知其政，闻其乐而知其德，不可加损矣"②。张载总结道："古之学者便立天理，孔孟而后，其心不传"③，"此道自孟子后千有余岁，今日复有知者。若此道天不欲明，则不使今日人有知者。既使人知之，似有复明之理。志于道者，能自出义理，则是成器"④。张载圣学自造、敦行礼法，皆由此斯文自任、明道在心之信念使然。

张载排斥二教，以立圣学正统。他认为，圣学道统之断，在于孔孟之后异端邪说"勇于苟作"，"皆妄作之过也"。其中，佛教致使人伦不察，庶物不明，治忽德乱，"上无礼以防其伪，下无学以稽其弊。自古诐、淫、邪、遁之辞，翕然并兴，一出于佛氏之门者千五百年"⑤。佛教发展，是断灭圣学道统的根本原因。张载以道统自任，汲汲于"黜怪妄，辩鬼神"，与佛教理论"较是非，计得失"。王夫之云："张子之学，上承孔、孟之志，下救来兹之失，如皎日丽天，无幽不烛，圣人复起，未有能易焉者也。"⑥ 显而易见，张载"为去圣继绝学"，一方面，要祖述羲、文、周、孔道统，发明周礼义理之学；另一方面，"著书立言，攘斥异学"⑦，以期继承并发扬孔孟之后断绝的先王之道、天理心传。

周礼集上古三代礼法之大成，周公制礼作乐，为万世开太平。贾公彦《仪礼疏序》云：《仪礼》《周礼》，"并是周公摄政太平之书"⑧。张载《易说》《正蒙》《经学理窟》中的周礼论说，可谓深得周公为万世开太

---

① （宋）张载：《张子全书》，第85页。
② （宋）张载：《张子全书》，第227页。
③ （宋）张载：《张子全书》，第81页。
④ （宋）张载：《张子全书》，第81页。
⑤ （宋）张载：《张子全书》，第282页。
⑥ 林乐昌：《正蒙合校集释》，第985页。
⑦ （明）冯从吾：《关学编（附续编）》，第123页。
⑧ 《仪礼注疏》，北京大学出版社1999年标点本，第1页。

平之心思。张载通经法古，终于周礼为教，本质上也是接着周公心法来讲的。邱葵说："《周礼》一书，周公为天地立心，为生民立命，为万世开太平之书也。"① 真德秀云：周公之心，"禹、汤、文、武之心，而其学则禹、汤、文、武之学也。以此之心，布而为政；以此之学，著而为书。故能为成周致太平，而为万世开太平"②。有周公之心、之学，然后才能行周礼、言周礼，不然，则悖矣、戾矣。真氏又云："郑、贾诸儒析名物辨制度，不为无功，而圣人微指，终莫之睹。惟洛之程氏、关中之张氏，其所论说，不过数条，独得圣经精微之蕴。盖程、张之学，公之学也。有公之学，故能得公之心，而是书所赖以明也。"③ 张载说"《周礼》是的当之书"④，他研精覃思周礼，可谓深得周公之心、之学，并能力推井田、封建、宗法，倡行古礼，笃行周礼之法。因此，在张载上下文中，"为万世开太平"之落实，即是要追踪周公之心、之学，笃行周礼并欲垂之永久，期以周孔圣学，作为治国平天下之大法。

（四）勇于造道：心志弘深、明理有为

学者欲求义理之学，达"大心希圣"之哲学境地，当有深沉弘博之心志。张载指出："以有限之心，止可求有限之事。欲以致博大之事，则当以博大求之，知周乎万物而道济天下也。"⑤ "学者大不宜志小气轻。志小则易足，易足则无由进；气轻则虚而为盈，约而为泰，亡而为有，以未知为已知，未学为已学。"⑥ 学者惟"所志至大"，才能"全得道之大体"，方能德业久且大，最终才能达到圣贤境地。张载又强调，惟深沉、弘心者，才能通天下之志。张载云："义理之学，亦须深沉方有造，非浅易轻浮之可得也。"⑦ 又云，凡物不出博大之中，"所以求义理，莫非天地、礼乐、鬼神至大之事，心不洪则无由得见"⑧。"心弘则是，不弘则不

---

① （宋）邱葵：《钓矶诗集·周礼全书序》，清道光汲古书室刻本。
② （宋）真德秀：《西山先生真文忠公文集》卷29，明正德刻本。
③ （宋）真德秀：《西山先生真文忠公文集》卷29，明正德刻本。
④ （宋）张载：《张子全书》，第59页。
⑤ （宋）张载：《张子全书》，第80页。
⑥ （宋）张载：《张子全书》，第95页。
⑦ （宋）张载：《张子全书》，第81页。
⑧ （宋）张载：《张子全书》，第83页。"洪"，《张载集》作"弘"。

是；心大则百物皆通，心小则百物皆病。"① 孟子曰："周公思兼三王，以施四事，其有不合者，仰而思之，夜以继日，幸而得之，坐以待旦。"② 张载说："非继日待旦如周公，不足以终其业"③，张载通经法古，以礼立教，"志道精思"，俯读仰思，身体力行，未尝须臾忘息于周礼之间，可谓深得周公心意。

如果说弘博心志以求义理，是"勇于造道"之理论层面；那么，强力行己，刚健有为，则是"勇于造道"之实践层面。张载说：

> 非强有力者，不能人所不能。人所以不能行己者，于其所难者则惰，其异俗者虽易而羞缩。惟心弘则不顾人之非笑，所趋义理耳，视天下莫能移其道。然为之人亦未必怪，正以在己者，义理不胜惰与羞缩之病。消则有长，不消则病常在，消尽则是"大而化之之谓圣"。④

张载又说，"尊其所闻则高明，行其所知则光大"⑤，"意思龌龊，无由作事"⑥，"义理已明，何为不为！"⑦ 君子不应不顾义理，屈而不为，而应刚健克己，力行义理，落实于事业以教天下。学者讥讽张载欲复三代礼法，为迂阔而不可行。张载则以为："学者行礼时，人不过以为迂。彼以为迂，在我乃是径捷，此则从吾所好。文则要密察，心则要洪放，如天地自然，从容中礼者盛德之至也。"⑧ 张载如此从容行礼，证明其于礼教理学已深造自足，"涣然自信"。义理既明，张载于是能不为时风所动，独立不惧，以圣学道统自任，不顾非毁，孤行周公心学。

"张子四为"与《西铭》对后世影响甚巨，是张载礼教理学对中国哲学思想史最为重要的贡献之一。陈淳道，"张子四为"，非"大有卓绝异

---

① （宋）张载：《张子全书》，第77页。
② 《孟子注疏》，北京大学出版社1999年标点本，第224页。
③ （宋）张载：《张子全书》，第42页。
④ （宋）张载：《张子全书》，第164页。
⑤ （宋）张载：《张子全书》，第80页。
⑥ （宋）张载：《张子全书》，第164页。
⑦ （宋）张载：《张子全书》，第271页。
⑧ （宋）张载：《张子全书》，第74页。

常之识，不足以及此，未可以常情浅浅论也"①。程颐曰："横渠道尽高，言尽醇。自孟子后儒者，都无他见识。"② 或问《西铭》言实之端，程颐曰："言有多端，有有德之言，有造道之言。有德之言说自己事，如圣人言圣人事也。造道之言则知足以知此，如贤人说圣人事也。"③ 程颐"造道之言"云云，有微讽张载言不及行之意。事实上，张载笃志礼教，敦行周礼，其"知礼成性"之学，知及之而以"四勿"礼教实之，绝非言不及行。相反，作为中国哲学史上杰出的理论家，正是由于其见识超绝，学期圣贤，"勇于造道"（《宋元学案·横渠学案序录》），张载才开创了礼教理学"大心希圣"之格局与境界。

总而言之，关学本质是礼教理学，"眉县宗指"即礼教理学之宗旨。礼教理学归宗于"知礼成性"之学。"知礼成性"分两个方面内容。一方面，"以人知天""礼下上达"：深究现实礼教、礼仪的形而上根据，确立形而下礼教名物度数的礼义根源。另一方面，"体天于人""礼上下达"：凡论及性、理、天道、仁、诚等形而上的观念，一定将之落实于现实礼教之中。"知礼成性"的两个方面，实为体用一源、内外表里之关系："礼下上达"言"天道"，而不离礼教基础；"礼上下达"道"人事"，实为性理天道之礼教落实。此两方面皆以礼教为核心，合体用内外，融高明中庸，圆融无碍地共成礼教理学"天人合一"之学的独有特质。礼教理学，始终以学至圣贤为旨归。其求仁者，必以孔颜"克己复礼""四勿"工夫为根本；其力行者，必以三代礼法、周公心学为楷模。张载黜怪妄、斥异学，精一自信，独立不惧，展现了求道者之本色；又弘深心志，强力行己，圣学自任，勇于造道，说"四为"、著《西铭》，揭示并树立了圣贤之极则与境地。礼教理学上述"眉县宗指"，实可谓博大精深，是独树一帜的"关中道统脉络"之根本内容和精神实质。

六　余论

张载崛起于关中，著书立说，讲学授徒，"分濂、洛之席，绍邹、鲁

---

① （宋）陈淳：《北溪大全集》卷23，文渊阁《四库全书》本。
② （宋）程颢、程颐：《二程集》，第196页。
③ （宋）程颢、程颐：《二程集》，第196页。

之传"①，成为关学宗师。关中地区为周礼之乡，文献旧邦。眉县横渠，更处宗周岐阳故地，民风士习，礼教惟尚。张载礼教理学"尊礼贵德""以礼立教"，可谓其来有自、源远流长。非身居横渠，张载恐也难深切著明地说此"知礼成性"之"眉县宗指"。

自《近思录》《伊洛渊源录》始，经历代儒先表彰，张载所开创之关学，已成为理学之重要学派，传播广泛，影响深远。明儒冯从吾始撰《关学编》，清儒王心敬、李元春、贺瑞麒继为《关学续编》，张骥总结先儒，著《关学宗传》。此数种编传之作，追踪关学兴替，辨章学术、考镜源流，堪为关中理学学术之宗、明道之要。然观诸编去取原则，其要"以地系人"，学者论关学学统，多以张载为宗师，追踪关中地区理学诸子学行，纵述关中理学历史沿革，非"此邦之人"，多"不敢附入"。总观诸编作者，意在编辑关中地域之理学史而已。

关学是理学，理学是哲学。关学之要，存诸"知礼成性"之"眉县宗指"。作为张载开创的关中地区之礼教理学，"眉县宗指"理应成为关学一以贯之的"关中道统之脉络"。张履祥说："关中之教，以知礼成性为先"②，可谓对关学本质的深察之见。张氏又概括濂、洛、关、闽学说要旨，曰："三代以下，在濂溪则曰主静立人极；在关中则曰知礼成性；在程门则曰敬义夹持，曰存心致知，曰理一而分殊；在朱子则曰居敬穷理。要而论之，岂有异指哉！"③ 诚如张骥所云，"道以参赞天地为量，学以求至圣人为归"，道学无所谓古今中外，以濂、洛、关、闽之学入孔孟圣学则可，反之则不可（《关学宗传·自序》）。关学源于关中，但不应囿于关中，此为关学题中应有之义。

以"张子四为"观之，张载的"为去圣继绝学"之所谓"作者七人"之道统观，说明关学道统，应追踪至三代圣学、周公心意。④ 此亦即是说，关学实以中国传统主流之礼乐文化而立学。而张载"为天地立心"

---

① 王美凤：《关学史文献辑校》，西北大学出版社2015年版，第145页。
② （清）张履祥：《杨园先生全集》卷5，清同治十年（1871）刻本。
③ （清）张履祥：《杨园先生全集》卷5，清同治十年（1871）刻本。
④ （清）王心敬《关学汇编》，将伏羲、泰伯、仲雍、文王、武王、周公等"前六圣"，确立为关学道统之源头，可谓颇得张载"继绝学"之深意。（《关学汇编》列"前六圣"之意旨及内容，参见（清）王心敬《王心敬集》，西北大学出版社2015年标点本，上册）

"为生民立道""为万世开太平"之意旨,说明关学为大心圣人"知周万物,道济天下"之学,非可以有限之心求之;关学"知礼成性"之"眉县宗指",实乃立人极、明治道之学,是民胞物与、明体适用的天人合一之学。以张载礼教理学全体大用观之,所谓关学,"奚止论关中之学,即以论天下之学,论千万世之学,可也"①。张载所开创的礼教理学,曾是宋明理学的重要一极。而"知礼成性"的"眉县宗指",更是关学对理学、儒学,乃至对整个中国哲学独具特色的学理贡献。秉持"张子四为"的哲学家之精神及境界,关学理应为未来中国哲学作出更大贡献。

总体观之,中国固有传统文化是礼乐文化。依礼教儒学之见,儒学的本质是礼学。礼包括内在礼义与外在礼仪,礼仪实为内外表里,如鸟之双翼、车之两轮,缺一不可。儒家之道,其实质即礼义。按照礼教儒学的看法,历代儒学思想创新,皆是数大儒基于当时的思想环境,以因应时代问题为矢的,"因损革益"可资借鉴之学术资源,创造性地解释礼义、重订礼仪,以期重整"礼崩乐坏"的社会之结果。"礼以义起",孔子倡"仁",孟子揭"义",宋儒讲"理"等,皆可作如是观。以礼教儒学为"新视角"审视儒家哲学、中国哲学,有益于我们理解和掌握真正意义上"儒家的""中国的"内容,进而学有根底地进行中国传统思想文化的创造性解释。

既往中国哲学"以西解中"之"选出而叙述之"范式,致使中国哲学研究同时缺失"中国效度"(Chinese validity)与"哲学效度"(philosophical validity)。此范式下之所谓中国哲学,最终不过是西方哲学之中国分店而已;无中国根底之无根游谈,已成为既往百年中国哲学研究之通病。反观礼教理学之"眉县宗指",一方面,其以礼立教,以《周易》等经学礼义为本,完全基于中国传统文化之主脉、灵魂,因而是"中国的";另一方面,其"知礼成性"之学理,天人合一、体用一源、内外如一,将宇宙论与伦理学、政治学融为一体,因而是"哲学的"。礼教理学兼具"中国效度"与"哲学效度",是学理"合法"的中国哲学研究范式。未来中国哲学之创新,可以尝试继承并发扬"知礼成性"之"眉县宗指",以"新关学"的中国哲学研究范式,取代"选出而叙述之"的

---

① (明)冯从吾:《关学编(附续编)》,第62页。

旧范式。以期通过创造性诠释，用学理"合法"的中国哲学，"为天地立心，为生民立道，为去圣继绝学，为万世开太平"。①

中国哲学始终在古今中西维度中存在。孔子在《礼记·礼运》中说，小康之世，"未有不谨于礼者也"。弘扬关学"眉县宗指"，取礼教儒学的"新视域"认知儒家哲学和中国哲学，对于我们融贯古今、会通中西，"返本开新"地创生出新中国哲学、中国特色新文化，未尝不具有重要的现实意义。

---

① 笔者关于中国哲学学理、范式，以及未来中国哲学创新之道的深入探研，参见王宝峰《重思中国哲学之法：以"中国哲学合法性问题"为中心》，《宝鸡文理学院学报》（社会科学版）2017年第6期；王宝峰《未来中国哲学导论：范式与方法论》，西北大学出版社2018年版。

廖平经学思想研究的新开展

杨世文

（四川大学古籍整理研究所）

吴龙灿

（温州大学人文学院）

摘　要：廖平全集的整理和出版，为廖平研究提供了更加丰富、可靠的文献资料，也为研究的深入、全面、系统提供了可能。对廖平经学思想研究的新开展，需要着力挖掘其在经学史、哲学史、思想史上的意义。以廖平经学思想为个案，探讨近代"古今中西"之争背景下传统儒学面临的普遍问题及其应对方式，着力阐发其时代价值和在近代儒学转型过程中的意义，克服以往研究的片面性，以"同情理解"的立场，对其思想价值与时代意义做出客观的评估。

关键词：廖平　经学思想　新开展

一

廖平（1852—1932），晚清经学大师。其经学思想以"六变"著称，久负盛名。廖平经学自成体系，自从其提出"今古学"的主张以来，即引起学界的重视。俞樾称其所著《今古学考》为"不刊之书"①，康有为也引为同调。而学人江瀚、章太炎、刘师培等则针对廖平之说专门撰文

---

① 廖平《经话》甲编卷1，载舒大刚、杨世文主编《廖平全集》，上海古籍出版社2015年标点本，第1册，第228页。

进行批评与商榷。廖平去世后，冯友兰、钱穆、蒙文通等前辈学者对其经学思想颇有评议。在沉寂一段时间之后，改革开放以来，廖平经学研究又重新受到重视，以黄开国教授为代表的学者发表和出版了不少论著，涉及廖平经学的各个方面，取得了不小的成绩，推动了研究的深入。

综观目前学术界关于廖平的研究，除文献整理以外，主要集中在其"经学六变"、经学成就、廖平与经学终结、廖平与廖康的关系等方面。首先，关于廖平"经学六变"，有林淑贞的《廖平经学六变所建构的历史图像》[1]、黄开国的《廖平经学六变的发展逻辑》[2]、舒大刚的《廖季平经学第三变变因刍议》[3]、吴仰湘的《论廖平1880年并未转向今文经学——"庚辰以后，厌弃破碎，专事求大义"辨析》[4]等论文，主要讨论了廖平经学的总体特点、"六变"原因、时期划分和嬗变逻辑等问题。其次，关于廖平的经学成就，以黄开国的《廖平评传》[5]、李耀仙的《廖平与近代经学》[6]、陈德述等的《廖平学术思想研究》[7]、陈文豪的《廖平经学思想研究》[8]、赵沛的《廖平春秋学研究》[9]、崔海亮的《廖平今古学研究》[10]、魏彩莹的《经典秩序的重构：廖平的世界观与经学之路》[11]等为代表，对廖平的治学宗旨、治经方法、思维方式、哲学内涵、思想价值、学术贡献和局限性做了分析，其中评传和专著基本上以廖平"经学六变"为纲，对其在各个时期的思想进行宏观概括和总结。再次，关于廖平在中国经学史上地位，涉及汉代今古文学、清代汉学和近代经学、蜀学等方面，

---

[1] 参见林淑贞《廖平经学六变所建构的历史图像》，《中国学术季刊》1997年第18期。
[2] 参见黄开国《廖平经学六变的发展逻辑》，《四川大学学报》（哲学社会科学版）1992年第2期。
[3] 参见舒大刚《廖季平经学第三变变因刍议》，《社会科学研究》1998年第4期。
[4] 参见吴仰湘《论廖平1880年并未转向今文经学——"庚辰以后，厌弃破碎，专事求大义"辨析》，《湖南大学学报》（社会科学版）2009年第3期。
[5] 参见黄开国《廖平评传》，百花洲文艺出版社1993年版。
[6] 参见李耀仙《廖平与近代经学》，四川人民出版社1987年版。
[7] 参见陈德述等《廖平学术思想研究》，四川省社会科学院出版社1987年版。
[8] 参见陈文豪《廖平经学思想研究》，台北：文津出版社1995年版。
[9] 参见赵沛《廖平春秋学研究》，巴蜀书社2007年版。
[10] 参见崔海亮《廖平今古学研究》，岳麓书社2014年版。
[11] 参见魏彩莹《经典秩序的重构：廖平的世界观与经学之路》，台北：联经出版事业股份有限公司2018年版。

其中尤以蒙文通的《井研廖师与汉代今古文学》①和《廖季平先生与清代汉学》②，以及冯友兰的《中国哲学史》③、钱穆的《中国近三百年学术史》④所论为代表。最后，关于廖平对近代经学的影响，学界集中论述了廖平与近代今文经学的关系、影响及其在近代经学史上的地位与价值，以黄开国的《从廖平的经学看经学在近代的转型》⑤、陈其泰的《廖平与晚清今文经学》⑥、王汎森的《从经学向史学的过渡——廖平与蒙文通的例子》⑦等为代表。

从以上研究内容来看，迄今学界的讨论主要集中在廖平的"经学六变"、经学思想、价值、地位及与康有为的纠葛，其中以廖平经学"前二变"（即"今古学"）的探讨为主，可以说成绩斐然。不过，总的来看，对廖平经学思想的研究基本上还是局部的，或专注于某个方面，或侧重于某部经典，而对于廖平经学思想的整体建构、廖平经学思想与近代西学、廖平经学思想与晚清学术嬗变、廖平经学思想与近代儒学转型等问题的研究，还存在不小的讨论空间。

众所周知，廖平虽然"长于《春秋》，善说礼制"⑧，然而他的经学思想是建立在遍通群经基础之上的，而目前学界主要重视其《春秋》学，显然失之片面。当然，造成这种状况的一个很重要的原因，是对廖平经学文献整理的滞后。由于廖平著作繁富，加之其经学思想多变，议论离奇恍惚，惊世骇俗，客观地造成了研究上的困难。因此廖平经学文献的整理，应该是将廖平经学思想研究推向深入的先决条件。好在集廖平经学著述大成的《廖平全集》已经出版，为课题的开展作了充分的文献准备。因此对廖平经学思想的研究，有更加丰富可靠的文献资料可资利用，

---

① 参见蒙文通《井研廖师与汉代今古文学》，《新中华》1933年第12期。
② 参见蒙文通《廖季平先生与清代汉学》，《国风半月刊》1932年第4期。
③ 参见冯友兰《中国哲学史》，商务印书馆1934年版。
④ 参见钱穆《中国近三百年学术史》，商务印书馆1937年版。
⑤ 参见黄开国《从廖平的经学看经学在近代的转型》，《西华大学学报》（哲学社会科学版）2010第2期。
⑥ 参见陈其泰《廖平与晚清今文经学》，《清史研究》1996年第1期。
⑦ 参见王汎森《从经学向史学的过渡——廖平与蒙文通的例子》，《历史研究》2005年第2期。
⑧ 刘师培语，转引自蒙文通《井研廖季平师与近代今文学》，《学衡》1933年第79期。

较之前人获得了更大的便利，这为研究的深入、全面、系统提供了可能，同时也具备了开展廖平经学思想研究的新条件。

我们认为，对廖平经学思想的嬗变及其价值的分析，需要着力挖掘其在经学史、哲学史、思想史上的意义。研究方法上应以廖平经学思想的变化过程为纲，贯穿群经，史论结合，宏观与微观结合，通过"知人论世"的方式，对廖平经学思想进行全方位的勾勒。希望以廖平经学思想为个案，探讨近代"古今中西"之争背景下传统儒学面临的普遍问题及其应对方式，着力阐发其时代价值和在近代儒学转型过程中的意义，克服以往研究的片面性，以"同情理解"的立场，对其思想价值与时代意义做出客观的评估。

二

张之洞、王闿运作为廖平的学术前辈和导师，对廖平的学术生涯产生了第一推动力。张之洞是近代洋务运动的领袖，其"中学为体，西学为用"的中西文化观，为廖平所服膺。至于王闿运对廖平的影响，则主要体现在"通大义""明辞例"的治学方法与门径上。廖平虽然祖籍西蜀，然而他一生的足迹北至山西、南达广东、东及上海，他的学术交游圈并不狭窄。廖平与康有为、刘师培的学术交往，与同时代的俞樾、江瀚、吴之英、宋育仁、吴虞、伍肇龄、张森楷、龚道耕、向楚等学者之间的互动，以及廖平与其门人黄镕、施焕、季邦俊、任峚、蒙文通、李源澄等人之间的学术关系，都有助于我们理解廖平经学思想赖以生长的学术环境。

廖平经学多变，时风与世风的影响不容忽视。近代思想文化上的争论，概而言之，其最大者无非"古今中西"之争。深入分析廖平所置身的学术传统和学术背景，对于全面准确地认识其经学思想至关重要。廖平身处近代"古今中西"冲突的大时代中，他所浸润的学术传统，除了蜀学之外，还包括宋明理学、乾嘉汉学及晚清今文经学。而他身处的学术背景，则是"西学东渐"及"近代新学"。廖平试图构建自己的孔经哲学思想体系，因此他对汉唐以来的学术多有针砭，在批评旧经学的同时，提出自己的新经学建构。他强调治经学的任务并不在于训诂、小学，也不在于考据、义理，而在于"明经例""通制度"。正如王汎森所说："（廖平经学）超越个别名物度数或一部一部经典，对各经之间的相互关系作跨文本的综览与比较。"① 廖平特别强调："经学之要在制度，不在名物。"② 对制度的重视，这是他揭橥的新经学与宋学、清代汉学的根本区别所在。对于这一点，即使与他治经异趣的刘师培也承认，廖平"长于《春秋》，善说礼制。洞彻汉师经例，自魏晋以来未之有也"③。廖平于光绪二十年（1894）致康有为信中说："经学有经之根底门径，史学亦然。"④ 如果说"明经例"是进入经学殿堂的钥匙，那么在廖平眼里，"通制度"无疑是经学的根底与核心。尽管廖平经学多变，这一主旨则是他反复强调、始终坚持的。如果追溯近代"制度儒学"的源流，廖平无疑有"导夫先路"之功。

廖平经学思想在晚清独树一帜，还有一个重要标志是他建构了一套特有的话语体系。诸如"新经俟后""空言垂教""验小推大""遗貌取神""小统大统""人学天学""进化退化"，都是极具创新性的话语，对于理解廖平经学思想至关重要。随着西方新学术思想的传入，廖平也把西学中民主、人权、自由、宗教、信仰、地球等话语纳入自己的经学体系中，力图构建一个兼容古今、包罗中西、放之四海的经学新体系。廖平经学的话语体系，既有传统汉学、宋学的影响，也有清代考据学的影响；既有对中国传统经学话语的继承，也有对西方传入新知识、新思想的吸收，表现出比较复杂的形态。廖平在建立其经学话语体系的同时，也形成了他独有的经学诠释方法。

三

廖平经学思想经历"六变"：第一变"平分今古"；第二变"尊今抑古"；第三变"小统大统"；第四变"人学天学"；第五变"天人大小"；

---

① 王汎森：《从经学向史学的过渡：廖平与蒙文通的例子》，《历史研究》2005年第2期。
② 廖平：《经话》甲编卷2，载舒大刚、杨世文主编《廖平全集》，第1册，第246页。
③ 高师培语，转引自蒙文通《井研廖季平师与近代今文学》，《学衡》1933年第79期。
④ 廖平：《致某人书》，载舒大刚、杨世文主编《廖平全集》，第11册，第663页。

第六变以《黄帝内经》的"五运六气"解《诗》《易》。其学"六变",实际重点在于"前四变",第五变、第六变只不过是"前四变"的衍化而已。正如他本人所言,多变之中,有不变存焉。如果归纳"经学六变",又可以浓缩为三个核心问题:今学与古学("今古学")、小统与大统("小大学")、天学与人学("天人学")。以往重视对廖平经学"前两变"的"今古学"研究,实际上是不全面的。廖平经学第三变已经明确表示放弃了"今古学",戊戌之后不再讲"今古学"了,而转向"小大学""天人学"。由此可见"今古学"仅仅代表廖平的早期学术思想;由"今古"到"小大",再到"天人",廖平的经学思想层层递进,每变愈上,极富时代色彩,应当放在近代儒学转型的背景下来进行观照。相应地,对于廖平经学思想的演变脉络,需要做出新的诠释;对于廖平早期、中期、晚期的经学思想及其价值,应当重新加以评估。

备受学界关注的"今古学",其实只是廖平早期的经学主张,大体上不出传统经学的研究范围,"今古学"不能代表廖平经学思想的全部。今学、古学之争,既与两汉经学学术史相关,也是乾嘉汉学与晚清今文学两大学术阵营论争的重点。廖平经学第一变、第二变对"今古学"进行考辨,将两千年前汉代经学史上的一段公案进行重新检视,否定了以文字、官私等为区分标准,提出以礼制分今、古,的确具有廓清迷雾之功。然而不可否认的是,廖平提出的这个区分标准,也存在着不少需要检讨的地方,廖平本人也不能完全自圆其说,因此才有始而"平分今古",继而"尊今抑古"的变化。究其原因,除了学界外来的质疑之外(如章太炎、刘师培等人的批评意见),其"今古学"本身也包含着一些无法弥合的矛盾,并非放之四海而皆准。因此到光绪二十三年(1897),廖平不得不放弃"今古学",拟将"化同今古",泯灭今、古界限,提出"大统小统说"替代"今古学"。其孙廖宗泽在《年谱》中说:"先生此时今古之界已泯,群经传记统归一律。"[①] 这正是廖平经学思想的一次重大转向,标志着他从传统经学的学术考辨向着重阐发新经学思想的转折。然而吊诡的是,学界似乎对廖平早年的"今古学"情有独钟,而对第三变之后

[①] 廖宗泽:《六译先生年谱》,载舒大刚、杨世文主编《廖平全集》,第 15 册,第 5—8 页。

的学说则关注不多，甚至以为其"无价值"而有意忽视或贬斥，这既有违"知人论世"的学术要求，也不符合廖平经学思想的实际。

事实上，廖平在"戊戌变法"之后的经学思想，更能够体现出在"古今中西"之争这个大时代下，他对中华文化主体性的认识和对儒学近代转型的探索。廖平经学的第三变、第四变，由"今古学"转向"小大""天人"之学，代表了其思想发展的中期阶段。这时他突破了传统经学的学术范式，着力阐发以政治哲学为主要内容的经学思想，从而由经学学者转型为经学思想家。第三变"大统小统说"，"以《周礼》为根基，以《尚书》为行事，亦如《王制》之于《春秋》，而后孔子乃有皇帝之制，经营地球，初非中国一隅之圣"。通过对经典的重新诠释，他以进化史观为理论武器，将六经分小、大，"以《易》《诗》《书》《春秋》分配皇、帝、王、伯"，把儒家王道政治理想的适用范围，通过"验小推大"的方法，从中国拓展到全球，从而证明"孔子乃得为全球之神圣，六艺乃得为宇宙之公言"①。廖平改"古今"为"大小"，正是为应对"戊戌变法"之后"世变之亟"的经世情怀而在理论上进行新的探索和建构。随着20世纪的到来，廖平经学思想又辟新境，向前推进。他综合运用诸子、山经、楚辞、佛道、内经及中西天文地理知识，提出"人学"与"天学"的理论建构。1913年出版《孔经哲学发微》，集第三变、第四变之大成，阐明"经、史之分""语、文之别"②，由人企天，预言人类世界和宇宙进化与退化的进程。在当时"中西古今"之争愈演愈烈的大背景下，廖平关心的是以儒学（孔学）为核心的中华文化的命运及未来走向。他坚信孔经的价值，以孔子及六经（孔经）为核心，把中国文化各个领域融会贯通，统归孔门，认为无论中学、西学皆以孔经为源头，孔子不仅为中国立法，而且为全球立法、为宇宙立法，从而创立惊世骇俗的"大统小统说"和"天学人学说"，确立了其思想家、哲学家的地位。廖平也是中国近代最早使用"哲学"一词来建立自己思想体系的学人之一。辛亥

---

① 廖平：《四益馆经学四变记·三变记》，载舒大刚、杨世文主编《廖平全集》，第2册，第889页。

② 廖平：《孔经哲学发微·尊孔总论》，载舒大刚、杨世文主编《廖平全集》，第3册，第1066页。

革命之后，廖平经学思想发生第五变、第六变，标志其经学思想进入晚期阶段。他在综合完善自己早期、中期经学学术和思想成果的基础上，将"大小说"与"天人说"做了新的综合，创立了"天人大小说"，以突显中国文化的主体性，开出"天人圆满"的宇宙新境界。至此，廖平的孔经哲学思想体系得以圆成。①

四

综观廖平的经学思想，我们可以用"今古""小大""天人"三大主题来加以概括。需要指出，廖平经学思想体系中这三大主题并非彼此孤立，而是互融涵摄，层层递进，每况愈上的，从而构成其尊孔尊经、首尾一贯的孔经哲学思想体系。在这个思想体系中，"今古学"是对经学史的重新厘定，意在解决学术史上今古文之争的问题。"小大学"则通过化"古今"为"小大"，将历史上的"大九州说"与"地球"的新义相结合，探讨"大统"世界与孔子经制，以"王道"与"帝德"区分"小统"与"大统"，通过"验小推大"，以孔子经典规划全球治理。"天人学"则是面向未来的经学，将六经分天人，分别面向人类社会和未来宇宙。通过对"今古""小大""天人"这三大主题的阐发，廖平不仅完成了经学史的重构，而且把整个世界、人类社会及宇宙太空都纳入了孔经哲学的解释体系。孔经不仅适用于中土禹域，而且适用于瀛海全球；孔经不仅规定了人类社会的发展方向，而且也蕴含了宇宙未来的密码。

"今古""小大""天人"三大主题，无疑是廖平经学思想体系的主干和经线。在这三大主题统摄之下，廖平广泛地讨论了经学与史学、六艺与诸子、中学与西学等重大学术与理论问题。

"经史之辨"是廖平讨论的一个重点，也是其建构孔经哲学思想体系的一个基石。既然六经是孔子对人类社会发展方向的伦理规划与制度安排，它就不是以往历史的真实记录，而是对未来的设计。对于经典，廖

---

① 参见吴龙灿《廖平新经学转型及其意义——以中国哲学主体性建构为中心》，《宜宾学院学报》2013年第8期；《首尾一贯的孔经哲学体系建构——廖平新经学分期新说论析》，《宜宾学院学报》2013年第11期。

平认为是神圣的,所谓"秦火经残"之说不可信,经典是完美自足的系统,孔经并没有残缺,每个字都有微言大义。学者治经,一定要心存"经全"之念,摒弃"经残"之邪说,专心致志,用心探求,才能理解经书中的微言大义。基于这样的认识,廖平围绕经与史的分界问题,做了相当多的阐发,广泛讨论了尊经与知圣、旧史与新经、大义与微言、述古与俟圣、退化与进化等问题,并提出经学改良的主张。治经学必先探明"微言",即素王为后世"制作"之义。如果仅仅以史学眼光去读经,是不知圣人神化。故廖平强调"知圣",反对"学圣",要明辨"述"与"作"之分,知圣人"制作"之意。廖平非常认同进化论,认为人类文明"先野后文,进化公理,人事所必经,天道不能易"①,因此他不赞成所谓尧舜禹三代的"黄金时代"之说。人类社会的发展一定遵循从野蛮到文明的进化规律,同时文明开化的疆域也会由小到大,由中国推向全球,由人类社会推向整个宇宙;孔子为后世所做的"立法"将在未来逐步实现。从历史本身来看,古帝王并非虚无,而是实实在在地存在的;但是从文明程度来看,无疑后胜于前,故而廖平说"古帝王非无其人,而文明程度则后来居上"②。廖平反复论证孔子"作新经"是为"俟后"而作,这不仅体现在政治、伦理安排上,而且也可以在科学技术上得到证明。

诸子学在廖平经学思想体系中的重要地位,为以往研究者所忽视。事实上,廖平为了突显孔子及六经的地位,用了许多篇幅论述六艺与诸子的关系问题。廖平的一个核心论述是,诸子源于六经,百家出自孔学。以此论述为前提,他建构起自己的诸子学理论体系。在诸子百家之中,以儒道二家为大小二统之正宗,其中关于孔子与儒家的关系,是其讨论的重点。廖平力辩孔子不是儒家,儒家只是诸子中的一派。在此基础上,廖平对以儒家自许的汉宋之学进行了尖锐的批评。他认为,汉学、宋学皆有违孔学的宗旨,与孔圣的基本精神相去甚远。至于道家,廖平给予其特殊的地位。在"大统、小统"学说中,道家的地位最为重要,作为

---

① 廖平:《伦礼会成立宣告书》,载舒大刚、杨世文主编《廖平全集》,第3册,第1091页。
② 廖平:《尊孔篇·寓言门》,载舒大刚、杨世文主编《廖平全集》,第2册,第1006页。

百家之一的儒家还在其次。儒家治中国，道家治全球。廖平以"九流"皆出于孔门"四科"：道家出于"德行科"，儒家出自"文学科"。"四科"之中，显然"德行科"要高于"文学科"。通过将道家收归孔门，廖平突显了孔子的至圣地位。诸子之学既然都出自孔学，当然也体现了孔子的制法。借用《庄子》之说，如果说孔学六艺是"道术"，则诸子即为"方术"。六经、六艺作为"常道"，正如五谷、六畜一样；诸子之学，即如中药里的硝黄桂附。廖平说："六艺之外，所以别有九流，亦如饮食之外，别有药物，一常一变，一经一权，天地之间，不能专言饮食而屏绝药物，一定之势也。"① 六艺、诸子，本来同源共贯，故善学者无论六经、诸子，皆可为治世之具。要对治当今世界之病，六经之外，还应当辅以诸子。将来世界大同，必然以学术大同为先导。学术大同之后，再推之于治法，才能"化不同为大同"。

"中学"与"西学"，是廖平经学思想体系中的又一个重要话题。由于西方列强用炮艇撞开了中国的大门，中国被迫加入到全球化的进程之中。面对来势凶猛的西学冲击，如何认识和处理中学与西学的关系，是摆在儒家士人面前的一个严峻课题。随着中国人对西方世界认识的增加，华夏之外还有其他文明存在，是一个再也无法否认的客观事实。廖平与其他某些持保守立场，对西方文明"深闭固拒"的儒生不同，他试图站在儒学的立场上去理解西方、诠释"西学"。这在其经学第三变之后，尤其明显。廖平提倡"西书尤资讲习"②，认为只有了解"西学"，才能知晓彼此的长短。"甲午战争"之后，他接触到大量介绍翻译"西学""西教""西政"的著作。所谓"新理""新学"，是当时人对西学的称呼，相对而言，"中学"则往往被看成"旧学"。在时人眼里，中学主要指"八比"（八股文），"西学"主要指"格致"（科学技术）。廖平由此追问：如果单从发展阶段、工艺巧拙方面谈新、旧，其实中与外各自有其新、旧，也就是各自有其发展阶段，相差或数十级、数百级，因此不能以中外发展不同的阶段来区分新与旧；西学之新，未必非中国之旧，它

---

① 廖平：《大同学说》，载舒大刚、杨世文主编《廖平全集》，第 11 册，第 798 页。
② （清）高承瀛等修，吴嘉谟、龚煦春纂：光绪《井研县志》卷 13《艺文》三《经学守约篇二卷》，光绪二十六年（1900）刻本。

有待我们的慧眼在中国的旧传统中去发现它。与孔子经传相比，现在的"西政""西学"，不过是其中的"百年一日、九牛一毛"①。所以，西学之所谓"新"，在廖平看来是"非新，乃至旧"；而吾人所谓"旧"，其实为"非旧，乃至新"。如果"能舍外人之旧以从事吾固有之新"，才是真正的"新思想"，才是"有规则之哲理"，才能"事半功倍"。② 这个所谓"新思想"，正是他所提倡的孔经哲学，是孔子为后世所立的"空言"，作为未来世界实践之模范。廖平认为，判断文明程度的标准在于伦理，而不在于物质；中西之间的差异，在于文明程度的不同。他告诫，对待西学，不能盲从，必须树立正确的态度。

五

在重新划分了廖平经学思想的发展阶段，讨论了廖平经学思想的三大核心主题，梳理了廖平关于经史之辨、六艺与诸子、中学与西学等问题的论述之后，我们可以就廖平经学思想的时代价值及其在近代儒学转型中的意义作一番评估。

近代西学东渐，对廖平这样的传统知识分子冲击很大。面对真实存在的西方世界和西方文化，廖平不像有些守旧派那样视而不见，或者"深闭固拒"。相反，他站在儒家文化主体的立场上，希望通过发掘儒家经典和中国传统学术资源，努力对其做出合乎经义的解释。廖平借助古代经典、诸子百家文献和西方天文地理、历史知识（如《海国图志》《出使四国日记》《采风记》等），倡言"大统、小统"，对传统的"天下观"作了重新诠释，最终证明中国不仅仍然是世界地理的中心，而且依然是人类文明的中心，从而从地理位置与文明程度两个方面解释了中国与世界的关系。对此，我们应当站在"同情理解"的立场，将廖平的经学思想视为近代儒学面临内外挑战所发生转型过程中的一个环节。

---

① 廖平：《公羊春秋经传验推补证》第3，闵公二年，载舒大刚、杨世文主编《廖平全集》，第7册，第990页。

② 廖平：《群经总义讲义·礼失求野》，载舒大刚、杨世文主编《廖平全集》，第2册，第785页。

廖平特别强调"通经致用""继绝扶危"。在批判汉学、宋学、清学的基础上，提出经学的门径在于"明经例"，根底在于"推礼制"，核心在于"探大义，阐微言"，宗旨在于"宗经""尊孔""保教"，表现出特有的弘道意识与经世情怀。面对儒学的危机，廖平一生为孔经辩护，希望通过自己的阐发，凸显儒学的价值。廖平经学尽管不囿于今文，但其治经方法是今文家的路数。因此，廖平特别重视对"微言大义"的阐发，把素王一义看成是群经统宗，六经纲领，弘道意识极为明显。面对当时"人才猥琐，受侮强邻"，"守旧者空疏支离，维新者废经非圣"①的现实及儒学面临的危机，廖平主张必须"保教"，而"保教"必须尊孔、崇经。要达至此目的，就必须将孔子与普通著述家相区别，将六经与旧史相区别，尊孔子为全球圣人，六经为万世大法。廖平经学辨今古、别大小、分天人，屡变其说，其最终归宿，即在于此。

因此，廖平经学研究的新开展，需要更加全面、系统、深入的进行，克服以往的廖平研究仅仅注重其某一个方面，对其整个经学思想体系重视不足的短板，实现研究上的突破。廖平经学思想有其特有的变化的脉络，正如他本人所言，多变之中，有不变存焉。做孔经的守护者，儒学的辩护人，是他一生的追求。本文对廖平经学思想的演变提出了"分期新说"，在此基础上，我们对廖平经学思想进行了新的融合，提出廖平虽然主张"经学六变"，但其核心思想可以浓缩为三个问题：今学与古学、小统与大统、天学与人学。"平分今古"解决两汉经学的分派问题，学术意义自有定论；"尊今抑古"虽然极力抬高了孔子的地位，但以古文为伪经，容易造成儒学内部今、古文之间的争讼互斗，终有割裂六经、分裂儒学之嫌。故他另辟路径，最后泯灭今古界限，打通今学、古学，实现了"群经大同"，将孔经看成统一的整体，尝试探寻孔学的世界意义及其未来价值，从而达到突显儒学文化的主体性、增强民族文化自信的目的。通过对廖平经学思想发展演变的逻辑进行梳理，我们对廖平在经学思想上屡变其说，自有同情之理解。

廖平经学思想中具有非常强烈的弘道意识。晚清西学的传播，使廖

---

① 廖师慎等：《家学树坊·附〈致鋜室主人书〉》，黄镕、胡翼等公拟，载舒大刚、杨世文主编《廖平全集》，第3册，第1255页。

平这样的中国儒生开阔了视野。他力图了解西方，理解西学。但是，作为一位孔子的忠实信徒，他必须严守儒学疆界，站在儒家的立场上去解释世界，将西学纳入中国经典的知识体系。廖平基于"合通群经"与"以经释西"的考量，因而提出"大统小统说"，证明地球千奇百怪、世界千变万化，不出孔经范围。廖平认为判断文明程度的标准在于伦理，而不在于物质；中西之间的差异，在于文明程度的不同。人类社会的发展演进，孔子早已前知，孔子为全球神圣，孔经为世界大法。进而又有"天学人学"的提出与完善，将经学涵盖的范围从"六合之内"扩大到"六合之外"。"经学六变"层层转进，标志着廖平完成了对经学的重构。经学不仅规划了全球的过去、现在与未来，而且扩大到整个宇宙。孔子成为教主，儒学变成孔教。虽然其说在今天看来未免有些迂腐，然而廖平的经学思想中始终贯穿的"弘道意识"，仍然有一定的价值。

　　与一些学者的判断不同，我们发现廖平经学思想并非纯粹"书斋中的学问"，而有十分明确的"经世"倾向。"经世"是儒家文化最重要的传统之一。从孔子"汲汲求用""为东周""作木铎"，到孟子"平治天下，舍我其谁"，可谓一以贯之。汉代以后，儒术独尊，"通经致用""以经术饰吏治""致君尧舜上""以天下为己任"，更是儒者的理想。儒学本质上是一种入世之学、治世之学。当然，从儒学发展的实际而言，既有"载之空言"的"理论型"儒者，也有"见诸行事"的"实践型"儒者，但更多的情况是二者兼具。无论"载之空言"还是"见诸行事"，其"经世""资治"的特点则是共同的。所谓"经世"，内涵非常丰富，其应有之义可含以下几个层面：一是积极入世的价值取向；二是经邦治国的用世理想；三是追求正义的批判意识；四是悲天悯人的救世情怀；五是以天下为己任的担当精神。儒者有一于此，即可谓有"经世"情怀。故我们不能仅仅把廖平看成一位不通时务的腐儒，而是具有强烈"经世"意识的近代大儒。

　　冯友兰写于20世纪30年代的两卷本《中国哲学史》以廖平为殿军，把他作为"经学时代"的终结。① 事实上，即使廖平经学已经成为历史的陈迹，但作为中国传统学术的表现形式之一的经学还将继续传承和延续。

---

① 参见冯友兰《中国哲学史》，商务印书馆2001年版，下册。

廖平生活于近代"古今中西"之争最激烈的时代，传统儒学面临着十分严峻的挑战。廖平经学思想的变迁实际上是儒学在近代转型的一个缩影。面对新的世局、新的时代，儒学如何走出困境寻求新生，当时许多像廖平这样的知识分子都在思考、在探索，甚至在行动。20世纪新儒学的崛起，与他们这些人的努力是一脉相承的。对此，我们应该加以特别的重视，这也是研究廖平经学思想的意义所在。

廖氏经学，既是旧经学的终结，又未尝不是20世纪新儒学的先声。廖氏一生为孔经辩护，面对儒学的危机，希望通过自己的阐发，凸显儒学的价值，并努力使儒学与时代合拍。他所面对的问题，在当今依然存在。在"天下一家"的全球化时代，如何延续自己的文化传统，保持自身的文化特性，珍视固有的传统资源，正确处理本土文化与外来文化的关系，都是需要认真对待的课题。而廖平所提出的解决之道，虽然"徒托空言"，也未尝不值得我们研究和反思。

总之，应当将廖平经学思想放在儒学大传统和时代大背景之下，全面系统地进行梳理、诠释，并以廖平经学思想的发展演变为线索，结合"时风"与"世风"，探讨近代"古今中西"之争背景下传统儒学的调适与转型，及其对20世纪儒学发展的影响，总结其中可资借鉴的经验教训。通过对廖平经学思想的深入研究，诠释廖平经学思想的内涵、特色、价值与影响，亦可以为我们深入理解当时知识分子的文化情怀提供参照，这对于我们今天如何处理传统文化与现代化的关系，如何处理中西文化的关系，探索中国特色社会主义文化的发展道路，都有一定的参考意义。

廖平经学思想比较复杂。廖平曾说："为学须善变，十年一大变，三年一小变，每变愈上，不可限量。""变不贵在枝叶，而贵在主宰。但修饰整齐，无益也。若三年不变，已属庸才；至十年不变，则更为弃才矣。然非苦心经营、力求上进者，固不能一变也。"① 廖平经学以多变著称，这无疑增加了研究其经学思想的难度。如何从其复杂多变的经学思想中提炼出其一以贯之的核心，并对其经学变迁做出合乎逻辑的诠释，清理其与近代儒学转型之间的必然联系，这是一个难点，也是今后研究需要继续努力的方向。

---

① 廖平：《经话》甲编卷1，载舒大刚、杨世文主编《廖平全集》，第1册，第185页。

企业儒学

当代儒商对儒家思想的创造性转化

黎红雷

（中山大学哲学系）

摘　要：在改革开放中成长起来的当代儒商，将古代儒家的治国理念转化为现代企业的治理哲学，德以治企，义以生利，信以立世，智以创业，仁以爱人，勇于担当。他们践行儒学"道之以德，齐之以礼"的理念，德启善根，教化员工；践行儒学"义以生利，利以平民"的理念，生财有道，依法经营；践行儒学"内诚于心，外信于人"的理念，内外兼修，塑造品牌；践行儒学"智者不惑"的理念，善抓商机，与时俱进；践行儒学"仁者不忧"的理念，关爱员工，服务大众；践行儒学"勇者不惧"的理念，严于律己，以身作则。当代儒商的实践，实现了儒家思想在当代企业中的创造性转化，为传统儒学在当代的继承和发展开拓了"企业儒学"的新领域。

关键词：当代儒商　儒家思想　创造性转化

儒家思想作为治国之道，在中国古代社会延续两千多年，留下了极其丰富的精神遗产。在改革开放中成长起来的当代儒商，将古代儒家的治国理念转化为现代企业的管理智慧，德以治企，义以生利，信以立世，智以创业，仁以爱人，勇于担当，从而实现了儒家思想在当代企业中的创造性转化。

一 德以治企：儒家德治思想的创造性转化

"德治"是儒家治国之道的基本原则。孔子指出："道之以政，齐之以刑，民免而无耻；道之以德，齐之以礼，有耻且格。"（《论语·为政》）其中的"道"是"引导""领导"的意思，"政"指政令，"刑"指"刑罚"，"德"指"德教"，"礼"指"礼法"。至于其中的"格"字，有多种解读，综合起来，可理解为"自我改正而真心归服"。如此，孔子原话的大意是：用政令来引导他们，用刑罚来规范他们，民众只是被迫免于犯罪，内心却没有羞耻感；用德教来引导他们，用礼法来规范他们，则民众不但有羞耻感，并且能够自我改正而真心归服。当然，儒家也并不是主张完全可以不要刑律，不要政法，只不过他们看到："教之以政，齐之以刑，则民有遁心。"（《礼记·缁衣》）为了更好地维护社会的稳定，扩大统治的基础，儒家把道德教化放在国家管理的首位。显然，在儒家看来，道德比起刑法，更容易获得民心，从而更容易取得良好和持久的管理效果。正如孟子所言："以力服人者，非心服也，力不赡也；以德服人者，中心悦而诚服也，如七十子之服于孔子也。"（《孟子·公孙丑上》）凭借实力来使人服从的，人家不会心悦诚服，只是因为他本身的实力不够的缘故；依靠道德来使人服从的，人家才会心悦诚服，就好像七十多位大弟子信服孔子一样。儒家"德治"所依靠的，就是这种使人"心服"的工夫。

当代儒商践行儒学"道之以德，齐之以礼"的理念，德启善根，教化员工，从而实现了儒家德治思想在当代企业中的创造性转化。他们致力于塑造新时期的工商业文明，创立独特的经营和管理机制，把社会、他人、自身利益融为一体，创造了以中华优秀传统文化为底蕴的崭新的管理模式，使中国特色社会主义核心价值观和企业的管理制度融为一体，确立了中西合璧的企业文化。在他们看来，中国文化的内涵就是一个"德"字。"德"是做人应有的规矩、做人最基本的属性，丢掉了这个根本，人在处理事情，处理人与社会、与自然的关系的时候，无论做官、经商，还是做学问，都会出现大麻烦。以"德"为根本，每个人都会严格要求自己。

孔子指出:"君子之德风,小人之德草。草上之风必偃。"(《论语·颜渊》)在儒家看来,领导者的职责就是以身作则,教化民众。管理就是教化,管理者就是教化者,管理的过程就是教化的过程。领导者受到教化就能爱护民众,民众受到教化就能发动起来,努力实现组织的目标。为此,当代儒商提出"三为一德"的理念。第一是"为人之君",就是要有君子般的风度和君王般的责任。须知领导是一种责任,而绝不是一种简单的荣誉和待遇。企业领导者必须对企业负责、对员工负责、对社会负责,切实承担起"一家之长"的职责。第二是"为人之亲",就是要像对待亲人那样对待自己的下属。管理者对待每一位下级,都要有"如保赤子"般的感情。企业领导者对自己的员工要有亲情般的关爱,遇事替他们想一想,为他们排忧解难。这里关键是一个"诚"字。只有以亲情般的诚心对待下级,对待周围的人,工作才会做好。第三是"为人之师",就是为人师表,率先垂范。企业文化建设,干部以身作则很重要。要求大家做到的,自己先要做到;要求别人不做的,自己首先不要做。所以,管理者要加强自身的修为与学习,进而对员工进行教化。"为人之君""为人之亲""为人之师",这三句话构成了一个"德"字。在当代儒商看来,"德"是一个领导者、一个合格的管理者的基本素质和风范,以"德"平天下人心。

二　义以生利:儒家义利思想的创造性转化

儒家主张"义以生利",把治国理政当作精神价值创造物质价值、精神价值制约物质价值的过程。在价值认识上是"见利思义",《左传·昭公三十一年》指出:"是故君子动则思礼,行则思义;不为利回,不为义疚。"一个以精神追求为最高价值的管理者,行动要想着礼,办事要想着义;不做贪图利而违背礼的事情,也不要因为不合于义而感到内疚。在行为准则上是"取之有义",孔子指出:"富与贵,是人之所欲也;不以其道得之,不处也。贫与贱,是人之所恶也;不以其道得之,不去也。"(《论语·里仁》)富裕和尊贵,是人们所欲望的;如果不依正当的途径去得到它,以精神追求为最高价值的管理者就不会接受。在实际效果上是"先义后利",荀子指出:"先义而后利者荣,先利而后义者辱;荣者常通,辱者常穷;通者常制人,穷者常制于人。"(《荀子·荣辱》)把义放在首位然后取利的,就可以荣耀相随、处处通达;把利放在首位而后才求义的,就耻辱困扰、窘迫交加、受制于人。在价值评判上是"义利合一",荀子指出:"义与利者,人之所两有也。虽尧舜不能去民之欲利,然而能使其欲利不克其好义也,虽桀纣亦不能去民之好义,然而能使其好义不胜其欲利也。故义胜利者为治世,利克义者为乱世。上重义则义克利,上重利则利克义。"(《荀子·大略》)无论是义还是利,都是人们所不可缺少的,英明的管理者如尧舜也不能排除人民的物质需要,昏暗的管理者如桀纣也不能禁止人民的精神追求。这些论述,全面地展现了儒家义利观的丰富内涵。

当代儒商践行儒学"义以生利,利以平民"的理念,生财有道,依法经营,从而实现了儒家义利思想在当代企业的创造性转化。他们基于儒家的义利观,以"利他主义"为基础,形成了自己的经营哲学。在他们看来,考量企业成功的重要准则,不是自己有没有成功,而是客户有没有因为自己而成功?如果自己过早地成功了,客户就不会成功。当然,如果能够做到一起成功最好,但是只有一条路的时候,你要放弃什么?那就是放弃自己的利益,让别人先成功。这是21世纪经营企业的普遍原则。20世纪经营企业要用好信息技术(IT,Information Technology),21世纪经营企业则要用好数据处理技术(DT,Data Technology)。两者有巨大的区别,数据处理技术代表这个世纪最了不起的主义——利他主义。相信别人要比你重要,比你聪明,比你能干,相信只有别人成功你才能成功。21世纪的企业经营之道一定是从以自我为中心,变成以他人为中心。

孔子指出:"邦有道,贫且贱焉,耻也;邦无道,富且贵焉,耻也。"(《论语·泰伯》)如果天下无道,你通过发不义之财而获得富贵,这是可耻的;但是如果天下有道,你循道而行而获得富贵,这是光荣的。相反,如果天下有道,你不循道而行去创造财富,却自甘贫贱,这在孔子看来也是可耻的。商人作为一种职业身份,只是社会的分工的结果,本身并无贬义。从创造财富的动机与手段来看,商人起码可以分为三个层次:生意人、企业家、儒商。生意人有"三会":会计算、会经营、会赚钱;企业家在此基础上增加了"三有":有勇气、有抱负、有情怀;儒商则在前两者的基础上增加了"三讲":讲仁爱、讲诚信、讲担当。儒商与一般商人的区别,不是不追求财富,而是"君子爱财,取之有道"。儒商就是商界的君子,其职责就是运用儒家商道智慧为社会创造更多的财富。中国的改革开放为当代儒商提供了创造财富、报效国家的机会。由此,当代儒商一方面认识到经商必须赚钱:"为人不可贪,为商不可奸,若要做善事,还是先赚钱";另一方面又认识到并非所有赚钱的生意都做:"赚钱过三关,法律是底线,道德要约束,良心最值钱";而且更进一步认识到要将自己赚来的钱回报社会:"独善非至善,兼济方圆满,善心有善报,天地大循环"。

三　信以立世:儒家诚信思想的创造性转化

诚信是儒家的道德范畴。所谓"诚",就是真实无妄、诚实不欺的意思;所谓"信",就是心口合一、言行一致的意思。儒家创始人孔子十分重视"信"德,指出:"人而无信,不知其可也。"(《论语·为政》)孔子的孙子子思则十分重视"诚"德,指出:"诚者物之终始,不诚无物,是故君子诚之为贵。"(《礼记·中庸》)在《礼记·中庸》中,"诚"与"信"开始相提并论:"在下位不获乎上,民不可得而治矣。获乎上有道,不信乎朋友,不获乎上矣;信乎朋友有道,不顺乎亲,不信乎朋友矣;顺乎亲有道,反诸身不诚,不顺乎亲矣;诚身有道,不明乎善,不诚乎身矣。"孟子沿着子思的思路,进一步明确地将"诚"与"信"联系起来,说道:"彼以爱兄之道来,故诚信而喜之。"(《孟子·万章上》)荀子也将"诚"与"信"结合起来,说道:"诈伪生塞,诚信生神,夸诞生惑。"(《荀子·不苟》)从此,诚信作为一个表达"内诚于心而外信于人"的重要道德范畴,成为人们立身之本、交往之道、治国之要和事业之基。

当代儒商践行儒学"内诚于心,外信于人"的理念,内外兼修,塑造品牌,从而实现了儒家诚信思想在当代企业的创造性转化。他们基于儒家的诚信思想,提出"人品、企品、产品,三品合一",以员工高品行的人品,形成高品位的企品,生产出高品质的产品。这样的品牌观念,追求的是消费者百分百的安心,体现的是企业对消费者的承诺与责任,赢得的是消费者对品牌的信赖与赞誉，是一种更为高超的品牌营销学。企业要经营，要生存，要盈利，经营之道是什么？《论语》里面有一句话叫"修己以安人"，表面上看好像和经营没什么关系，但事实上，这是最根本的经营之道。"修己"，有两个主体，一个是企业家自身，另一个是全体员工。每一个人都要"修己"，修身心、尽本分；然后是"安人"，让人心安定。"安人"主要有两个对象群体，一个是员工，另一个是顾客。如果自己修炼好，同时把顾客、员工安顿好，企业还会不成功？还会没有利润吗？

儒家经典《周易·乾·文言》指出："君子进德修业。忠信，所以进德也。修辞立其诚，所以居业也。"讲求忠贞守信，就能增进道德；检点言辞行为、树立诚信威望，就能成就事业。《荀子·王霸》针对当时社会各个阶层而提出诚实守信的具体要求，其中提到：商人老老实实，没有欺骗行为，那么商人安业，财货通畅，国家的各种需求就能得到供应；工匠忠诚信实，就不会粗制滥造，那么器械用具就做得轻巧灵便，而资材也不会缺乏了。《孔子家语·鲁相》曾有"鬻牛马者不储价，贾羊豚者不加饰"之语，意思就是说，从事商业经营活动的人员不要违反职业道德而乱涨价和卖假货。《孟子·滕文公上》说："虽使五尺之童适市，莫之或欺。"这种"童叟无欺"的要求，成为传统商道诚实经营的思想渊源。当代儒商发扬传统的诚信精神和职业道德，在"内诚于心"方面，将传统美德"仁义礼智信"转化为现代企业和企业员工的行为准则。"仁"就是宽容待人，关爱友善；"义"就是处事公平，维护正义；"礼"就是尊重他人，谦逊礼让；"智"就是崇尚智慧，不断学习；"信"就是诚实守信，赢得信誉。在"外信于人"方面，当代儒商认识到：品牌的含义就是定位品牌在消费者心目中的感觉；品牌的口碑，就是消费者对品牌的信赖与赞誉；品牌的追求，就在于消费者百分百的安心。为了让消费者安心，就要真心帮助顾客解决问题，诚心站在顾客的角度思考，贴心为顾客提供服务，全心关怀顾客幸福，以专业知识说服消费者，以至诚服务感动消费者，以儒家文化感染消费者，从而用真诚赢得顾客。

四 智以创业:儒家明智思想的创造性转化

"时中"是儒家之智的重要体现。与很多人心目中儒家的"保守"形象不同,真正的儒家其实是主张与时变化、趋时而动的。现代新儒家学者方东美曾以人格类型拟喻中国古代哲学思想流派之格局,他将儒家称为崇尚"时""中"的"时际人";将道家称为崇尚"虚""无"的"太空人";称佛家为崇尚"不滞""无住"的"时空兼综而迭遣者"。方东美先生指出:"儒家代表典型之时际人,意在囊括万有之一切——无论其为个人生命之尽性发展,天地万物自然生命之大化流衍,社会组织之结构体系,价值生命之创造成就,乃至性体本身之臻于终极完满等等——悉投注于时间之铸模中,而一一贞定之,使依次呈现其真实存在。问题的关键是:何谓时间?最简单之答复曰:时间之本质在于变易。"① 儒家的时变观,一是"顺时而变":"虽有智慧,不如乘势;虽有镃基,不如待时。"(《孟子·万章下》)抓住有利的时势,顺时而变,乘势而上,从而收到事半功倍的效果。二是因变而变:"时止则止,时行则行,动静不失其时,其道光明。"(《周易·艮·彖传》)主动地因应时势的变化而变化,根据现实的时势而做出正确的决策。三是权宜而变:"圣人执权,遭时定制,步骤之差,各有云设。"(《后汉书》卷52附《崔寔政论》)做人的最高境界,就是通权达变,即要依一定的时势(包含时间、地点、条件等要素)而转移。四是"时中"之变:"君子之中庸也,君子而时中。"(《礼记·中庸》)中庸就是合适,就是通过与时变化的途径而达到合适的目的。五是不变之变:"易一名而含三义:易简一也;变易二也;不易三也。"(郑玄:《易论》)"变易"的过程中有恒常之秩序,变而不乱、变而有常。

当代儒商践行儒学"智者不惑"的理念,善抓商机,与时俱进,从而实现了儒家明智思想在当代企业的创造性转化。他们致力于成为"时代的企业",随着时代变化而不断变化。在他们看来,只有时代的企业,

---

① 方东美:《中国哲学之精神及其发展·原始儒家》,《方东美集》,群言出版社1993年版,第275页。

没有成功的企业。企业都想长盛不衰，但实际上很难，很多企业都是昙花一现。即使这个企业成功了，它也只不过是踏上了时代的节拍。所以说，企业应该是时代的企业，也就是说跟上了时代前进的步伐就是成功的企业。儒家经典《周易》所包含的"三易"，就是"变易""不易""简易"，非常适合市场的原则。"变易"就是市场万变，企业应该变到它的前面去；"不易"就是对用户的真诚，这个是永远不变的；"简易"就是所有的管理都应该是最简化的，用最简化的方法去应付最复杂的事务。这就是最高的智慧。中国最高的智慧是"中庸"，应该找到一种方法，这就是《礼记·中庸》当中说的"极高明而道中庸"。

"中庸"是儒家的最高智慧。孔子说："中庸之为德也，其至矣乎！民鲜久矣。"(《论语·雍也》)儒家经典《中庸》则把"中庸"与"时变"结合起来，提出"时中"的概念，既揭示了"中庸"原则的时变性，又展现了"时变"思想的适中性。受此启发，当代儒商提出"创造市场"的观念。所谓"创造市场"，就是不局限于在现有市场中争份额，而是以自己的优势另外创造新的市场，即不去争现有蛋糕的大小，而是重新做一块蛋糕去享受。这也符合《周易》中的"三易"原则："变易"，市场每时每刻都在变化，是动态的，不是静止的；"不易"，万变之中有不变的规律，消费者对产品质量的高标准是永远不变的；"简易"，把市场中纷繁的问题化繁为简、化难为易来解决。《周易·否卦》有句爻辞："'倾否'，而非'否倾'"，意思就是要主动颠覆封闭的局面，而不是被封闭的局面所颠覆。管理上没有最终的答案，只有永恒的追问。"倾否"不是只倾一次、一劳永逸，而是要根据时代不断地颠覆、不断地"倾否"。一个企业永恒的追求，就是要真正变成一个时代的企业。

五　仁以爱人：儒家仁爱思想在当代企业的创造性转化

仁爱是儒家思想的核心。据《论语·颜渊》记载："樊迟问仁。子曰：'爱人。'""仁爱"从哪里开始？儒家的回答是从家庭开始。有子说："孝悌也者，其为人之本欤？"(《论语·学而》)孝敬父母，友爱兄弟，是做人的根本，也是仁爱之心的起点。孟子则将儒家的仁爱之心推而广之，扩展到整个社会，指出："老吾老以及人之老，幼吾幼以及人之幼"（《孟子·梁惠王上》）；甚至扩展到天下万物："亲亲而仁民，仁民而爱物。"（《孟子·尽心上》）从根本来说，儒家追求的是"天下一家"的理想。据《论语·颜渊》记载：孔子的弟子司马牛忧愁地说自己没有兄弟。子夏安慰他说：君子和人交往态度恭谨而合乎礼节，那么"四海之内，皆兄弟也"。沿着这一思路，北宋儒者张载提出"民胞物予"的著名命题。在他看来，天地是人类万物共同的父母，人类和万物共同禀受天地而生。所以"我"和天下的民众都是相互依存的血脉同胞，和天下的万物都是亲密无间的友好伙伴。在这里，已经没有所谓"家人"和"外人"、"熟人"和"陌生人"，乃至"人类"与"万物"的区别。这是孔子仁爱思想的最高境界，也是儒家家庭观的最终目标。

当代儒商践行儒学"仁者不忧"的理念，关爱员工，服务大众，从而实现了儒家仁爱思想在当代企业的创造性转化。他们提出"建设幸福企业"的概念，即把企业当作"家"来爱护和经营，把所有的员工当作"家人"，把社会大众当作"亲人"。第一是"人文关怀"，在企业内部倡导"家"的氛围，像关爱自己的兄弟姐妹一样关爱企业的员工以至他们的父母、子女、家庭。第二是"人文教育"，组织员工学习中华文化经典，教会员工懂得爱和感恩，以典范精神鼓舞人、带动人。第三是"绿色环保"，秉持"4G"理念：绿色设计、绿色采购、绿色销售、绿色制造，在经营生产中践行绿色低碳，注重生态环境的保护。第四是"健康促进"，开展各种主题的健康讲座，提升员工的健康意识；建立员工健康档案，让员工享受健康护理和中医养生理念。第五是"慈善公益"，关爱社会上的困难群体，与贫困地区政府协作，建设幸福校园与幸福乡村。第六是"志工拓展"，鼓励员工加入志愿工作者队伍，通过内求、利他的志工精神，让所有志工有心灵上的成长。第七是"人文记录"，持续记录爱的足迹，多角度记录幸福企业创建中的成长历程。第八是"敦伦尽分"，倡导"人人都是君亲师"的理念，各负其责、各尽其力等。他们清醒地认识到，企业的价值在于员工的幸福和客户的感动。现代社会发展的一个重要推动力量来源于企业，企业已经成为社会的中坚力量，我们要创造一个和谐美好的幸福社会，建设幸福企业大家庭，就是一个很好的途径。

中国人是世界上最重视家庭的族群，儒家学派是世界上最重视家庭的思想学派。中国人的家庭，不仅是生儿育女的地方，而且是生产消费的组织，更是学习教育的场所。《周易·序卦》有言：有男女然后有夫妇，有夫妇然后有父子，有父子然后有君臣，有君臣然后有上下，有上下，然后礼义有所措。在儒家看来，家庭组织是所有社会组织的基础，家庭关系是所有社会关系的前提，家庭制度是所有文明制度的起点。受此影响，当代儒商把公司当作"家"，把员工当作"家人"，自己则当好一位尽职尽责的"大家长"，率领"家人"一起建设"幸福大家庭"。在他们看来，企业是"家"，董事长是"大家长"，董事长像父母一样关心公司高管，爱护每一位员工。管理层也会学习效仿，这就是上行下效，兄友弟恭。管理层关怀员工，员工之间也会相互关爱，像兄弟姐妹一样，彼此关心、彼此爱护、彼此协助。这样的"家"，其成员并没有血缘关系，却获得了血缘家庭所具有的亲密感，实际上是一种"拟家庭化组织"，是对儒家家庭观和仁爱思想的现代弘扬。

六　勇以担当：儒家尚勇思想的创造性转化

儒家之"勇"不是好勇斗狠，而是勇于担当责任，其中也包括"严于律己"的自我责任。孔子主张"过则勿惮改"（《论语·学而》），子贡称赞孔子道："君子之过也，如日月之食焉：过也，人皆见之；更也，人皆仰之。"（《论语·子张》）由此，儒家十分重视"正己正人""修己安人"。孔子指出："苟正其身矣，于从政乎何有？不能正其身，如正人何？"（《论语·子路》）在孔子看来，领导者自身行为正当，就是不下命令，事情也行得通；领导者自身行为不正当，虽然三令五申，下面的人也不会服从。现代美国管理学家德鲁克在1985年为其专著《有效的管理者》一书再版作序时指出："一般的管理学著作谈的都是如何管理他人，本书的目标则是如何有效地管理自己。一个有能力管好别人的人不一定是一个好的管理者，只有那些有能力管好自己的人才能成为好的管理者。事实上，人们不可能指望那些不能有效地管理自己的管理者去管好他们的组织和机构。在很大意义上说，管理是树立榜样。那些不知道怎样使自己的工作更有效的管理者树立了错误的榜样。"①

德鲁克在这里所说的"管理自己"与"领导别人"的关系，用儒家的语言来说，就是"正己"与"正人"的关系。只有"正己"方能"正人"，也就是只有管理好自己才能领导好别人——古今中外的领导智慧在这一点上达到高度的统一。

当代儒商践行儒学"勇者不惧"的理念，严于律己，以身作则，从而实现了儒家尚勇思想在当代企业的创造性转化。他们十分强调企业领导者以身作则。在他们看来，以身作则，不是劝导他人的重要途径，而是唯一途径。以身作则是树立企业文化的根本基础。企业做事，就怕含糊，制度定了却不严格执行。企业立下规矩是要求其全体成员遵守的，而全体成员遵守的关键是企业的领导者要带头遵守。领导者既是一个组织中发号施令的人，也是这个组织中的排头兵——所有的成员都向领导看齐。在军队里，领导应该身先士卒；在企业里，管理者更应该如此。一个领导的执行力是下属执行力的上限。一个公司风气正不正，最关键的还是领导者为人正不正。

据儒家经典《礼记·哀公问》记载，有一次鲁哀公问孔子："敢问何谓为政？"孔子的回答是："政者正也。君为正，则百姓从政矣。君之所为，百姓之所从也；君所不为，百姓何从？"在孔子看来，"政"是一个象形字，就像一个人拿着正确的规矩去规范别人，如果掌握规矩的人本人都不"正"，又怎么能够要求别人"正"呢？因此，严于律己是自我管理和领导别人的关键。儒家强调修身立仁，"非礼勿视，非礼勿听，非礼勿言，非礼勿动"（《论语·颜渊》），要求领导者克制自己的欲望，培育充分的道德自觉，按照社会规范和伦理准则来约束和要求自己，从而发挥良好的榜样激励和价值导向作用。现代西方管理理论也把"自我克制""品德超人"作为领导者的特性和品质之一。当代伦理领导理论更进一步主张，合乎伦理道德的管理者，应采取影响组织道德观与行为的、合乎伦理道德的策略，亦即伦理领导在个人生活和职业活动中均做出道德行为。作为道德型的管理者和领导者，当代儒商通过可见的行为把自己塑

---

① ［美］彼得·F. 德鲁克著：《有效的管理者》，屠端华、张晓宇译，工人出版社1989年版，第1页。

造成角色楷模，设置明确的道德标准，并采取奖惩策略确保这些标准得以执行。在这样的企业里，任何一项制度在发布后都会被坚决地执行。这些制度在实施的过程中，上下都非常重视，任何一个员工都会遵守。任何人如果违反制度规定，都会自觉地去执行惩罚条例。正是因为这样的执行力，才使得企业的各项制度具有相当的威力，保证了各项工作都能顺利进行。就此而言，当代儒商严于律己，无私无畏，由自我管理而具备了个人的魅力，因而也就对下属具有感召力，组织就有了凝聚力，企业就有了勇于进取、敢于拼搏的强大的战斗力。

综上所述，当代儒商对儒家思想的创造性转化，为传统儒学在当代的继承和发展开拓了"企业儒学"的新领域，充分体现了中华优秀传统文化的当代活力。

以儒学为基础培育信任 推进"21世纪海上丝绸之路"建设*

黄兴年

(济南大学商学院)

摘　要：儒学"和为贵"的目标诉求，即使在全球化的今天，仍然是大多数国家人民的不懈追求；尤其是在经济较落后，且有漫长被殖民奴役历史的"21世纪海上丝绸之路"经济带沿线诸国，其既希望获得外来资源、资本、技术促进其经济发展和人民富裕，但又担忧外来投资与文化侵蚀其经济独立和文化自主。为解开这一心结，就需要在推进交通、通信等硬件互联互通的同时，寻找在文化、人文方面作为软件互联互通的纽带与桥梁，而以仁义礼智信为核心的儒学自然更有资格担此重任："21世纪海上丝绸之路"倡议富邻、睦邻和合作共赢的目标与儒学"四海之内皆兄弟"的"和为贵"异曲同工，二者融合更能促进"21世纪海上丝绸之路"经济带沿线国家的互利共赢、价值包容和相互信任。

关键词：儒学五常论　信任焦虑　和为贵　措施选择

以富邻、睦邻和合作共赢为目标的"21世纪海上丝绸之路"的建设，如今已取得了不少成就，诸如在东南亚地区以高铁、河流疏浚航运等基

---

* 本文系山东省社会科学规划项目"产品内国际分工的路径依赖与促进山东产业结构升级的政策选择"（S1056）的阶段性成果之一。

础设施为特色的互联互通取得重大突破，更有中国与东盟诸国货物、服务贸易的快速发展，短短几年时间双边贸易额已从2000多亿美元快速增长至近5000亿美元，但双边经贸关系的进一步发展也面临着一些亟须破除的障碍和矛盾；同时，由于运作机制与具体模式的多样化，导致一些国家乃至沿线个别地区的居民对中国所提出的"21世纪海上丝绸之路"倡议的真实目的存在担忧或猜忌，其实质就是对来自中国的投资、项目开发及文化传播等是否真能促进东道国经济发展、居民福祉改善及其对东道国文化发展、传统价值和思想体系传承等产生积极作用的怀疑，尤其是一些别有用心的利益集团为了个体私利从中挑拨以混淆视听，导致部分居民乃至政府官员不明就里，更增添了沿线部分国家及其居民的担心和忧虑，这不同程度地增加了"21世纪海上丝绸之路"倡议推进的难度，甚至会对在建的项目产生较大的阻力；且这种现象在短期内很难消除。因为该地区的国家多数为中小国家，均有时间长短不同地遭遇过殖民或外来入侵的惨痛经历，致使其对任何外来的政治经济主张或倡议（包括"21世纪海上丝绸之路"倡议）均极为敏感：一方面希望经济快速发展和人民富裕幸福，致使其乐于接受外来的投资、技术与企业参与本国经济建设；另一方面则是担心过多的外来投资、企业介入，有可能会威胁其主权独立或国家文化的自主性，甚至会被别有用心的利益集团蛊惑导致面临新的殖民危险而引发更多的社会焦虑，这必然会影响乃至阻碍"21世纪海上丝绸之路"的健康推进。而缓解和有效化解沿线国家及其居民的类似顾虑和担忧的关键则是需要寻找一种为最大多数国家及其居民认可、信服的价值观与相应的文化，以此作为彼此心灵沟通的桥梁和纽带。这样，"21世纪海上丝绸之路"倡议将会日益被理解、认同和支持。

为此，我们需要从文化和价值共通的角度寻找沿线各国居民共同认可的文化传承和价值观，而强调以仁义礼智信为基础追求"和为贵""和而不同"的儒学完全有能力担当使命。

一 "21世纪海上丝绸之路"建设面临的深层次的隐性困境

我们在建设"21世纪海上丝绸之路"时，不仅要处理好同东道国政府的关系，还需要进一步寻找与民间各种势力、普通民众心灵沟通的桥梁和纽带。毕竟只有找到共同认同的价值观，才能真正做到彼此信任而互利共赢；否则，就会事倍功半而难以成功。

这是因为"21世纪海上丝绸之路"贯通东南亚、南亚、西亚乃至欧洲部分区域，东牵亚太经济圈，西系欧洲经济圈，在这样宽广的地带，任何倡议或战略都不可避免地会面临政治、经济、文化、宗教等多方面复杂因素的制约，因其涉及民族众多、宗教形态各异、民族文化和宗教文化高度多元[①]，致使彼此沟通心灵相通的任务极为困难。若民心不通而难以产生必要的信任，那么，"一带一路"倡议的推进就很有可能由于交通、通信的便捷而导致更加频繁、激烈的部族纠纷、教派与文化冲突，甚至会对以互联互通为基础、以多元化合作机制为特征、以打造命运共同体为目标的新型区域合作机制起到阻碍作用。[②] 由于是在缺乏军事硬实力保障情况下推进"21世纪海上丝绸之路"，对如何运用儒学文化构建良好的国家与企业形象，以促进彼此间的心灵沟通、信任，就显得格外关键。因为只有寻找可以共同遵循的价值观，才有可能心灵相通。但要真正做到心灵相通，仍面临不少困难。

（一）由于"21世纪海上丝绸之路"经济带沿线大多为中小国家，无论从人口数量、经济规模还是政治、军事实力等各方面几乎都同中国存在严重的不对称性，导致个别国家及其普通民众更容易被特殊利益集团所利用或蛊惑。

（二）部分国家对中国富邻、睦邻与合作共赢政策的疑虑影响着其国内民众对"21世纪海上丝绸之路"倡议的认可和信任。

（三）宗教信众较多的国家或地区居民对来自非本宗教的思想、文化和投资、贸易活动往往会持有公开或隐性的怀疑态度，处理不当容易引发更大的阻力和抵制。"21世纪海上丝绸之路"经济带沿线各国大多都有一种或多种宗教，信众更是遍布社会各阶层，其对社会经济活动的影响

---

① 参见纳文汇《"一带一路"建设和重构新南方丝绸之路语境中的宗教文化建设与调适》，《云南社会科学》2015年第5期。

② 参见李向阳《记海上丝绸之路的多元化合作机制》，《世界经济与政治》2013年第11期。

力超出我们的想象。但中国的企业、投资者和各类工作人员基本上没有同宗教信众打交道的成熟经验、知识和办法，这样就有可能因为无宗教信仰者的习惯性思维或倾向性行为选择导致在无意之间冒犯东道国民众的宗教信仰和宗教习俗，从而引发东道国宗教信众的反感，甚至会进一步演化为对来自中国的投资、企业或公民的偏见和抵制。而宗教基本上都拥有更高的教内信任、更良好的教内规范、更密集的教内网络，其信众之间更容易沟通形成一致的行动、价值判断、思想行为准则等，致使其拥有更高的社会资本存量。所以乔安娜·梅赛克认为宗教社会资本是"宗教拥有的共同的价值观、宗教群体成员之间的信任程度、宗教等级及宗教群体的社交程度"①。自然，若我国企业、各类投资者及其工作人员能科学地认识东道国的宗教教义、教规及其仪式等，就可有效地让东道国民众认识富邻、睦邻与合作共赢的价值，这样就能让"21世纪海上丝绸之路"倡议得以推行，并逐步形成良性循环。

这就意味着对上述问题需要认真研究以寻找科学的解决办法，如果处理不当，就会以不同方式直接或间接地产生负面影响，甚至直接给我国正常的投资与经营活动设置有形、无形的障碍，人为地增加我国的市场交易成本。而类似问题或矛盾均不是依靠国家政府的强力支持或企业资本强大、技术先进、市场竞争力强劲所能破解的。解决问题的关键在于寻找到双方心理、价值观和思想沟通交流的纽带，真正做到心灵相通，这正是"21世纪海上丝绸之路"建设所必须破解的根本难题，而具有高度包容性的儒学及其价值传播便成为破解上述矛盾、问题的上佳之选。

二 价值相通与目标诉求一致性使得儒学的广泛传播有助于"21世纪海上丝绸之路"建设获得更多的理解和支持

从根本来说，儒家追求的是"天下一家"的理想，实现"和为贵"，

---

① Joanna Maselko, Cayce Hughes, Rose Cheney, Religious Social Capital: It's Measurement and Utility in the Study of the Social Determinants of Health, Social Science & Medicine, Vol. 73, No. 5, 2011.

即使存在差异与不同，也能达到"和而不同"，而具体的实现方式、手段及背后的思想价值导向则是仁义礼智信。完全可以说，仁义礼智信作为中华优秀传统文化的珍贵遗产，是一面民族传统伦理道德的镜子。即使是在全球化日益深入而导致人们道德观念不断演变的大背景之下，仁义礼智信仍具有普世的文化价值，甚至可以说是中国公司实现走出去战略的根本。这是因为它从心理、行为与道德层面明确规定了个人、社会组织乃至国家的行为规范及相应的行为选择、价值判断标准，能够有机地包容多元文化，真正促进心灵相通而互利共赢。

（一）儒学诚心诚意地与人为善的道德心理、行为规范与价值选举更能满足"21世纪海上丝绸之路"经济带沿线诸国民众的心理诉求。

1. 仁在儒学思想中居于核心地位，要求以仁爱之心处理人与人、人与物之间的关系。也就是说儒学的本源被孔子定义为仁，而孔子所说的仁就是"仁爱"，也就是爱人，爱天下之人。

2. 儒学强调个人、组织必须"见利思义"以真正实现正义。对于利要有一种理性客观的节制，利益的获得应符合道义。"君子义以为上"就是说人们应当以合理的方法去实现公义，把义作为最高的价值追求。即孟子所说的"生，亦我所欲也；义，亦我所欲也。二者不可得兼，舍生而取义者也"（《孟子·告子上》）。儒学强调仁的内在性和义的行为性，将义作为道德行为的心理基础，即使是牺牲生命，也要坚持对义的追求。

3. 强调和遵守维护社会秩序的准则和规范之礼。礼的作用就是约束人们的行为，正确规范社会交往中应有的品行。子曰"克己复礼为仁"（《论语·颜渊》），"安上治民，莫善于礼"（《孝经·广要道》）。即表明礼作为一种外在的行为规范，要通过克制欲望，使人们的言行举止符合社会的要求，强调通过自我修养自觉遵守礼之规范。

4. 智强调要不断学习以充实提高自己的服务能力。荀子曰"所以知之在人者谓之知，知有所合谓之智"（《荀子·正名》）。可见，儒学所谓的智，其实质便是通过不断学习而积累更多的知识与技能，以便更好地提高服务社会的水平与能力。

5. 儒学特别强调诚信的重要性。将信作为基本道德，意即真心实意，言行一致，即所谓"言而有信"，也就是诚实守信。"人而无信，不知其可也"（《论语·为政》），意思是说，如果一个人不讲诚信，那他连做人的基本都没有了，怎么还能说是人呢？孟子曰"诚者，天之道也，诚之者，人之道也"（《孟子·离娄上》），"信则人任焉"（《论语·阳货》）。也就是说只有言行一致，才能取信于人，从而得到他人的信任与尊重。

而在仁义礼智信之中，孔子更明确了礼、义与利之间的相互关系及相应的行为规范："礼以行义，义以生利，利以平民，政之大节也。"（《左传·成公二年》），即要求无论是管理者、投资者还是个人、组织乃至一个国家的职责就在于循礼而行义，只有行义，方才能够创造出物质利益，从而满足人民的需要，这就是为政的真谛。所谓"义以生利"，就是精神价值创造物质价值、精神价值制约物质价值的过程。这一过程既包括价值认识上的"见利思义"，也包括行为选择准则上的"取之有义"，以真正做到"先义后利"及价值评判上的"义利合一"，并将这种义利观切实落实到日常行为之中，能够逐步获得理解与支持。

"21世纪海上丝绸之路"经济带沿线诸国，大多遭遇过外国入侵，致使其对国家主权与民族独立格外重视；同时，这些国家又大多为发展中国家，自身的资本、技术积累有限，迫切需要外来投资、技术乃至直接的人力来帮助他们提升经济发展水平。但他们又担心外来的投资、人力大量介入会破坏其民族文化传统乃至国家独立。这种现象的存在便意味着"21世纪海上丝绸之路"建设的顺利推进难免会遭遇这样或那样的问题与矛盾，而儒学具有的鲜明的利他主义色彩的"义利观"将更有助于沿线各国理解、接纳与信任来自中国的投资与经济合作，以儒学作为参照与行为价值标准，以利他主义为基础，将会形成相应的经营哲学。同时，儒学还认为君子和人交往要态度恭谨而合乎礼节，这就是真正的"四海之内，皆兄弟也"（《论语·颜渊》）。而依据这一逻辑，已经没有所谓"家人"和"外人"、"熟人"和"陌生人"的区别。也就是说，儒学从内心深处将"21世纪海上丝绸之路"经济带沿线国家的居民及其他国家的民众当作兄弟，以儒学的"义利观"与利他主义态度，谦虚合符礼仪地同其交往，并真心给予帮助，这样必然能够得到理解与尊重，逐步形成心灵的沟通与共鸣。

（二）儒学以仁义礼智信为基础的"和为贵"的目标追求与以德治为手段的实现方式更有可能成为"21世纪海上丝绸之路"经济带沿线各国不同文化、宗教乃至政治信仰者认同和支持的人文基础。

1. "德治"是儒家从事一切社会活动与市场经营管理的基本原则以及相应的行为选择。孔子指出"道之以政，齐之以刑，民免而无耻；道之以德，齐之以礼，有耻且格"（《论语·为政》）。其中的"道"就是"引导""领导"；而"政"指政令，"刑"指"刑罚"，"德"指"德教"，"礼"指"礼法"。其中的"格"字则是指"自我改正而真心归服"。孔子的大意便是：若只是用政令与刑罚进行管理，民众只是企求免于犯罪，内心却没有羞耻感；而若用德教和礼法进行引导，则民众不但会有羞耻感，并且还能够自我改正而真心归服。从中我们可以发现，儒家把道德教化放在国家管理或社会组织管理乃至其他一切活动的首位。也就是说儒家认为道德相较于刑法，更容易获得持久的民心，以此为基础，便会逐步取得有效和持久的彼此信任和心灵沟通，从而切实推进相关事业与市场经营持续健康地运行。

2. "和为贵"的目标追求更能成为不同文化、宗教乃至政治信仰者认同和支持的人文基础。"21世纪海上丝绸之路"经济带沿线诸国基本上都属于宗教信仰浓厚的国家，宗教信众在其国家的社会经济政治生活之中的影响力巨大，且信众彼此之间的信任度更高、沟通更方便，也更容易对与其宗教信仰类似的文化、信仰产生好感与心灵共鸣。而具有较大国际影响的儒学便具备类似特征与要素：由于儒学所追求的重要目标是四海之内皆兄弟，并以仁义礼智信来对待一切人与事，使其同众多的宗教信仰更能找到共同点以建立彼此的信任关系。因为从儒学与佛、道及世界主要宗教信仰的精神因缘关系来看，儒学与佛、道及其他宗教均有着精神目标诉求和实现路径的相似性：佛教强调以人为本而具有普济性，实际上也就是大爱；道家提倡师法自然而不争，与自然和谐相处，其实质就是包容，包容即为和谐①，也是一种"和为贵"的具体表现形式。而儒学更是以仁爱与舍利取义为行为规范，追求"和为贵"，即使是大不同，也能实现"和而不同"的价值导向与世界主要宗教的价值诉求具有高度的一致性。

以此观之，儒学同中外众多宗教教义、思想流派及其价值导向具有广泛的共通性、包容性，在很大程度上甚至可以说与中外众多宗教思想

---

① 参见周金琰《发挥包容和谐作用》，《湄洲日报》2016年4月1日第4版。

及其真善美的价值取向完全一致,异曲同工,这也成为其被不分族群、国籍的各阶层人民都认可接受的内在根源。

(三)"21世纪海上丝绸之路"倡议的富邻、睦邻、合作共赢的目标诉求与儒学的精神实质异曲同工。

郑和船队下西洋所奉行的"睦邻友好""和平共处"的仁爱精神及其实际行动可以看作实实在在地传达了中华民族的友善,也可以说是对中华文化精华——儒学文化的发扬光大。而习近平主席在博鳌亚洲论坛2015年年会上的主旨演讲则是对中国对外政策与"21世纪海上丝绸之路"倡议富邻、睦邻与合作共赢目标诉求的最好阐释:"要摒弃零和游戏、你输我赢的旧思维,树立双赢、共赢的新理念,在追求自身利益时兼顾他方利益,在寻求自身发展时促进共同发展。合作共赢的理念不仅适用于经济领域,也适用于政治、安全、文化等广泛领域;不仅适用于地区国家之间,也适用于同域外国家开展合作。"① 其实质就是强调中国的对外政策及措施重在让更多的国家搭上中国经济快速发展的高速列车以实现合作共赢。这样的目标诉求也与儒学所追求"四海之内皆兄弟"的"和为贵"之仁爱价值观异曲同工,也可以说是对其在当今最好的实践,必将日益得到更广泛的国际认同。

中国儒家文化中的"和为贵""中庸之道"等道德实践与思想精髓可以给予当今"一带一路"建设更加丰富的文化营养,以使其更好地继承和弘扬中国古代"丝绸之路"精神。当今"一带一路"建设仍然秉承了"古丝绸之路"的优良传统,是中国智慧,更是东方智慧的结晶:恪守联合国宪章的宗旨,秉承共商、共享、共建原则,坚持开放合作,坚持和谐包容与互利共赢,这种目标追求实际上就是现实地超越国别国籍、社会制度、政治信仰,其实质就是追求儒学所强调的"四海之内皆兄弟"的"和为贵"。这就表明儒学这种发自心灵与内心的自然规范更容易成为联系千千万万各国各阶层人民的心灵和感情的纽带与桥梁,这是任何国家与政党力量都无法取代的。因其具有连接不同信仰、思想和价值的独特魅力,其本身就是一种独特的社会资本,可以让人产生思想共鸣并实

---

① 中共中央党校组织编写:《以习近平同志为核心的党中央治国理政新理念新思想新战略》,人民出版社2017年版,第171页。

现心灵相通,进而促进彼此之间的信任并进行互利协作,这也是"21世纪海上丝绸之路"倡议所追求的目标。

三 儒学文化成为实现"21世纪海上丝绸之路"经济带沿线各国人民心灵交融的纽带和桥梁

(一)通过儒学沟通心灵,培育互信

1. 构建与"21世纪海上丝绸之路"经济带沿线国家及其居民之间的心灵沟通平台以促进中国企业、投资者与相关国家居民之间信任的建立。尽管如今学界对信任的定义仍存在争议,具体内容也模糊不清而难以统一,但为了阐述方便,笔者认为信任包括两方面的内容:一方面需要了解对方有何需求与期待,并对这些需求按照轻重缓急和自己能力所及进行排序,以便根据可能加以满足;另一方面则要言行一致,做到言必信、行必果。然而,进入一个陌生国度从事投资、经营或其他活动,要建立与东道国民众之间的信任是非常困难的。我们首先要做的是加大对不同宗教的了解。为此,可考虑以儒学文化及其精神作为"21世纪海上丝绸之路"倡议的形象大使,利用儒学加强与不同宗教团体、宗教组织的交流,增进彼此的了解,包容差异来避免误会与矛盾激化,逐步积累互信以达到沟通顺畅、相互信任。

2. 以言行一致促进彼此信任的培育与建立。不同主体或人与人之间的重复博弈结果的一致性能够有效地促进博弈双方信任的建立。这是因为重复博弈能够验证言行是否一致,若一致则有助于培育博弈双方的认同及信任,信任建立的前提要求结果可验证、理论或计划同实际行动的高度一致性,从而使他人或其他群体相信其诚实可信。因为认识与实践的关系原本就是相辅相成的,即便对对方的言行有可信的预期,那也需要在实际行动中去检验自身的了解与判断是否正确;若预期有偏差甚至完全错误,就更要在实践中进行反复试错以修正至自己认为客观准确的内容及或矫正标准。而增加彼此了解比较有效的渠道便是通过博弈双方都认同的宗教组织或宗教化文化,儒学就具有类似的特征与功能。而对于中国而言,满足对方期待的实际行动,实质就是互惠,而不是施舍,且要按照对方所认可的方式、方法，这自然更需要智慧和勇气。

当然，互惠又可分为"普遍性互惠"和"均衡性互惠"两种情况。"普遍性互惠"是指交换关系并不是即时的或对等的，在短时间内看甚至是不计回报和不均衡的；而"均衡性互惠"则强调即时性、对等性。因此，普特南（Hilary Whitehall Putnam）认为"普遍性互惠"是一种具有高度生产性的社会资本，能把自我利益和团结互助有机结合，对达成集体行动非常重要。① 可见，"普遍性互惠"极为重要，是达成普遍信任的基础。而类似宗教的儒学则由于其自身独特的属性成为促进"21世纪海上丝绸之路"沿线国家实现"普遍性互惠"的一个重要因素。众所周知，世界三大宗教普遍追求非现世利益，现世所做的一切都是为了在彼岸或来世的美好生活。而站在彼岸看现世，眼光就会变得长远和从容。但现世的苦难和挫折无论是在神那里还是日常生活之中均需要智慧和努力来消解，尤其要在现世通过做好事和帮助有需要的人来换取来世的奖赏，而违反神的意志的人和作恶的人会在来世受到惩罚，这些在来世的奖惩使得信徒之间的互惠更普遍，使其有可能倾向于脱离索取即时、短暂和眼前的利益回报的想法，至少是在思想上会积极地树立起利他主义价值观。而儒学强调仁爱利他、立德行善，这是利他主义价值观的最为直接的表现和实现路径，有助于普遍信任的达成。在这里，需要进一步指出的是，信任可进一步细分为"特殊信任"和"普遍信任"。"特殊信任"仅存在于紧密联系的共同体，诸如以血缘、地缘或其他现实利益为纽带的俱乐部化群体之中，其数量有限且具有较明显的排他性，只因当事人之间非常熟悉而产生的信任，也就是说信任与否取决于对方是否是自己熟悉的人；否则，会因人而异。而"普遍信任"是指在社会层面，对非特指对象的普遍的他人的信任，也就是指非私人化或间接性的信任，具有广泛性。而具有共同信仰的较为松散的宗教团体就属于产生社会信任的场域。在东南亚乃至世界都具有强大影响力的儒学便是如此，我们可考虑围绕儒学开展民间交流活动，凝聚儒教信众；推进儒学文学艺术创作和儒学文化交流，提升儒学的影响力和知名度。对近年来已经举办

---

① ［美］罗伯特·D. 帕特南：《使民主运转起来》，王列、赖海榕译，江西人民出版社2001年版，第201—202页。

过的"国际儒学论坛"等类似活动需要进一步统筹规划组织，以便让其分工合作形成合力，真正达到加强不同文化信仰的国家、民族间互通互融，增进彼此的了解与情感联系。

（二）推动包容性经济的全面深入发展以增强富邻、睦邻与合作共赢之目标的可验证性

所谓包容性经济可以从两个层面理解。一方面是实现包容性增长，主要是通过交通和互联网通信等基础设施建设，实现互联互通，推动中小企业的成长和落后地区的人力资源开发，从而带动落后国家社会经济的持续健康发展。但由于"21世纪海上丝绸之路"经济带沿线国家的经济规模有限，资本和先进技术相对缺乏，而中国的资本、产业和公路、铁路建设技术则具有明显的优势，有能力让这些国家搭上亚太地区经济增长"快车"，互联互通则是基本前提。另一方面则是在区域和全球层面倡导开放、包容的多边贸易体制，惠及区域内包括新兴国家和发展中国家在内的各经济体，给"21世纪海上丝绸之路"经济带沿线国家及其居民创造更多的新增收益。这是因为亚太地区区域内经济治理机制在一定程度上呈现"碎片化"，缺乏整合性机制实现成熟、有序、包容性的高度区域内协调机制。即使是东亚区域一体化也由于域外大国的影响、经济治理机制繁多而难以真正有效地发挥作用，"21世纪海上丝绸之路"经济沿线国家的发展阶段、发展水平各异，需要通过区域内外的逐步开放以便为优化配置资源创造现实市场条件。而中国提出的"21世纪海上丝绸之路"倡议与筹建亚洲基础设施投资银行（AIIB）、"丝路基金"，设立"南南合作援助基金"等，便是以一种包容、对话与开放的心态，采取切实可行的方式帮助新兴国家、发展中国家分享全球经济发展红利，这便是培育彼此信任的可验证性基础。

（三）以行业自律促进对外投资的企业经营活动，诚实守信造福当地

无论多么科学宏伟的发展规划，最后都只能落实到企业的具体投资和市场经营之中，并得到东道国政府和民众的信任、参与支持，方才有可能实现。而企业的对外投资和经营活动必然会同东道国的各种利益集团、个人、企业与政府打交道，难免产生矛盾和摩擦，这自然会影响到

与东道国各阶层之间的沟通交流及信任关系的建立。为此，就需要以行业自律的形式明确对外投资企业应该遵守的企业经营规范，坚决杜绝欺诈及违反东道国宗教、风俗等行为的发生，以便让东道国民众能够从中国企业及其员工的经营行为之中真切地体验到"21世纪海上丝绸之路"倡议确实奉行着儒学"四海之内皆兄弟"的仁爱精神，从而逐步积累和加强对中国及其企业、人民的信任。当然，这需要国家有计划地为企业积极主动地参与"21世纪海上丝绸之路"建设提供必要的政策支持，诸如对参与投资的企业与个人适度减免税收，并在贷款、人力和物资进出口等方面给予优惠。这样才能真正与东道国诸国民众建立普遍性的信任，为能"21世纪海上丝绸之路"持续健康发展奠定坚实的基础。

儒学文献

《左传》"杞侯"考

富察贵嘏

(四川文化艺术学院汤用彤国学院)

摘 要:《左传》所录《春秋》经文,在鲁桓公时期前后出现了三处"杞侯"的称谓。考《公羊传》相同之处却被录为"纪侯",甚至《公羊传》全书都没有所谓"杞侯"的提法。在《榖梁传》中,"杞侯"仅出现过一次,与《左传》同样出现在"鲁桓公三年六月"的经文之中,他处则与《公羊传》同为"纪侯"。相同的历史事件,同样誊录自《春秋》的经文,却出现了不同的参与者,这说明二者之间必有一方存在讹误。本文立足文献记载,通过逻辑推寻,力图还原历史真相。

关键词:《春秋》《左传》《公羊传》《榖梁传》《杞侯》

相比春秋时代其他小诸侯国而言,由于"杞人忧天"这个成语的广为流传,使得杞国拥有相对更高的历史知名度。在《左传》一书中,涉及杞国的记载相对较多,经传合计约有七十个段落、百余次提及杞国。而且相关记载的历史跨度也非常大,在"春秋十二公"之中,除了在位仅两年的鲁闵公时期没有记载外,上自起始的鲁隐公,下迄终结的鲁哀公,每任鲁君"名下"都有涉及杞国的记载。换句话说,杞国的历史若隐若现地贯穿了整部《左传》。

杞国是"夏后禹之后苗裔也"(《史记·陈杞世家》),在《左传·襄公二十九年》中说得更直接:"杞,夏余也。"由于时代久远,对于杞国的历史已然不甚明了。根据《史记·陈杞世家》所言"殷时或封或绝",

则在商汤放逐夏桀后，商朝统治者或许曾经分封过杞国。这在《大戴礼记·少闲》中也有相关记载：

> 禹崩，十有七世，乃有末孙桀即位。桀不率先王之明德，乃荒耽于酒，淫洪于乐，德昏政乱，作宫室高台汙池，土察，以民为虐，粒食之民惛焉几亡。乃有商履代兴。商履循礼法，以观天子，天子不说，则嫌于死。成汤卒受天命，不忍天下粒食之民刈戮，不得以疾死，故乃放移夏桀，散亡其佐。乃迁姒姓于杞。

这段文字十分明确地记载了商汤放逐夏桀后，将夏朝王室姒姓家族迁移到了杞（今河南杞县）一带。武王伐纣之后，"武王追思先圣王，乃褒封……大禹之后于杞"（《史记·周本纪》），"以奉夏后氏祀"（《史记·陈杞世家》）。汇总以上记述，我们可以推断：在夏王朝覆灭后，夏朝后人在商朝时便已被分封；周朝建立后，又重新加封夏朝后人为诸侯，建立了杞国。这与《史记·夏本纪》"汤乃践天子位，代夏朝天下。汤封夏之后，至周封于杞也"的记载是一致的。在《水经注》"睢水"条中也有类似记载："睢水又东经雍丘县故城北，县旧杞国也。殷汤、周武以封夏后，继禹之嗣。楚灭杞，秦以为县。"

然而，毕竟由于年代久远，杞国偏小，相关记载或语焉不详，或相互抵牾，较为准确且详尽的杞国历史早已湮没于历史长河之中。即使在《史记》中有《陈杞世家》一卷，但其中涉及杞国的记述约三百字，司马迁最后也只能无奈地表示："杞小微，其事不足称述。"（《史赤记·陈杞世家》）

在《左传》中，关于杞国最早的记载是在《隐公四年·经》："四年春王二月，莒人伐杞，取牟娄。"这条记载实际上是出自《春秋》原本的经文，而最早记载杞国的传文是在《桓公二年》："秋七月，杞侯来朝，不敬。杞侯归，乃谋伐之。"这条传文是对应《春秋》经文"秋七月，杞侯来朝"一句而作的。同年"九月入杞"（《桓公二年·经》），"讨不敬也"（《桓公二年·传》）。由此可见，在春秋时代，杞国已从河南东迁入今天山东境内，与鲁、莒等诸侯国为邻。据此，《史记索隐》也指出："至春秋时，杞已迁东国。"

在《左传》全书中，对于杞国爵位的称呼有三种："杞侯""杞伯""杞子"。查《左传》所录《春秋》经文之中，"杞侯""杞子"先后分别出现过三次，其余以"杞伯"为多。例如：

  秋七月，杞侯来朝。(《桓公二年·经》)
  六月，公会杞侯于郕。(《桓公三年·经》)
  夏六月壬寅，公会杞侯、莒子，盟于曲池。(《桓公十二年·经》)

在《左传》中，只有鲁桓公这一时期称杞国为"杞侯"，于经文凡以上三见。自鲁庄公二十七年（前468）起称"杞伯"，其后在经文中又有三次蔑称其为"杞子"处：

  冬十有一月，杞子卒。(《僖公二十三年·经》)
  二十有七年春，杞子来朝。(《僖公二十七年·经》)

通过《左传》传文的注释及解说，我们可以确定《春秋》经文中的"杞子"是一种蔑称、贬称，主要原因是在于杞国不遵周礼而妄用夷礼，因此受到了鲁国的鄙视。

《春秋》经文中关于"杞伯""杞子"的记述，在《左传》《公羊传》《穀梁传》中基本一致。唯独"杞侯"的称谓，于"三传"之中大不同。其中，《公羊传》无"杞侯"的记载，《穀梁传》仅有一例。

  秋七月，纪侯来朝。(《公羊传·桓公二年·经》)
  秋七月，纪侯来朝。(《穀梁传·桓公二年·经》)
  六月，公会纪侯于盛。(《公羊传·桓公三年·经》)
  六月，公会杞侯于郕。(《穀梁传·桓公三年·经》)
  夏六月壬寅，公会纪侯、莒子，盟于殹蛇。(《公羊传·桓公十二年·经》)
  夏六月壬寅，公会纪侯、莒子，盟于曲池。(《穀梁传·桓公十二年·经》)

通过对勘可以发现，《左传》中三处记载为"杞侯"者，在《公羊传》中皆为"纪侯"，在《穀梁传》中唯独《桓公三年》的经文同于《左传》为"杞侯"，其余两处则同于《公羊传》为"纪侯"。

巧的是，在春秋早期的山东境内，除了姒姓杞国外，的确另有一个古老的诸侯国——姜姓纪国。根据《春秋》"三传"对于纪国的记述，以及《史记》中唯一一条有关纪国的记载："哀公时，纪侯譖之周，周烹哀公而立其弟静，是为胡公。"（《齐太公世家》）我们可以确定，这个纪国的确是侯爵国，被称为"纪侯"是没有问题的。另外，通过《春秋》"三传"的记载，我们也可以断定杞国确实拥有伯爵的爵位，所以被广泛称为"杞伯"；以及通过《左传》的注释也可以了解到杞国因不守礼法，曾被鲁国贬损以子爵相称为"杞子"，这也是可以确定的。唯一的问题就在于，杞国是否曾获封过侯爵爵位？杞国国君可否被称为"杞侯"？"三传"之中，必有讹误者。

根据出土文献的记载，商王武丁时就有卜辞说："丁酉卜，贞；杞侯，弗其祸，有疾。"（《殷墟书契后编》下卷）说明早在商朝时，杞国的爵位的确曾是侯爵。然而，从所能见到的春秋时代杞国青铜器所镌铭文"杞伯每（或'敏'）亡（或'刃'）"字样可知，至少在杞国东迁后，杞国的爵位是伯爵。

关于杞国爵位的记载，商与春秋之间的西周时期是一大段历史空白。传世文献中最早记载杞国爵位的就是《左传》记载鲁桓公二年（前710），这是在周平王东迁洛邑（前770年）整整六十年之后，当然应该视为春秋早期。《穀梁传》又晚一年，亦称为"杞侯"；《公羊传》直到鲁庄公二十七年（前667）才有了"杞伯"的记载，这已在平王东迁一百零三年之后，可以算是春秋中期了。

关于这个争议，西晋杜预认为："杞入春秋称侯，庄二十七年绌称伯，至此用夷礼，贬称子。"（《春秋左氏经传集解·僖公二十三年》）张椿著《四书辨证》（清嘉庆癸酉蕲州张氏藏版）引李廉观点认为："杞之称侯，本无所据，注《左氏》者泥于《桓公》编'杞侯'之误耳。"将矛头直指杜预的注释，明确提出了反对意见。据《公羊传》《穀梁传》并作"纪"，北宋程颐也持相同观点称："凡杞称侯者，皆当为纪。杞爵非侯，文误也。"（《程氏经说·春秋》）并认为造成这个谬误的原因是"杞二王后而伯爵，疑前世黜之也"（《程氏经说·春秋》）。又据《左传·桓公二年·经》"九月入杞"及《传》"秋七月，杞侯来朝，不敬。杞侯归，乃谋伐之"，"九月入杞，讨不敬也"等记载，《四书辨证》引北宋刘敞的观点认为："左氏误'纪'为'杞'，遂生不敬之说。"

汇总以上意见，则大致可分为两类观点：一是杞国爵位曾遭贬黜，一是《左传》传抄存在讹误。

据《春秋·隐公四年》记载："四年春，王二月，莒人伐杞，取牟娄"（"三传"皆同），则知杞国和莒国为邻国。莒国位于今山东东南部莒县一带，在鲁国以东、齐国东南。但是，想要确定"外来户"杞国的地理位置就相对比较复杂了。姑置《春秋·桓公二年》"九月入杞"条不论（实际上这一条经文"三传"皆同），《春秋·桓公五年》载："冬，州公如曹。"《左传》注曰："冬，淳于公如曹，度其国危，遂不复。"杜预注曰："（杞）迁都于淳于。"淳于在今山东安丘东北部。

《春秋·僖公十四年》载："十有四年春，诸侯城缘陵。"《左传》注曰："十四年春，诸侯城缘陵而迁杞焉。"杜预注曰："（杞）又迁于缘陵。"缘陵在今山东昌乐境内。《春秋》还记载了在鲁襄公二十九年（前544），晋国联合众多诸侯国一同"城杞"，此"杞"即淳于，故而杜预注曰："杞又迁都淳于。"加之从山东新泰等地陆续出土的杞国青铜器（均有铭文"杞伯"字样），给我们勾勒出了杞人迁入山东后大致的活动范围：西至宁阳、新泰一带，东至安丘，北抵昌乐，南接莒县。总体而言，杞国迁入山东之后处于颠沛流离的状态，其主要活动范围在今山东中部一带，莒国以北、鲁国东北、齐国东南、纪国以南。换言之，杞国不仅与莒国是邻国，莒人能够"伐杞"；杞国也一直是位于山东西南部鲁国的邻国，鲁国也是有条件、有可能"入杞"的。

纪国则不然。《左传·隐公元年》记载："八月，纪人伐夷。"据此可知纪国和夷国乃是邻国。另据《世本》记载："夷，古夷国之都，在今山东即墨县西。夷为妘姓国，古时夷多用为泛称，此为特指。"又据《寿光县志》记载："剧有纪亭，古纪国也。"参考从山东龙口出土的"纪侯鬲"及山东莱阳出土的"纪侯壶"（均有铭文"纪侯"字样）等出土文献的记载，我们大致可以推断出纪国的方位在今山东半岛中北部，渤海莱州湾西南岸一带，即寿光、青州、莱阳、龙口等地。由此可知，纪国应位于当时的齐国以东、杞国以北，与鲁国并不接壤。所以，鲁国不太可能"隔山打牛"去讨伐纪国，更何况齐国是绝不可能袖手旁观的。

随后的历史进程也充分地证明了这一点。《春秋·庄公四年》载："纪侯大去其国。""三传"分别注曰：

> 夏，纪侯大去其国，违齐难也。（《左传·庄公四年》）
> 大去者何？灭也。孰灭之？齐灭之。（《公羊传·庄公四年》）
> 纪侯贤而齐侯灭之。（《穀梁传·庄公四年》）

"三传"异口同声，明确指出灭亡纪国的正是齐国。这既是因为齐国与纪国接壤，而且也许在齐国眼中，纪国本来就是自己的势力范围，决不容许他国染指。对于这一历史事件，《史记·齐太公世家》也有记载："（齐襄公）八年，伐纪，纪迁去其邑。"

由此反推，鲁桓公二年（前710）秋七月，《左传》所载"杞侯来朝"和《公羊传》《穀梁传》所载"纪侯来朝"这类外交活动是有可能发生的；然而鲁国于同年九月发动的军事行动，即"入"的只能是"杞"，而绝不可能是"纪"。虽然"三传"于此处均记载的是"九月入杞"，但如果依据《公羊传》《穀梁传》所录经文"纪侯来朝"来校改《左传》经文，则会导致《左传》相对应的传文前言不搭后语，最终变得不合逻辑。

> 秋七月，【杞】（纪）侯来朝，不敬。【杞】（纪）侯归，乃谋伐之。……九月，入杞，讨不敬也。

此"不敬"二字实乃綮綮，将前后两条传文紧密相连，把事件的来龙去脉表述得淋漓尽致。但如果真要把《左传》原文的"杞"校改为"纪"，那么杞人确实就要"忧天"了。字面上明明是纪侯对鲁国"不敬"，可鲁国又凭什么要去杞国"讨不敬"呢？倘若修改《左传》九月的传文为"入纪"，则又与相对应的"三传"皆同的经文"入杞"相抵牾。再者，若根据上文改成"入纪讨不敬"，这恐怕不仅对鲁国而言不太现实，齐国多半也不会坐视不管吧！

而且，根据这里所谓"不敬"的记载，结合《左传》后文中因杞国用夷礼而曾前后三次被鲁国贬称为"杞子"的史实，我们可以推断出鲁桓公二年（前710）秋七月"来朝"的应该就是古文经《左传》所载的"杞侯"，而不是今文经《公羊传》《穀梁传》所载的"纪侯"。

所以，翌年六月与鲁桓公在郕（今山东宁阳东北部，鲁杞边界）会盟的也应该是杞侯，《左传·桓公三年》《穀梁传·桓公三年》所录《春秋》经文"六月，公会杞侯于郕"应该是准确的。而《公羊传·桓公三年》仍誊经为："六月，公会纪侯于盛。"讹误同前。根据《左传》此处注《春秋》云："公会杞侯于郕，杞求成也。"这条记载完全可以承前，进而构成整个事件的完整脉络：

> 鲁桓公二年六月，杞侯来朝而不敬，鲁谋伐杞。
> 鲁桓公二年九月，鲁入杞以讨不敬。
> 鲁桓公三年六月，杞求成而鲁、杞会于郕。

在这个严丝合缝的历史事件中，是没有纤毫"余地"留给纪国的，无论是从前后文的逻辑关系上来说，抑或是从历史地理学的角度上而言。

在鲁桓公十二年（前700）夏六月壬寅，《春秋》记载了一次三国会盟，在《左传》中是"公会杞侯、莒子，盟于曲池"。在《穀梁传》中，杞侯的"角色"再一次被纪侯所取代；在《公羊传》中，甚至连地名也变成了"殴蛇"，实际上还是曲池，在今山东宁阳东北部，鲁杞边界上。

对于《春秋》的这条经文，《公羊传》及《穀梁传》并无传文，恰恰是由《左传》的传文而一语道破天机："十二年夏，盟于曲池，平杞、莒也。"此一"平"字便可使人茅塞顿开。鲁隐公四年（前719），"莒人伐杞"，由此两国结怨。鲁国作为"负责任的大国"，出面调停杞、莒两国之间的矛盾，故而与此两邻国会盟于曲池。由此可见，这里的经文依然应该根据《左传》写作"杞侯"，因为在前文中实在看不出、找不到纪国与莒国之间存在什么宿怨、矛盾或冲突需要鲁国来"平"。

纪国与莒国之间不仅没有宿怨需要鲁国来平，而且两国早在鲁隐公二年（前721）冬便已结盟，《左传》记载为"鲁故也"，即两国间的这次结盟是因为鲁国的缘故。到了鲁隐公八年（前715）九月辛卯，《春秋》记载鲁国与莒国结盟，《左传》明确记述为"以成纪好也"，说明两国此次结盟是为了表达对纪国的友好。从此，鲁、莒、纪缔结了三国同盟。

在此之后，三国之间相安无事，和平共处。直到鲁桓公十二年（前700）夏六月的三国会盟，如果按照《公羊传》《穀梁传》的记载，则是纪、莒、鲁三国，但这三国此前已先后分别结盟过两次了，此时突然再次结盟，既无前因，也无后果，实感突兀。若按《左传》记载，则是杞、莒、鲁三国，而其所记"平"字必有所据。

综上所述，对于《春秋·桓公二年》《春秋·桓公三年》《春秋·桓公十二年》的经文，《公羊传》《穀梁传》的传抄恐怕均有讹误，似应据《左传》而记为"杞侯"。另外，"三传"于《桓公六年》《桓公十三年》《桓公十七年》《庄公四年》的经文中同有"纪侯"的记载，然而在鲁庄公四年（前690）夏，齐灭纪后，"纪侯"二字便无见于《春秋》经文之中了。

其中，尤其是在鲁桓公六年（前706）冬，有《春秋》中唯一一条"纪侯来朝"的记载。"来朝"的原因具有特定的历史背景，因为此时的纪国已然受到了齐国的威胁（"齐难"），纪侯被逼无奈来到鲁国，希望鲁国以周天子的命令，使齐国同意纪国的求和。但是鲁国却表示无能为力，纪国不久之后便亡国了。

然而，与纪国不一样，杞国以不同的身份"来朝"，对于鲁国来说却是一种常态。桓公二年（前710）秋七月"杞侯来朝"，庄公二十七年（前667）冬、文公十二年（前615）春正月、成公四年（前587）三月、成公十八年（前573）秋"杞伯来朝"，僖公二十七年（前633）春"杞子来朝"，襄公二十九年（前544）夏"杞子来盟"。前后共有七次，记载起于公元前710年，迄于公元前544年，时间跨越了一个半世纪。

从这些方面，我们也可以总结出：一方面，虽然杞国不守礼法，导致自己的爵位遭到一贬再贬，进而甚至招致了鲁国的鄙夷，但是杞国始终还是依附于鲁国的；另一方面，"伴齐如伴虎"的纪国不仅早在西周时期就因为诬告齐国，使齐哀公被周夷王所烹杀，导致两国从此结下了梁子；而且纪国挡在了齐国东拓疆土的道路上，齐国对纪国下手是历史的必然。对于这一点，纪国人心知肚明，正所谓"纪人知之"（《左传·桓公五年》）。

面对如此严峻的国际形势，纪国只可能千方百计地（如鲁隐公二年的"逆女"，即和亲）讨好鲁国，进而与鲁国、莒国等国结盟以威慑、牵制齐国；纪国绝无可能自己主动跑到鲁国去"不敬"，反而遭到鲁国的讨伐，同时与齐鲁两大国为敌，纪国如果胆敢这样行事，那就是作死、自杀。在危急存亡之秋，纪国于一年内（鲁桓公六年）先后两次因为齐国的威胁而求见鲁桓公，将鲁国视为自己救命稻草的纪国又怎么可能在此三四年前因"不敬"鲁桓公而招致讨伐呢？这是不合情理、不符逻辑的。更何况在鲁桓公十三年（前699），纪国加入了鲁国、郑国的联军，打败了齐、宋、卫、燕联军。虽然在鲁桓公六年（前706），鲁国并没有帮上纪国的忙，但在"十有七年春正月丙辰，公会齐侯、纪侯，盟于黄（齐地，今山东淄博南）"（《春秋·桓公十七年》）。关于这次会盟，《左传》明确指出是"平齐、纪"，鲁桓公还是出面调停了齐国和纪国之间的矛盾，虽然这仍无法改变纪国最终被齐国所灭的宿命。

一言以蔽之，《左传》中前后三处出现的《春秋》经文"杞侯"二字是符合客观实际、逻辑关系及人情事理的。与此相对，在《公羊传》《穀梁传》中于相同地方出现的"纪侯"应该是"杞侯"的讹误。造成这个讹误的原因，很明显是因为"杞""纪"二字字形相似、字音相近。这两个字都是形声字，同以"己"为声符；根据对上古汉语的拟音，此二字的韵母相同，二字之间些许的不同只在于声母部分："杞"的声母是送气清辅音，而"纪"的声母是与其相对应的不送气清辅音，二者之间的发音部位完全相同，区别仅在于送气与否，极易产生混淆。

申言之，经过以上反复求证后，我们可以大胆推测：杞国在商朝及西周时曾位列侯爵国。春秋早期东迁后，杞国似仍为侯爵国，但随后因其不遵周礼，最晚于鲁庄公二十七年（前667）起便被贬为伯爵国。其间，又因杞国妄用夷礼，甚至曾一度为鲁国所鄙视而视同子爵国。

"朱熹谱序"五篇辨伪

郭 齐 尹 波

(四川大学古籍整理研究所)

摘 要：近年发现和披露的"朱熹谱序"五篇，未经甄别鉴定。论文经仔细分析考察，确定其皆为他人伪托，以正视听。

关键词：朱熹 朱熹佚文 宋明理学 辨伪

石氏宗谱序

熹策甲第，仕同安簿，石君子重为同安丞；熹尝知南康军，石君子重亦知南康军，心同道契，相与讲究理学。越明年春，熹有事新昌，访石君于石鼓书堂，眷留弥月，乘间以重修谱牒见示。熹穷目历观，甚有感激。夫姓氏以人物为荣，不以人物为辱，彼区区改氏冒姓者何益哉。能言其祖，则郯子见称；不识其先，籍谈贻笑。甚矣，世系不可不明也。夫世系明逆顺之理，别亲疏之分，封建之所以久长，统绪之所以继述，其有关于世教也至矣。古者别生列数，时则有著姓之书，分世系，叙昭穆而命小史；时则有姓氏之官，璇源仙派，绳绳有序，金枝玉叶，秩秩可考，故订正甚易也。自谱牒久废，源流无据，崛起草野之夫而求附圣明之后，生长夷狄之部而僭窃帝王之裔，噫，可慨已！窃观石氏之相承，无非出于黄帝之后。考之史迁世表，至周成（武）王封康叔于卫，靖伯食采于石，受就石氏。春秋石碏为卫上卿，暨汉时石奋为赵国人。赵亡，徙河内。

汉兴，高祖召为小吏，升为中涓。孝文时，官至大中大夫。及景帝即位，以奋为九卿。奋子建、甲、乙、庆皆以驯行孝谨，官至二千石，国朝敬惮之。帝曰石君及四子皆二千石，人臣尊宠，乃举集其门，号奋为万石君。后以上大夫禄老于家，孝谨恭敬，虽齐鲁诸儒皆自以为不及也。接踵登仕，世不乏人。八世孙浑尚书，昶东莱太守。又八世孙渊建安太守，从晋元帝渡江，家于丹阳，徙于会稽之新昌。讳元遂者仕至太保，厥子昉官至镇东军节度使，孙湘东都勾覆，渝吏部尚书。曾孙环苏州检校，琪殿中丞，延俸、延翰司空右丞，（五世）孙匡邺、匡建两副使，匡瑾太保，渥大理评事。六世孙显达盈朝，若待旦开府仪同三司（开义塾，筑三区），身自设教。明道先生尝寓馆，谨论道学。登科甲者七十余人，学行鸣于东南，可谓盛矣。噫，世人以一己之见论他人之谱牒，难矣。虽然，不可不论也。先哲姓氏之权出于上，易明；后世姓氏之权出于下，难考。以国赐姓，为鲁为宋。以谥赐姓，为惠为宣。若司寇（空）、司马，以官赐之。若王孙、公孙，以字赐之。若东门、西门，以居赐之。石氏之姓，姓（其）来有自。衍及子孙，继承者众，前作后述，光彩焜耀。而改氏冒姓者，乃石氏之下风矣，乌足道耶。吾友石君子重讳塾，为会稽新昌右族。曾大父讳景淹，不仕。大父讳公孺，以遗逸召，授迪功郎。父讳维，赠朝奉郎。君自幼端悫警悟，年十二，刻意为学，昼夜不息。年十八擢进士，与熹相好，托熹作文，以暴先人受氏之所自，公弼、斗文重修谱牒之意云。岂淳熙丁未八月望吉，友人新安晦庵朱熹书。

上文见清石右军《浙江新昌南明石氏宗谱》卷1，乾隆五十年（1785）庆云祠木活字本，题作"文公赠石氏宗谱序"。又见《暨阳石氏宗谱》卷1，题作"赠石氏受姓序"，朱火金、朱再康曾发表《新发现朱熹佚文七篇》于《朱子学刊》（2005年第15辑），文字小有差异。此录原文，将后一出处重要异文用括号标注于相关文句之后。

文云"熹策甲第，仕同安簿，石君子重为同安丞；熹尝知南康军，石君子重亦知南康军，心同道契，相与讲究理学"。朱熹似与石子重为同僚者，实则与事实相忤。朱熹为同安簿在南宋绍兴二十三年（1153）至二十七年（1157），而据朱熹隆兴二年（1164）所作《答柯国材》书，是时与子重尚不相识，无同安相见之事。又《知南康军石君墓志铭》有言："予前年守南康，朝廷以君与予善，除以为代。予亦日夜望君至，冀得用疲甿学子为寄，而君果不来"，是二人在南康亦并未谋面。又云"越明年春，熹有事新昌，访石君于石鼓书堂，眷留弥月"，新昌为南宋绍兴府、今浙江绍兴市辖县，朱熹至此于淳熙九年（1182）是在浙东提举任上时。《知南康军石君墓志铭》有言"当年奉使浙东，闻新剡饥民转入台境甚众，亟以属君。君即慨然以为己任，其得免于饥冻捐瘠而归者盖数百人。然其后予以事至台，则已不及见君而哭其殡矣"。显然此次在浙东二人也未谋面，"访石君于石鼓书堂，眷留弥月"纯属子虚乌有。又云"六世孙显达盈朝"，以飞黄腾达相夸耀，与朱熹的一贯思想南辕北辙。又云"明道先生尝寓馆，谨诤道学"，此虽无从查考，然迄今未见于其他任何文献记载，多半亦为虚构。文末"吾友石君子重讳墪，为会稽新昌右族。曾大父讳景淹，不仕。大父讳公孺，以遗逸召，授迪功郎。父讳维，赠朝奉郎。君自幼端悫警悟，年十二，刻意为学，昼夜不怠。年十八擢进士"一段，则完全抄自《知南康军石君墓志铭》，伪迹昭然。据此，该谱序为他人伪作已明。

诸暨周氏谱序

夫谱何为而作也？谏谱赖以别氏族、明世系，俾昭穆相承、亲疏有序而作也。其有关风化，切于世教，孝子顺孙之尊祖敬宗、笃厚伦谊者，曷有重于此哉。且姓肇于周姬，巨族遍于天下，贤人君子，无世无之。第世远年湮，屡罹兵火，谱如弗继，渐至失传，史册虽昭，是故仁人君子必思夫水源木本之义，而倦倦于谱之辑欤。故先生程子曰："管摄人心，收系宗族，厚风化，笃人伦，使之不忘本，须是明谱。"由是观之，谱之所系大矣哉。熹自早岁私淑濂溪，读其遗书，每痛其缺扨，博求四方，一无所获。予至道州，访遗稿于其子孙，较世之所传者差多，然亦散乱而无序。迨至南康，拜神像，以慰夙昔私淑之心，因与僭撰祠堂之□。访求其遗书，于道州稿简多一二，但《太极》《通书》混焉无别，而是谱殆亦未之见也。今公事至浙东，闻评事周仲宾濂溪之曾孙也，予访之，因以世谱示予。余历观之，迨至濂溪行迹，图《太极》于前，序《通书》于后，与余平日之所序者吻合。余不胜喜悦，而谓其实切于世教、有功于吾儒之书也。且其脉络分明、裔派昭晰，诚足以收系宗族、笃厚人伦于万世者。故予不待其求而乐焉为之序云。时淳熙辛丑年春三月，提举浙东常平茶盐公事、进直徽猷阁新安朱熹序。

此序朱火金、朱再康曾发表《新发现朱熹佚文七篇》于《朱子学刊》(2005年第15辑)，注明原载于戊午重修《十年派周氏宗谱》卷1。

序引程子之言颇为可疑。首先，朱熹指称二程从未有"先生程子"之称谓。其次，这段话见于朱熹所编《二程遗书》卷6，原文为："管摄天下人心，收宗族，厚风俗，使人不忘本，须是明谱系世族与立宗子法。"① 若为朱熹所引，决不会断章取义，割裂原文，于"谱"字绝句，可见其不合。序云"熹自早岁私淑濂溪"，遍查朱熹文献，从未见此种说法。不但朱熹，其他人称"私淑濂溪者"也绝无仅见，应出于晚近人之捏造。又云"予至道州，访遗稿于其子孙"，此也与朱熹行实不合。朱熹平生两至湖南，一为乾道三年（1167）访张栻于潭州，共登衡山；一为绍熙五年（1194）知潭州、湖南安抚，均从未去过道州，文献记载，斑斑可考，足见其谬。又云"今公事至浙东"云云，据文末所署，时为淳熙八年（1181）春三月，此乃大谬不然。据朱熹行实，是年春三月朱熹尚在知南康军任上，所除新任为提举江西常平茶盐公事待次，至闰三月二十日方离任归。八月，方改除提举浙东常平茶盐公事。而除直徽猷阁乃淳熙九年（1182）事，可见作伪者之无知。观此，该序必为后人伪托。

诸暨南门周氏宗谱序

谱牒之作，所以别宗支、明世系，诚士君子有家之要务也。其意起于黄钟，形于律吕。其法始于始祖，一世二世以至五宗九族，

---

① （宋）程颢、程颐：《二程集·遗书》卷6，中华书局2004年点校本，第85页。

列为旁从之类。族有图，以别昭穆、明亲疏，而礼制丧服行焉，尊卑上下、等级隆杀设焉。予观周克慎（顺）之世系本出于姬姓黄帝之裔，以国为氏。绵千余年，支分派别，蔓延天下，而尤望于河南。至始迁祖讳靖，字天锡，世居祥符。扈跸南渡，为国子正录，居杭，迁于诸暨。历四世而伯五、伯八、伯九迁南郭，于今凡几世矣。其谱系所辑，灿然明备。先世之泽至今赖以不坠者，克慎（顺）之力也。彼（俾）同源分派，人易世疏，不有谱，将使宗支世系紊乱无考，其后世之弊殆有不可胜言者矣。呜呼，可不谨哉！宋（时大宋）庆元丙辰秋七月中浣，晦庵朱熹序。

此序见清光绪三年（1877）木活字本《浙江会稽越城周氏支谱》卷首，题作"克顺公紫岩谱序"。又见于《诸暨南门周氏宗谱叙》卷1，朱火金、朱再康曾发表《新发现朱熹佚文七篇》于《朱子学刊》（2005年第15辑），并有说明云："周氏谱叙系朱子在诸暨避难期间所撰。文中所言之伯九者，即周恪居诸暨南门，为共和国总理周恩来的远祖。南门周氏系四年派。"《朱子全书》第26册《朱子遗集》卷5据《定乡小识》卷13收入部分残文，仅"至始迁祖靖"以下数句，注明出《紫岩周氏谱》。

序云"至始迁祖讳靖，字天锡，世居祥符。扈跸南渡，为国子正录"。考宣统《诸暨县志》卷12载宋李大同所撰《天锡周君墓志铭》仅云"思陵南渡，博士从以迁，因侨居于杭，再迁而为诸暨人"，而所谓"从以迁"的具体情况是："已而靖康之乱，中外共忧，家国危迫。君孤远不恤，乃以宗社大计关白大臣，至欲投书阙下，庶几天子一悟。当事者呵之曰：'尔所言何事？而书之纸耶！'卒为其阻。君亦知势不可为，乃遂弃归。自是以来，环河南北鞠为戎马之区，大家右族弃骨肉、去坟墓，散之四方，君亦在播迁之中。绍兴癸丑，銮舆南幸，定鼎临安，百僚奔问，官守兆庶自芙以从，始自肩钱唐。朝廷收采舆望，谓宜甄录，以表遗直，起为国子正录。明年，进博士。"可见周靖是在宋高宗迁都临安以后才去投奔的，并未言其"扈跸南渡"。"扈跸者"，随侍皇帝出行至某处也。高宗南渡时，且不说周靖尚"在播迁之中"，即在皇帝身边，以一郴州录事区区小吏，也绝无随侍资格。若序文确为朱熹所作，怎会轻下"扈跸"一言？仅此足证该序绝非出于朱熹之手。况且靖官终国子博士，此仅言为国子正录，也有不符。至于言此序"系朱子在诸暨避难期间所撰"，更为无稽之谈。庆元二年（1196）党祸正烈，朱熹深居建阳，未尝越雷池一步，何来"诸暨避难"之事？

诸暨南屏杨氏《宏农真传序》

尝考传记，见晋时王谢之（子）弟虽遇先人只字必藏而法之，其才可知矣，而其出于君赐者又可知。唐之房杜首称贤相，仅立门户，遭不肖子孙荡废殆尽，尚可记先世之制诰哉。至于狄梁公后，持告身以谒狄青，尤不足言矣。厥后房杜子孙貌（邈）焉无闻，而王谢衣冠世济其盛，一能守与不守之间，而子孙之贤否以别。一子孙之贤否，而家世所由以盛衰也。宏农杨氏远出周封齐伯为杨氏之后，自子孙以杨为姓来，世有显著。如汉之关西夫子，唐宋之簪祖（组）相仍，皆子记述。盖杨氏以王谢有守之子孙自法，亦以王谢之衣冠望之，故乐为序。晦翁朱熹撰。

此序载1935年重修《南屏杨氏宗谱》，朱火金、朱再康曾发表《新发现朱熹佚文七篇》于《朱子学刊》（2005年第15辑），并说明云："据杨贞后裔孙杨煜新提供史料，杨氏始祖杨贞官系杭州清河令，与朱熹友善。其裔孙分居诸暨、浦江等县，诸暨南屏杨氏至今已延续至世，有裔孙余人。早在宋孝宗（淳熙）九年（1182），朱熹巡视诸暨，进行救灾活动期间，由杨贞等人陪同视察。在游览五泄时，不但作有诗文，而且为杨氏撰写《宏农真传序》。该序的主要精神是以德为本，教育子孙是以德治家，是杨氏族人的传家之宝。"按，此文内容空洞，议论浅薄，所谓王谢衣冠、房杜子孙、狄公后人皆世人尽知之老生常谈，"世济其盛""簪组相仍"云云也绝非朱熹所肯言，故必为他人所伪托。

伍氏宗谱序

予尝仰观乾象，北辰为中天之枢，而三垣九曜旋绕归向，譬犹君之尊而无敢不拱焉；俯察地理，昆仑惟华夏之镇，而五岳八表逶迤顾盼，譬犹祖之亲而无敢不本焉。君亲一理，忠孝一道，忘之者谓之逆，遗之者谓之弃，慢之者谓之亵，无将之戒，莫大于不忠。五刑之属，莫大于不孝。为人臣所当鞠躬尽瘁，为人子所当慎终追远，不可一毫忽也。今阅伍氏谱牒，上溯姓源之始，下逮继世之宗，明昭穆以尚祖也，系所生以尚嫡也，列像赞以尚思也，非大忠大孝而能之乎？噫！世之去祖未远而懵然不知者，愧于伍氏多矣。宋淳熙己酉，龙图阁待制新安朱熹敬撰。

此序曾由江西庐山白鹿洞书院管委会主任闵正国以《新发现的一篇朱熹佚文》发表于《朱子学刊》2004年第1辑。作者说明云："笔者近年主持庐山白鹿洞书院管委会工作，在从事朱子与白鹿洞书院研究中，从白鹿洞临近的星子县白鹿镇玉家村伍家岭村民小组发现清代乾隆四十三年（1778）所编《伍氏宗谱》一部，上刊有朱熹于南宋淳熙己酉年（1189）为《伍氏宗谱》所作序文一篇。现标点披露于后，以供方家、同好考辨与研究。"按，此序又见于浙江金华周少雄所保存的1928年木活字本《太常周氏宗谱》，题为"太常周氏宗谱引"；又见于中华民国二十九年（1940）修《郑氏大宗统谱》，题为"重修荥阳郑氏世谱原序"；又见于刘以健藏《温陵刘氏宗谱》，题为"刘氏宗谱序"，束景南在《朱熹佚文辑考》①、《朱熹佚文辨伪考录》② 中已辨其伪；又见于江西省都昌县志编修办公室提供的北山乡塘湖黄家保存的《黄氏宗谱》，题为"黄氏谱序"，郭齐《朱熹新考》③ 已辨其伪。

其实，此文出处远不止此，如又见于光绪十三年（1887）木活字本《安徽贵池南山刘氏宗谱》，题为"刘氏宗谱序"；光绪三十年（1904）铅印本《起霞刘氏宗谱》，题为"刘氏宗谱序"；中华民国五年（1916）刻本《福建浦城刘氏族谱》，题为"刘氏宗谱前序"；中华民国九年（1920）铅印本《凤岗忠贤刘氏族谱》卷8，题为"刘氏族谱序"。以上

---

① 参见束景南《朱熹佚文辑考》，江苏古籍出版社1991年版。
② 参见束景南《朱熹佚文辨伪考录》，《朱子学刊》1996年第1辑。
③ 参见郭齐《朱熹新考》，电子科技大学出版社1994年版。

这些出处的序文文字上皆大同小异，署衔或为朱熹从未担任过的"龙图阁待制""学士""宣谟阁说书""正籍翰林典"等职，撰文时间或为淳熙六年（1179），或为淳熙十六年（1189），或为绍熙五年（1194），伪迹昭然。

除了署名朱熹作而外，此序尚有不少题名汪澈（或误彻）所作的出处。如康熙三十三年（1694）刻本《浙江淳安安徽绩溪姜氏孝子大民公派宗谱·旧修谱序卷之一·宗谱旧题》；乾隆五十七年（1792）刻本《江苏无锡锡山周氏世谱·周氏族谱序》；同治十三年（1874）铅印本《刘氏宗谱》卷2《刘氏宗谱序》；光绪十六年（1890）铅印本《锡山陈氏宗谱·题陈氏族谱序》；光绪二十一年（1895）铅印本《续修陈氏君实公支谱·题陈氏族谱序》；光绪三十一年（1905）铅印本《蓉湖柳荡刘氏宗谱·原序》；光绪本《延政王氏宗谱·三槐族谱序》；中华民国木活字本《江苏祝堂冯氏家乘》卷1《书冯氏族谱》；1928年铅印本《桦川县志·题林氏宗谱序》等。署衔或为"大学士"，或为"端明殿大学士"，或为"资政殿大学士、知建康府事"，或为"赐进士及第、诰授光禄大夫、上柱国、太子太师、端明殿大学士、兼知枢密院事"，撰文时间或为南宋乾道元年（1165），或为二年（1166），或为六年（1170），或为八年（1172），或为九年（1173），或为清乾隆八年（1743）。

考汪澈，字明远，饶州浮梁（今属江西景德镇）人。绍兴八年（1138）进士，教授衡州、沅州。用万俟卨荐，为秘书省正字、校书郎。寻除监察御史，进殿中侍御史。除御史中丞，为湖北、京西宣谕使，拜参知政事。孝宗登极，命督视荆襄军马。除资政殿学士，与祠。乾道元年（1165），复端明殿学士，知建康府。召知枢密院事，升枢密使。二年引疾，以观文殿学士奉祠。起知鄂州，移宁国府。四年，改知福州。乾道七年（1171）致仕归，八月卒，年六十三。赠金紫光禄大夫，爵鄱阳郡公，谥庄敏。有文集二十卷、奏议十二卷。见《文忠集》卷30周必大撰神道碑，《宋史》有传。以上题名汪澈的序文，其署衔除"上柱国、太子太师"而外，皆与其实任职名相符。但细考年月，则多有不合者。如《周氏族谱序》署"乾道六年（1170）春正月之吉，端明殿大学士歙州汪澈题"，而此时汪澈正奉洞霄宫祠家居，无此职衔；《刘氏宗谱序》署"乾道九年（1173）春王之吉，端明殿大学士歙州汪澈撰"，此时汪澈已卒；《题陈氏族谱序》署"乾隆八年（1743）春正之吉，端明殿大学士歙州汪澈谨撰"，"隆"或为"道"之误，然同样此时澈已卒；《三槐族谱序》署"宋乾道元年，资政殿大学士知建康府事歙州汪澈题"，而汪澈除资政殿学士在隆兴元年（1163），至是年已复端明殿学士；《书冯氏族谱》署"时乾道二年（1166）三月，赐进士及第、诰授光禄大夫、上柱国、太子太师、端明殿大学士、兼知枢密院事汪澈"，更为荒谬，其光禄大夫乃身后赠官，上柱国、太子太师则为子虚乌有；《题林氏宗谱序》署"乾道八年春正之吉，端明殿学士、兼知枢密院使歙州汪澈谨撰"，是时澈已卒；等等。由此看来，此谱序非但不是朱熹所作，连署名汪澈者亦属伪托。汪澈确有《周氏族谱序》，文云：

> 族谱名者，所以谱吾族之人，以尊吾之尊，亲吾之亲也。族不谱，则祖先存殁之日莫之知，葬埋之地莫之认，而吾身之所自出，将馁而亨，尊尊之道乖矣。族为亲疏之名分列，将远近降杀之服泽不识，而吾亲之一体如分者，将有同如路人，亲亲之道废矣。此族之所以不可不谱也。况周氏诗礼传家，簪缨继世，其尤族之表者，又可无谱牒以会取之？故学士公以南渡之谱绘图列传，实作凡三卷六十条，庶几可以宗祀先祖，登拜坟茔，可以序昭穆，通庆吊，昭扬先哲，告诫后人，其于尊亲之义不为小补也。周氏之子若孙，葛知其所当葛，而不认于所挽；亲知其所当亲，而不紊于其序，然后可以体祖宗之心而不负学士之意。爰书以为序。

该文见江西省博物馆陈伯泉所提供之馆藏钞本《周敦颐画像题跋》，署衔为"乾道元年十二月日，兼知枢密院事、醴泉观使汪澈撰"，其实亦甚可疑，因此时汪澈知枢密院事固不假，然安有同时任祠官之理？况且汪澈平生亦未尝任醴泉观使。

又有题名宋邦绥作者，如光绪本《王氏三沙统谱·王氏三沙全谱序》，署"年家眷弟宋邦绥顿首拜撰"。考宋邦绥（1710—1770年），字逸才，号况梅，苏州府长洲县（今江苏苏州）人。乾隆元年（1736）进士，授庶吉士。散馆，授翰林院编修，记名以御史用。乾隆九年（1744），任翰林院检讨、侍读。出为湖北、山西学政。还朝，以翰林院侍讲充日讲起居注官。出为河南按察使，广东、山西布政使，擢山西、湖北、湖南巡抚，革职。起复陕西布政使，为广西巡抚。乾隆三十四年（1769），以兵部右侍郎兼署仓场侍郎，知武举，调户部左侍郎。次年卒，年六十。以上史实在《芝庭诗文稿·文稿》卷7《资政大夫户部右侍郎宋公墓志铭》、道光《苏州府志》卷86中有传。按，此序亦为伪托。上文列举该序最早出处为康熙三十三年（1694）刻本《浙江淳安安徽绩溪姜氏孝子大民公派宗谱·旧修谱序卷之一·宗谱旧题》，而宋邦绥生于康熙四十九年（1710），足见其谬。

要之，此谱序究为何人所作，一时难于确考，疑清初人为之。然署名朱熹、汪澈、宋邦绥者皆为伪托，则基本可以确定。家谱、族谱之类常不惜假托名人之文以重其事，百伪一真，不可据信。此序算是其中较为典型的一例。

明清政书著述钩沉十种

田 君

（四川大学古籍整理研究所）

摘　要：刘锡信撰《历代讳名考》，详列史实，备载历代讳例，记录典籍人物讳名作某，旨在考证详明，便于核验。周广业撰《经史避名汇考》，汇录历代记载，以经史政书为纲领，以诸子百家为条目，旁征博引，考证精当。陆深撰《科场条贯》，要言不烦，于明洪武至嘉靖间科举条式，较为留意，多有史料可采。卢上铭、冯士骅撰《辟雍纪事》，依年记事，教育之规，激励之典，叙列故实，所涉及人物，略注生平，于祭酒、司业等主要官员，叙述详备，其间制度原委，纤悉具载。张朝瑞撰《皇明贡举考》，汇录会试考官、试题及所刻程文之目，备列有明一代试题，依诸经出题情况。素尔讷撰《钦定学政全书》，涵盖甚广，如学官事宜、学校条规、采访遗书、颁发书籍、崇尚实学、书坊禁例、学政事宜、考试事例、诸省学额等，涉及清乾隆中期以前的教育制度、文化政策等诸多方面。徐松撰《登科记考》，博涉《旧唐书》《新唐书》《唐会要》《文苑英华》《册府元龟》《玉海》《太平广记》《永乐大典》及唐宋以来的文集、笔记、诗话、方志，备采有名姓可考者，掇取

---

* 本文系国家社会科学基金项目"先秦乐道思想体系与文献研究"（15XZX010）、贵州省2017年度哲学社会科学规划国学单列课题"周秦儒学文献史稿"（17GZGX29）、四川大学创新火花项目库项目"隋唐五代巴蜀诗词文辑考"（2018hhs-17）、四川大学中国语言文学与中华文化全球传播学科群建设专项经费项目"儒学文献溯源：旧史经典化与经典儒学化"（XKQZQN010）的阶段性成果。

科举掌故附注其下，甚或登科之试文，皆辑佚附载，依簿录类书之征引，唐人登科记本不载明经科，而是书于明经之可考者，亦系年补入。杜受田等修、英汇等纂《钦定科场条例》居科举制度登峰造极之时，处晚清科举废弛衰亡之前夕，其体例完备，规则绵密，可谓集历代科举法规之大成。黄崇兰撰《增补贡举考略》，按表格形式，依年份、地区汇纂科举史料，可与试录之详载，参互查考，且径而观之，可知明清科举之梗概。刘光蕡撰《改设学堂私议》《劝设学缀言》，以教育设学为手段，望借此改观中国之气象，综观《私议》《缀言》之思想，以变求存、托古改制，类于康有为，其宗旨与维新派颇相契合。

关键词： 明清政书　避讳学　科举　学政　教育制度史

一　刘锡信撰《历代讳名考》一卷

刘锡信，字桐村，清顺天府通州（今北京通州）人。据《清史稿·艺文志》著录，"《潞城考古录》二卷，刘锡信撰"。历代避讳专书，并不多见，东汉应仲远《讳议》、晋陈承祚《释讳》，久已亡佚，锡信《自序》云"第前代著述家如年号、谥法之类皆有专辑之书，惟避讳更改名物至夥，向无专书纪录，斯亦艺林之阙也"，于是留意搜讨，裒而集之，分为十二类，援引证据，间附己见，成《历代讳名考》一卷。本书成于乾隆年间，早于周广业《经史避名汇考》，不及周书详尽，然发凡起例，亦具特色。概而言之，周书详列史实，备载历代讳例，记录典籍人物讳名作某，旨在考证详明，便于核验。而本书挑选史实，分为星神、岁时、谥号、礼乐、宫室、官制、地理、姓氏、人名、书籍、鸟兽、花木十二类，以讳改易名为纲，摘录避帝王名讳而改易之名物，旨在发明示例，如地理类"汉文帝讳恒，改恒山郡为常山郡"；官制类"汉武帝讳彻，改彻侯为通侯"；宫室类"魏明帝起芳林园，后避齐王芳讳，改为华林园"；礼乐类"唐武后名曌，改诏书为制书"；人名类"宋人书中'卢怀慎'作'怀谨'，'乌重允'作'重嗣'，'李匡威'作'康威'，皆避太祖、孝宗讳也"，诸如此类，其流弊足以淆乱古籍，然反而用之，则亦资辨伪考证，不啻时代标志，诚辨识之良辅也。有上海辞书出版社图书馆藏清光绪五年（1879）王氏谦德堂刊"畿辅丛书"本，《续修四库全书》史部政书类第828册据以影印。

二　周广业撰《经史避名汇考》四十六卷

人名指称，本无禁忌，先民制礼，顺乎人情，以名吐情，避讳遂起。避名之例，肇始于周，拓于秦汉，盛于唐宋，延及明清，后世日趋繁缛，甚如律令，不可越雷池一步，禁忌至多。《经史避名汇考》，卷首为广业自叙、编撰例言，全书厘作四十六卷，原名二卷，序例一卷，帝王由周迄明二十卷，宫掖以下至杂避讳二十三卷，计有宫掖、储副、藩封、戚畹、官僚、宦寺、亲属、师友、道释、闺阁、神祠、远服、杂讳，共十三类，末附友人吴骞跋语。避讳为中国特有之风俗，历代典籍中可见，而年代悬隔，声迹消沉，广业云"每见昔人名字及群经文字诸书称引者往往歧出不同"，"初谓今昔本异，及详核之，皆由当日避讳之故"（《经史避名汇考自叙》），古人未必尽识，今人更有不逮，势必妨碍阅览，亟待专书考证。历代避讳专书，并不多见，东汉应仲远《讳议》、晋陈承祚《释讳》，撰述较早，且久已亡佚，清刘锡信《历代讳名考》，仅述一卷，有失赅备。本书成稿于清嘉庆年间，汇录历代记载，以经史政书为纲领，以诸子百家为条目，旁征博引，考证精当。广业嗜书如命，遇疑必究，穷三十年之光阴，历代避讳史实，多有留心，"有当者即疏记之，久之丛稿衷然"，遂汰其雷同，件系条贯，采掇群言，正其谬误，易稿七八次，方成此帙。其编撰体例，以正统史观为指归，所谓"叛逆"皆作附录，不单列卷，例如本书卷6至9，以汉、后汉、季汉序之，分述两汉三国，以刘汉为正统，其中卷9，专讲三国避讳，广业不依陈寿史例，视蜀汉为"季汉"，将魏、吴附载其下，值得注意。所见稿本，较为整饬，盖改定待刊之稿，据吴骞跋语，"君仲子勋常茂才手所辑《经史避名汇考》见视，且属校其鲁鱼"，本书复经其子辑订，吴骞亦为之校勘。考诸行文，如广业《自叙》之署名，原为"嘉庆二年（1797）岁次丁巳闰六月立秋后二日，海宁周广业"，此稿于简端改作"海宁"，乃避清道光帝名讳。《自叙》撰于嘉庆朝，未及避讳道光，而其子勋常处道光朝，适与吴跋印证，确系身后勘订之稿，当属广业最终定本，极具价值。有国家图书馆藏清钞本，乃海内孤本，弥足珍贵，《续修四库全书》史部政书类第 827 册据以影印。

三 陆深撰《科场条贯》一卷

陆深生平所撰札记，其子楫汇刊为《俨山外集》，《科场条贯》取自其中。《四库全书总目》评曰"于前后损益之制，胪列颇详"，内容涉及科场掌故，《书目答问》亦有著录，将其列于杂史类掌故之属。本书记载要言不烦，于明洪武至嘉靖间科举条式，较为留意，多有史料可采，例如本书记载"洪武三年（1370）庚戌始开科取士，士之就试者一百三十三人，中式者七十二人，主试则御史中丞刘基、治书侍御史秦裕伯，同考则翰林侍读学士詹同弘、文馆学士睢稼、起居注乐韶凤、尚宝丞吴潜、国史宋濂，而序出于濂"，此年八月云"京畿乡试、会试，合河南、陕西、北平、山东、山西、江西、湖广、浙江、广东、广西、福建十一省之士，而高丽之士亦与焉。就试之士二百，中式者百二十人，而宋濂复为分考，复为之序"。历史掌故，胪列明晰，又云"洪武十七年（1384）始颁行《科举定式》，三年大比，各次年会试，乡举犹未限名也，吏胥不许应试则在四年之诏"，于明代科举研究，颇资参考。有复旦大学图书馆藏明嘉靖二十四年（1545）陆楫刊《俨山外集》本，《续修四库全书》史部政书类第 828 册据以影印。

四 卢上铭、冯士骅撰《辟雍纪事》十五卷、《辟雍考》一卷、《辟雍纪事原始》一卷、《辟雍轶事》一卷附录一卷

卢上铭，字尔新，明广州府东莞（今广东东莞）人。崇祯年间，曾官至南京国子监典簿。据《明史·艺文志》著录，"卢上铭，《辟雍纪事》十五卷"。冯士骅有《春秋三发》，已著录。据《千顷堂书目》卷9"士骅，字仲先，吴县人，拔贡生"。《辟雍纪事》十五卷，起洪武元年（1368），讫崇祯十年（1637），记载明代太学掌故，撰者曾任职明南京国

子监，其叙述详于南监，而北监亦附见焉。依年记事，教育之规，激励之典，叙列故实，条贯系联，所涉及人物，略注生平，于祭酒、司业等主要官员，叙述详备，其间制度原委，纤悉具载，多有史料可采，例如洪武二十九年（1396）三月，云"祭酒胡季安坐胡惟庸党得罪免，命学正吴启署祭酒，博士杨淞署司业。上以'师严则道尊，道尊则德立'特召二人谕勉之"。此年"四月，署监事吴启以六堂师生不分优劣，无以激劝，请上命礼部会同翰林院诣国子监，考试甄别高下，送吏部以次擢用。上命魏国公徐辉祖监之，得士铁铉等（文下小注，铉后死靖难）"。此等记载，于国子监制度研究，颇为重要，值得关注。本书卷首有《辟雍考》一卷，从官秩、职掌、创修、钱谷四方面，考证太学制度沿革，《辟雍纪事原始》一卷，明国子监初为国子学，此篇叙述始于朱元璋即吴王位，自甲辰至丁未，洪武称帝以前四年，有关国子学之史实，悉数记载，纪事之所繇昉，而《辟雍纪事》始于洪武元年（1368），接续其后，故题名"原始"。书后《辟雍轶事》一卷，录无年可系者，补纪事之所遗，又附录一卷，收录《名贤杂咏》、冯士骅所撰《纪盛典》、卢上铭所撰《文庙重修颂》，系与正编相关之资料，可供参考。全书体例赅备，有明一代国子监之历史，可谓大略在此。有南京图书馆藏明崇祯刊本，《续修四库全书》史部政书类第828册据以影印。

五 张朝瑞撰《皇明贡举考》九卷

张朝瑞《皇明贡举考》九卷，系年条贯，汇考明代科举之制。卷首有《贡举纪略》，不入卷数，登载"三试皆元""会元登状元""解元登状元""解元中会元"诸名录，以及状元年老、年少之属，体例类说部，内容近掌故，可备观览。《贡举考》卷1，言之颇详，然杂引诸儒之论，亦有芜杂处，如引桂有三种，红为状元，黄为榜眼，白为探花，以证鼎甲三人名所自起，不可为据。《贡举考》卷2至卷9，起洪武三年庚戌（1370），讫万历十一年癸未（1583），刊载历科三试诸榜，殿试之榜全录，会试之榜摘录前五，乡试之榜惟录各省第一，而于制策之末，兼记名臣硕儒之概略。又汇录会试考官、试题及所刻程文之目，备列有明一代试题，诸经出题情况，至为详悉，可资考证，例如于试题详略处，《春秋》经文命题节略，如"盟密""夹谷"之类，不具首尾，《四库全书总目》经部春秋类，评曰"其以《经》文命题，不过《传》文之标识，知为某公某年某事而已"，而其他诸经，皆具首尾，命题犹主经文。明代举业于《春秋》，视经文不为轻重，惟主发挥胡安国之《春秋传》，是以《春秋》虽名列学官，实以胡传当经文，经传地位，其可知矣。且本书纂辑科场史料，条理清晰，于名姓籍贯之异同，考证详核，于明代科举研究，足资参考。有北京大学图书馆藏明万历刊本，《续修四库全书》史部政书类第 828 册据以影印。

六　素尔讷等撰《钦定学政全书》八十卷

　　素尔讷，清乾隆朝大臣，据《清史稿·高宗本纪》记载，历任中央诸部长官，乾隆三十四年（1769），任刑部尚书，乾隆三十五年（1770），调户部尚书，乾隆三十六年（1771），官理藩院尚书，据《清史稿·艺文志》，其于政书类铨选科举之属，著录"《学政全书》八十卷，乾隆三十九年（1774），素尔纳等奉敕撰"，时年素尔纳任理藩院尚书、署理礼部尚书。本书编于清乾隆朝，由礼部主持清理，起顺治元年（1644）讫乾隆中期，以相关谕旨档案为依据，兼及臣工条陈之有关学校者，系年汇编，次第纂修而成，颁发全国，一体遵照。取材以行政档案为主，俱按门编入，共成八十卷，装为六函，进呈乾隆御览，钦定发下，是以题名"钦定学政全书"。卷首所附奏疏，论及纂修事宜，云"（礼）部另缮副本，移送武英殿刊刻印刷，交部颁发，直省一体遵照，其未经刊发以前，如有钦奉谕旨暨臣工条奏应行载入者，仍随时添辑所有"，其内容乃文件汇编性质，多有史料可采，例如本书述及清代"承袭奉祀"制度之弊端，"康熙二十五年（1686）议准，圣贤嫡裔有充奉祀生者，仍给衣顶，确开名数报部。雍正二年（1724）议准，先贤有祠宇处，查明嫡裔，给予印照，为奉祀生。但事久弊生，无论有无祠宇、是否贤裔，称系同姓，即给印照，各省督抚及衍圣公并不将奉祀生名数报部，致有假造印照，冒滥充补等弊行。令衍圣公会同山东巡抚、学臣核实查明。其各省奉祀生，令该督抚、学臣通行严查"。亦可见清代衍圣公有此职事。又云"乾隆五年（1740）又议准，奉祀生事故出缺，将从前原颁部照缴销，以杜假冒"，系年叙述，眉目清晰，政策沿革，颇为详悉。本书材料丰富，涵盖甚广，如学宫事宜、学校条规、采访遗书、颁发书籍、崇尚实学、书坊禁例、学政事宜、考试事例、诸省学额等，涉及清乾隆中期以前教育制度、文化政策等诸多方面，研究者可依类循年，便于查考，足资采获。有辽宁省图书馆藏清乾隆三十九年（1774）武英殿刻本，《续修四库全书》史部政书类第828册据以影印。

七　徐松撰《登科记考》三十卷

据《清史稿·艺文志》，于政书类铨选科举之属，著录"《登科记考》三十卷，徐松撰"，揆诸《清史稿·文苑列传》，徐氏本传载为"《唐登科记考》"，盖本书两名通行。唐代有进士题名录，略记同榜者之姓名、郡望、年龄、行第等，以作纪念。历科进士，题名渐多，后人在此基础上，整理、扩充相关资料，撰集《登科记》，且由私撰到官修，成为汇录科第之专书。然唐五代之《登科记》，至宋代业已残缺，乐史、洪适之补作，后亦亡佚。迨及清代，惟马端临之《文献通考·选举二》，尚存唐登科记总目，徐松以此为科名、人物之纲领，广讨博搜，纂辑科举文献，详加考订，成《登科记考》三十卷。前二十四卷为唐代部分，卷25、卷26为五代部分，卷27录登第年代失考者，卷28至卷30为"别录"，汇集可资考证之散见数据，其绝大部分乃唐代科第，是以亦名《唐登科记考》。本书叙列诸科，取材宏富，博涉《旧唐书》《新唐书》《唐会要》《文苑英华》《册府元龟》《玉海》《太平广记》《永乐大典》及唐宋以来文集、笔记、诗话、方志，备采有名姓可考者，掇取科举掌故附注其下，甚或登科之试文，皆辑佚附载，依簿录类书之征引，唐人登科记本不载明经科，而是书于明经之可考者，亦系年补入。不仅数据详赡，更兼考证精辟，例如唐开元二年（714）之进士科，徐松引据《永乐大典》"赋"字韵，下按语曰"杂文之用赋，初无定韵，用八韵自此年始"，又开元五年（717）之博学宏辞科，松有按语云"博学宏辞置于开元十九年（731），则此犹制科也"，可取之处甚多，清李慈铭《越缦堂读书记》评曰"体例秩然，考据精博"，不啻唐五代之科举史料编年，且唐代以科举取士，历史人物多科举出身者,可借此考究其生平。本书亦偶有疏漏,可参近人岑仲勉《登科记考订补》①,又后世出土之唐代墓志,有徐松所未及见者,颇资参正。有上海辞书出版社图书馆藏清光绪十四年(1888)刊"南菁书院丛书"本,《续修四库全书》史部政书类第 829 册据以影印。另有 1984 年中华书局赵守俨点校本。

八 杜受田等修、英汇等纂 《钦定科场条例》六十卷、首一卷

杜受田(1788—1852),字芝农,清山东滨州人。道光三年(1823)进士,选庶吉士,授编修,外放山西学政,道光十五年(1835)特召还京,直上书房,授文宗读书十余年。咸丰即位后,以帝师身份,官至礼部尚书、协办大学士,虽未入枢廷,国家大政及进退大臣,上必咨而后行。咸丰二年(1852)赴山东、江苏赈灾,途中染病,卒于清江浦,咸丰帝甚哀,追赠太师、大学士,谥"文正"。因管理礼部事务,曾领修《科场条例》,《清史稿》卷 385 有传。

英汇,清礼部官员,据卷首署名,时任礼部仪制司帮办掌印郎中,署礼部主客司掌印、记名御史,为本书总纂兼纂修官。清代之科场条规,承继前代经验,益发纤密,于《大清会典》《钦定礼部则例》皆有涉及,而以《钦定科场条例》最为详尽,条例十年增修一次,旨在为科举行政、防弊事宜,提供法理依据。此书系完成于咸丰二年(1852),居科举制度登峰造极之时,处晚清科举废弛衰亡之前夕,其体例完备,规则绵密,可谓集历代科举法规之大成。本条例卷首一卷,附载进呈奏疏,正文六十卷,规范科举考试之政策细节,据卷首奏疏云"臣部(指礼部)所纂《科场条例》,悉载考试事宜,每逢会试颁发知贡举及主考等官,乡试颁发各直省监临布政使暨典试各员,以示遵循,所关綦重",其内容涵盖"现行事例""例案""驳案"及"旧例",相关之法规,条分缕析,便于官员查阅,援例处理。例如本书卷 36 之

---

① 岑仲勉:《登科记考订补》,《国立中央研究院历史语言研究所集刊》,第十一本,商务印书馆 1943 年版。

"编列坐号",首叙现行事例,"先查明号座若干,再将号戳照号座数目点明,通行挽搅,交四所官分手戳印,监临知贡举监试提调,眼同防范,不得假手吏胥,致滋买嘱联号之弊"云云,所附载旧例为嘉庆十八年(1813),"各省驻防生监,于本省乡试编列旗字号,另额取中。于入场时,照依顺天乡试之例,另编坐号,毋令与民籍士子互相挽混",又附载驳案,雍正六年(1728)生员陈埕奏称"官生不宜另入号房考试"等语,"若将官生编入民号,则官卷、民卷额数彼此不相妨碍,恐有不肖举子希闻结交缙绅,或暗中受贿,反滋作代笔之弊,应将所奏'官生编入民号'之处毋庸议",诸如此类,条例至为详细,悉载沿革因由,于考试制度之研究,提供大量案例,颇具史料价值。有南京图书馆藏清咸丰二年(1852)刻本,《续修四库全书》史部政书类第829至830册据以影印。

九 黄崇兰撰《增补贡举考略》五卷、首一卷

黄崇兰,清安庆府怀宁(今属安庆)人。据清代法式善所撰《陶庐杂录》,有云"余辑《清秘述闻》,仅及本朝,而泾邑学官黄崇兰仿余体例,又搜及有明一代",崇兰尝于宁国府泾县(今属宣城)董理学务,撰有《明贡举考略》等。本书前两卷为《明贡举考略》,后三卷为《国朝(清)贡举考略》,明、清贡举各有卷首一卷,不入卷数,列举三试皆元者、会元登状元、榜眼、探花、传胪者,解元登会元、状元、榜眼、探花、传胪者,状元、会元官一品者等,体例类说部,内容近掌故,颇似《皇明贡举考》卷首之《贡举纪略》,可备观览。正文为簿录之体,开列表格,依类相从,作者取《明史》之《选举志》、陆深之《科场条贯》、张朝瑞之《皇明贡举考》及《隆万十八科进士履历考》,以次汇编,参互校订,辑成《明贡举考略》两卷;又于暇日辑清乡试、会试题名录,广交藏书之家,遍采试录,复取《清秘述闻》《槐庭载笔》诸刻校兑,自补所阙,辑成《国朝贡举考略》三卷。据崇兰《弁言》之题署,为"嘉庆癸亥十二月望日",即书成于嘉庆八年(1803)之时,而考诸内容,述及道光二十七年(1847)丁未,其后续资料,盖为赵学曾所续撰,又据卷首题签,为"道光甲辰"重镌,即道光二十四年(1844),则道光二十四

年讫道光二十七年之部分，当属书版刻成之后，另行续板增刊，汇入印刷而总成一书。且于正文之中，屡见批改之处，亦为学所补，抑或后人之读书笔记，尚待考定。本书记载简略，系年条贯，依省类分，因试录另有专书，正文于典试官，仅录其籍贯、官阶，中式者惟录举首一人，简记试题，余皆从略，是以未免遗漏，然按表格形式，依年份、地区汇纂科举史料，眉目清晰，易于检索，可与试录之详载，参互查考，以资索引之用，且径而观之，可知明清科举之梗概，亦不失简要之旨。有国家图书馆藏清道光双桂斋刊本，《续修四库全书》史部政书类第 830 册据以影印。

十　刘光蕡撰《改设学堂私议》一卷、《劝设学缀言》一卷

　　刘光蕡系晚清之教育家，曾主讲味经书院达十二年之久，不仅讲求传统学问，亦讲时务、重西学、开新风，颇具维新意识，《改设学堂私议》即由康有为题签。本书可谓刘氏教育改革宣言，反映其改革主张，提出订立新学制之建议："县设小学，经师一人、术师一人、武师一人，仍三老啬夫游徼，或即以今儒学、教谕、训导为之。此三人亦无论本县外籍，合县乡学师延请，但必须高等学堂卒业者"；"经师掌一县礼俗教化，与士子讲论经史圣贤道德、中外政治得失"；"术师掌一县财货，农工商各业，仓库收发、工匠营造各事"；"武师掌一县兵刑，刑名讼词、团练、追捕、监狱等事"；另设经义、治事两斋，乡学之卒业者入经义斋，县学之卒业者入治事斋。光蕡认为学制规模已备于县，以此为基础，府设中学，诸项事宜，亦类三师之制。观光蕡规制，乃学师兼治官府之事，系学以致用、以用促学之议，可见刘氏之维新与经世思想，从教育入手，以古训载新义，拳拳之心，急于拯救国家颓势。后附《劝设学缀言》，倡言天、地、物各变，所以启人之惧心，使人人急为学、急为群，以自求安全之本源，主张"今日设学于乡，当朔望集乡人，以外患提醒人心，使人人忧危恐惧，非急为学，急为群不能生存斯世，则士吏兵农工无人不学，即无人不智不勇，合四万万人之智力以治生业而处斯世，何有贫弱之患而为外人所欺侮哉"，旨在反驳设学无益之论。光蕡以教育

设学为手段,望借此改观中国之气象,综观《私议》《缀言》之思想,以变求存、托古改制,类于康有为,其宗旨与维新派颇相契合。有上海辞书出版社图书馆藏思过斋刊《烟霞草堂遗书》本,《续修四库全书》史部政书类第 831 册据以影印。

四川新繁"四费"著述考录

杜春雷

(四川大学古籍整理研究所)

摘 要：费氏家族是明末清初四川新繁（今四川新都）最著名的文翰世家，其代表人物费经虞、费密、费锡琮、费锡璜祖孙四人，奕叶济传，奎璧联辉，称为"四费"。其中尤以费密最知名，著述宏富，世所称仰。本文对"四费"著述逐一考录，略予钩沉，希望对新繁费氏相关研究有所助益。

关键词：四川新繁 费经虞 费密 费锡琮 费锡璜

家学是学术文化传承的重要途径。巴蜀地区，文化世家大族历代不绝，两宋时期尤其兴盛。蒙文通先生就曾说："中国之世族盛于晋唐，而蜀独盛于两宋。"① 如眉山苏氏、井研李氏、仁寿虞氏、浦江魏氏等，可谓绵绵瓜瓞，影响深远。及至明清时期，新都杨氏、新繁费氏、蓬溪张氏、罗江李氏等接踵而起，亦负盛名。其中的新繁费氏家族是明末清初四川新繁（今四川新都）最著名的文翰世家，这个家族的代表人物是费经虞、费密、费锡琮、费锡璜祖孙四人，后世称之为"四费"。今天新繁东湖公园还保留有"四费祠"，矗立着费氏四贤，供世人凭吊瞻仰。

"四费"中以费密最为知名。费密（1625—1701年），字此度，号燕峰，明末清初学者、诗人、思想家。他幼承父训，博学善文，后遭乱家毁，出入兵戈，辗转迁徙半个天下。终寓扬州，以教授、卖文为生。晚

---

① 蒙文通：《古地甄微》，《蒙文通文集》第4卷，巴蜀书社1998年版，第108页。

年屡辞清廷征辟，守志穷理，阖户著书，学绩卓著。费密建道统、辟理学、尊古经、重训诂，开乾嘉学风之先声，于哲学、经学、史学、文学、书法、医学皆有精深造诣，村居数十年，著作宏富，清人张邦伸评云："蜀中著述之富，自杨升庵后，未有如密者。杨主综览旧闻，密则独摅己见，较杨更精。"①

费经虞（1599—1671年），费密之父，字仲若，号鲜民，曾任云南昆明知县，后迁桂林太守，时值战乱，未到任即引疾归。后随子密流寓扬州，讲学著书以终，门人私谥孝贞先生。经虞邃于经学，雅擅诗文，费密为学多受费经虞的影响。

费锡琮（1661—1725年），费密长子，字厚蕃，号树栖，人称直敏先生，又称青箱先生。少承家学，绝意仕途，与弟锡璜日相歌吟不辍。长而以诗古文词名。

费锡璜（1664—？），费密次子，字滋衡，人称孝节先生。博学多才，诗名早著。康熙三十五年（1696）游京师，与黄叔成、刘静伯倡立古诗社，为时所称。李调元评云："本朝蜀诗自此度后，滋衡当推为一大宗。本朝蜀诗自此度后，滋衡当推为一大宗。生平豪放不羁……其诗有至情，而根底亦极深厚。古乐府直接汉魏，五七律绝亦在李颀、崔颢之间。"②屈大均赠诗云："开元大历十余公，尽在高才变化中。谁复光芒真万丈，谪仙犹让浣花翁。"③王培荀评价其为"蜀诗家巨擘"④。费经虞、费密、费锡琮、费锡璜祖父子三代皆能诗，尤以费密、费锡璜诗名最盛。

"四费"才高学富，著述丰厚。费密九世孙朝辅于费密年谱跋语中说："费氏著书，由孝贞（指费经虞）以来，将及千卷，梓者半，稿者半。"⑤所言虽有夸饰，然而也足以说明费氏著述之多。尤其是费密，笔

---

① （清）张邦伸：《锦里新编》，巴蜀书社1984年版，第308页。
② （清）李调元：《蜀雅》卷5，丛书集成初编本。
③ （清）屈大均：《西蜀费锡璜数枉书来自称私淑弟子赋以答之》，《屈翁山诗集》卷8，清康熙李肇元等刻本。
④ （清）王培荀：《听雨楼随笔》卷8，清道光二十五年（1841）刻本。
⑤ （清）费冕：《费中文公年谱》书后，清钞本。

力雄健,"著书纵横列,成书讶等身"①,广受关注。可惜其著述大都亡佚,存者只有寥寥数种。费密之子锡璜曾著录费密著述目次②,可惜这个目录现在也已无从查知。不过,尽管资料较少,我们仍可根据费锡璜《费中文先生家传》(以下简称《家传》)、费天修《费燕峰先生年谱》(以下简称《年谱》)、嘉庆《四川通志》卷183至卷188《经籍志》(以下简称《嘉庆四川志》)、中华民国《新繁县志》(以下简称《新繁志》)及其他史传、方志文献记载,略见"四费"著述概貌。

此前,胡适《费氏的书目》③、刘锋晋《费密父子的生平及著述》④、李朝正《费密著作散佚考核》⑤、刘智鹏《费密著述考》⑥对"四费"特别是费密著述皆有录列,尤其是刘智鹏《费密著述考》,考证精核,对世人认识费密著述情况助益很大。但总体而言,已有研究成果仍有不少阙失错漏和未发之覆,有待完善和补正。本文即根据相关文献记载,证诸存世版本,对"四费"著述作逐一考录,以尽量厘清其撰著、流传信息。下文即按经史子集顺序,首先条录费密著述信息,以费经虞、费锡璜、费锡琮著述缀后。

一 费密

(一) 经部

《河洛古文》一卷 佚

《家传》《嘉庆四川志》《新繁志》著录。《家传》《新繁志》作一卷,《嘉庆四川志》作二卷。书名"河洛",当源于"河图洛书",《新繁

---

① (清)黄鹭来:《挽费燕峰先生》,《友鸥堂集》卷3,上海古籍出版社1979年影印清康熙刻本,第170页。
② 费锡璜《书先人文集后》云:"谨录其目次如右,以布告于世之志古学者。"氏著《贯道堂文集》卷1,清康熙年间汪文著刻本。
③ 参见胡适《费经虞与费密——清学的两个先驱者》,载《胡适文存二集》,亚东图书馆1924年版,本文引《费氏的书目》,相关文献,均据此,不再加注。
④ 参见刘锋晋《费密父子的生平及著述》,《成都师专学报》1988年第1期。
⑤ 参见李朝正《费密著作散佚考核》,《四川图书馆学报》1994年第4期。
⑥ 参见刘智鹏《费密著述考》,《四川师范大学学报》(社会科学版),2004年第6期。

志》系该书于"易类"。据《年谱》,费密在康熙十二年(1673)三月"著《河洛古文》二卷毕",时年四十九岁。不过,《年谱》在康熙三十八年(1699)六月又记载"作《河洛古文》一卷毕",费密时年已七十五岁,则该书具体创作时间及卷帙有相互矛盾的记载,实情如何,尚难确定。

《尚书说》一卷 佚

《家传》《嘉庆四川志》《新繁志》著录该书,称"一卷"。据《年谱》,费密于康熙二十一年(1682)九月"作《尚书说》二卷毕",时年五十八岁,二者著录卷帙不同。

《二南偶说》一卷 佚

《家传》《嘉庆四川志》《新繁志》著录。《家传》《新繁志》作"一卷",《嘉庆四川志》作"无卷数"。"二南"指《周南》《召南》,此书为《诗经》学著作。据《年谱》,费密于康熙二十五年(1686)正月"著《二南偶说》一卷",时年六十二岁。

《周礼注论》一卷 佚

《家传》《嘉庆四川志》著录该书。《家传》作"一卷",《嘉庆四川志》作"无卷数"。据《年谱》,费密于康熙二十二年(683)九月"作《周礼注论》二卷毕",时年五十九岁。三者著录卷帙不同。此外,戴望《费舍人别传》、《清史稿》著录书名作"周官注论"[1],《丛书书目汇编·费此度所著书》著录为"周官著论"[2]。另据《年谱》,费密在康熙六年(1667)七月还曾与李长祥论《周礼》,康熙三十一年(1692)七月曾跋《周礼》,作《礼不下庶人论》。

---

[1] (清)戴望:《谪麐堂遗集》文一,"风雨楼丛书"本。
[2] 沈乾一编:《丛书书目汇编》,文海出版社1970年版,第401页。

《四礼补录》十卷　佚

《祀先仪礼》一卷　佚

《礼备录》十卷　佚

　　《家传》《嘉庆四川志》《新繁志》著录《四礼补录》十卷，戴望《费舍人别传》《清史列传》《清史稿》作"四礼补篇"。所谓"四礼"，应指冠、婚、丧、祭。据《年谱》，费密于康熙十二年（1673）六月"著《四礼补录》十卷毕"，时年四十九岁。《新繁志》"三礼总义"中除著录《四礼补录》十卷，还著录有《祀先仪礼》一卷、《礼备录》十卷。《年谱》记载，费密于康熙六年（1667）七月"定《祀先礼仪》"，题名与《新繁志》所录不同，此书或为《弘道书》中一部分，非独立成书。《礼备录》则未见他书记载。《年谱》中记载费密论礼之事数条，如他曾在康熙十一年（1672）正月，与王筑夫论丧礼；康熙十二年（1673）三月，"考四礼"，四月，"订婚礼"；康熙十八年（1679）九月，"答蔡公燮问丧礼，寄《四礼纪要》"；康熙三十六年（1697）十月，与张子昭、彭子觐论丧礼。另，王大经《独善堂文集》中有《复费此度问丧礼书》一文，可知费密还曾与王大经问丧礼。

《春秋虎谈》二卷　佚

　　《家传》《新繁志》著录。《家传》言："外有《春秋虎谈》二卷，以授陈君于耕、于稼，锡璜至蜀始知之。"所谓"虎谈"，当取典于"白虎谈经"。据《年谱》，康熙二年（1662）二月，徐州管河同知陈大常迎费密至署①，遣子于耕、于稼执贽受业。费密时年三十九岁。《春秋虎谈》当作于收陈于耕、陈于稼为徒前后。

---

① 陈大常，字时夏，四川汉州人。中顺治乡试，曾任广州府推官。嘉庆《四川通志》卷153有传。

《中庸大学古文》一卷　佚

《中庸大学驳论》一卷　佚

《家传》《嘉庆四川志》著录此二书，皆称"一卷"。"中庸大学驳论"，《清史稿》、《费舍人别传》、《新繁志》作"中庸大学驳议"。据《年谱》，费密于康熙二十六年（1687）七月"定《中庸本旨》，定《中庸录》凡例"，时年六十三岁，于康熙三十八年（1699）三月"定《大学中庸说》"，时年七十五岁。所谓"中庸本旨、中庸录凡例、大学中庸说"，或许就是《中庸大学古文》《中庸大学驳论》相关内容。

（二）史部

《史记补笺》十卷　佚

《家传》《嘉庆四川志》《新繁志》著录。据《家传》记载，费密精于古注疏，"次则尤熟《史记》，枕藉于中者八年"。并云："甲辰（康熙三年，1664），往高邮州同知张公士羲署，与老儒夏公洪基论经史，为《史记补笺》。"另，《年谱》中于顺治十五年（1658）三月、康熙元年（1662）七月、康熙四年（1665）二月数次提及费密"读《史记》"。另据记载，费密康熙十六年（1659）二月"笺《史记》"，康熙二年（1663）二月"重笺《史记》"，康熙四年（1665）十月"笺《史记》毕，日夜读之，盖八年矣"。康熙五年（1666）十二月"著《史记补笺》四卷毕"。《年谱》将费密撰著《史记补笺》的时间线索，展现地颇为详细。

该书在中华民国初年尚存于世，可惜后来毁于战火，《新繁志》对此有记载："案此书稿本藏于邑人杨氏家有年矣。1917年，成都唐鸿学百川欲以二百金购刻之，杨氏以价贱不肯售。既而刘存厚、戴戡之役成都巷战，此书竟毁于火，闻者莫不惜之。惟是费先生一生精力所萃之书，蕴蓣三百年之久而终不能彰显于世，乃遭此阨，岂非命与！"钟炳灵《校刻弘道书序》也记载了此事："又闻杨氏有先生《史记补笺》钞本，凡八厚册，唐君亲见其书，拟以重金购之，旋遭兵祸，遽毁于火，惜哉！"①

---

① 《新繁县志》附《新繁文征》卷5。

《历代纪年》四卷　佚

《家传》《嘉庆四川志》《新繁志》著录。据《年谱》，费密曾于康熙六年（1667）三月录《历代编年录》，时年四十三岁；康熙二十一年（1682）六月"作《历代纪年》四卷毕"，时年五十八岁。

《荒书》一卷　存

《家传》《嘉庆四川志》《新繁志》著录，皆作"四卷"。今传本仅一卷，但内容相对完整，或乃归并所致。胡适《费氏的书目》书名作"费氏荒书"。

此书是一部记述明末张献忠乱蜀始末的编年体史书，记事起于崇祯三年（1630）庚午，终于康熙三年（1664）甲辰。在此期间，费密身丁离乱，参赞戎行，亲冒矢石，捍寇御侮，所记人事"亲历者多，或闻于同时亲友，间得之老兵余贼"，堪称实录。如费锡琮所言，"虽草野之遗闻，亦史册之掌故也"①，正可借以了解彼时彼地之史实。

据费锡琮《荒书跋》记载，该书开始撰著时，正值庄廷鑨《明史》案爆发，未及完稿即中辍。康熙八年（1669），费密为《荒书》撰序。康熙十八年（1679）修《明史》，费密裒辑旧稿，重为修订。康熙二十四年（1685）又修《明史》，费密以《荒书》削稿未成，只将其父费经虞行状呈送史馆，此年费密六十一岁，而据费锡琮说，费密正是在"年近六十"时，才"始成此书"，可见《荒书》最终成书应在康熙二十四年（1685）之后。

《荒书》成编之后，费密颇珍藏，不轻易示人，以致该书"藏于茆栏风雨之下、败匮蔽笥之中"，"名虽传播，闻者甚众，见者绝少"②，甚至名士徐乾学以费氏亲友请托，费密也只是别以"纪奢寅乱蜀事"与之。如此慎重，或许是出于避祸的考虑。及至雍正五年（1727），《荒书》"原本久贮敝笥，多朽蠹"，费密之孙费藻才又钞缮成帙。③ 此后至于清

---

① 费锡琮《荒书跋》，大关唐氏怡兰堂《费氏遗书三种》本。
② 费锡琮《荒书跋》，大关唐氏怡兰堂《费氏遗书三种》本。
③ 费锡琮《荒书跋》，大关唐氏怡兰堂《费氏遗书三种》本。

末，该书一直以钞本流传。

　　光绪三十四年（1908），大关唐鸿学之弟唐鸿昌从新繁严渭春处得到《荒书》钞本，唐鸿学因其"久无传刻"，乃"遽付梓人"，刻成后籀读，嫌有脱误，因此未马上印行。宣统三年（1911），唐鸿学以重金购得新繁杨氏藏《荒书》旧钞本，中华民国九年（1920）春，乃取新得钞本校已刊旧刻，撰成校记，纳入《费氏遗书三种》刊行。此后，唐氏《费氏遗书三种》版片流转至渭南严式诲手中，1927年刊印入"孝义家塾丛书"。近来又有谢伏琛点校《明末清初史料选刊》本（浙江人民出版社1983年版）、何锐等标点《张献忠剿四川实录》（巴蜀书社2002年版）等数种整理本。

《奢乱纪略》一卷　佚

　　《家传》《新繁志》著录。"奢乱"指明末四川奢寅的叛乱。费密在《荒书》中曾提及："自天启元年辛酉土司奢寅叛乱，寅乱不满半岁，王师克捷，毒未远也。当时惟重庆、成都两府州县受害，亦无屠剿，父老以为大痛。由后献逆观之，则寅害极小别有《奢寅纪乱》一卷。"费锡琮《荒书跋》亦曾言："先君既不欲以《荒书》示人，而亦不拒人之请，别以'纪奢寅乱蜀事'与之。"其中所言及的"《奢寅纪乱》一卷""纪奢寅乱蜀事"，当即《奢乱纪略》。据《年谱》，费密于康熙二十七年（1688）十二月"著《奢乱纪略》一卷毕"，时年六十四岁。《新繁志》著录该书为"四卷"。

《老农岁事》一卷　佚

　　《年谱》《新繁志》著录。据《年谱》，费密于康熙二十三年（1684）十月"定《老农岁事》一卷"，时年六十岁。康熙三十八年（1699）八月"定《老农岁岁事》"，时年七十五岁。"老农岁岁事"，疑衍一"岁"字。《新繁志》著录为"《老农记事》二卷"。

《蚕此遗录》二卷　佚

　　《家传》《嘉庆四川志》《新繁志》著录。蚕此，地名。郭允蹈

《蜀鉴》卷7云："蚕此,属新繁县。"① 雍正《四川通志》卷4云："蚕此镇,在成都县北威凤山下。"据《年谱》,费密于康熙三十七年(1698)四月"著《蚕此遗录》二卷毕",时年七十四岁。该书书名,《锦里新编》、《清史列传》、嘉庆《江都县续志》作"蚕北遗录",《清儒学案》作"蚕丛遗录"。

《中传正纪》一百二十卷　佚

《家传》《新繁志》著录。《家传》云："自宋人谓周、程接孔、孟,二千年儒者尽黜无一闻道者。考实为先儒悲痛,乃上考古经与历代正史,旁采群书,作《中传正纪》百二十卷,序儒者授受源流,为传八百余篇,儒林二千有奇,自子夏至于考,盖七十二传也。"②从中可知费密撰著此书是为了探究儒学授受的源流,肯定汉唐诸儒的价值。此书的主体是儒学人物传记,多至八百余篇。费密门人蔡廷治于《弘道书题辞》中云："吾师世其家学,直从古经旧注发明吾道定旨,谓三代而后,汉唐以下,贤主得良臣辅之,皆纲维伦纪,功在天下。序古今有道之君为《统典》,序古今文武忠义为《弼辅录》,序录七十子传人为《道脉谱》,而后汉唐诸儒不致荒弃。容城孙征君称为汉儒知己。三者备而后圣门之学始全,古经之旨始备,合为《中传正纪》,上宣王政,下厚风俗,深潜撰著,未常轻出示人。"所言《统典》《弼辅录》《道脉谱》是《弘道书》中新建构道统体系的核心内容,三者"合为《中传正纪》",正可说明《中传正纪》中所列儒学人物传记是《弘道书》新道统体系的实际内容。《弘道书》似论点、提纲、主旨,《中传正纪》则似论据、正文和论证主旨的材料,二者关系紧密,互为表里。③

关于《中传正纪》成书,《年谱》于康熙七年(1668)九月记载"著《中传正纪》毕",于康熙三十八(1699)年三月记载"定《中传正纪》一百二十卷毕",颇相矛盾。据《家传》记载,费密于康熙七年戊申

---

① （清）郭允蹈：《蜀鉴》,文渊阁《四库全书》本。
② 此据《燕峰诗钞》所载《家传》。《贯道堂文集》本《家传》无"儒林二千有奇,自子夏至于考,盖七十二传也"。
③ 《颜李师承记》即言："《宏（弘）道书》十卷,皆与《中传（正纪）》相表里。"徐世昌《颜李师承记》,载周骏富辑《清代传记丛刊》,明文书局1985年版,第276页。

（1668）移居江都戈家庄，遂著《中传正纪》，"上自先圣，下迄近代，纪载儒林师传世序，自戊申始也"，明言康熙七年（1668）是开始撰著《中传正纪》的时间。另据《家传》，康熙十九年（1680）"吉安太守书来迎考，遂游吉安。太守命侍史为考钞《中传正纪》，自是始成初本"。综合以上，可知《中传正纪》开始编撰于康熙七年（1668），初本成型于康熙十九年（1680），定稿于康熙三十八年（1699）。

此外，《年谱》还记载有不少《中传正纪》成书过程中的编撰举动，如康熙十一年（1672）八月"定周濂溪、程明道、伊川、朱晦庵传，作《中传论》，定《中传宗系图》"；康熙十三年（1674）六月"定儒林诸传，考先圣年谱，考七十子列传"；康熙十六年（1677）二月"考诸儒传系"，康熙二十一年（1682）三月"补定《中传录》"；康熙二十三年（1684）七月"定《中传世系》"；康熙二十八年（1689）四月"作《中传录自序》"，五月"序儒林诸传"；康熙三十年（1691）八月"定《中传录》凡例，定《归熙甫传》，入《中传正纪》"；康熙三十八年（1699）二月中旬"录《七十子列传》"；等等。

《年谱》中还有费密编撰人物传记的有关记载，这些人物除上段提及的周敦颐、程颐、程颢、朱熹、归有光外，尚有祖逖、文中子、邵雍、赵古则、任瀚、王艮、祝允明、钱德洪、刘道开、郝敬、张伯起、李仙根、黄鹭来、韩畕等，其中应有部分传文是为《中传正纪》而作。

《天涯知己录》一卷　佚

胡适《费氏的书目》著录。据《年谱》，费密于康熙二十三年（1684）七月"序《天涯知己录》"。此书内容不详，其作者是否为费密，尚有疑问。

《历代贡举合议》二卷　佚

《历代贡举考》九十卷　佚

《家传》《嘉庆四川志》《新繁志》皆著录《历代贡举合议》二卷。据《年谱》，费密于康熙二十八年（1689）八月"作《历代贡举合议》二卷毕"。《新繁志》除著录"《历代贡举合议》二卷"外，尚著录费密著有"《历代贡举考》九十卷"①，不知何据。此外，费密孙、费锡琮子费冕著有《历代策士考》四卷，可谓善承家学。

《古史正》十卷　佚

《家传》《嘉庆四川志》《新繁志》著录。据《年谱》，费密于康熙三十二年（1693）十月"著《古史正》十卷毕"，时年六十九岁。

《八政勾稽》无卷数　佚

《年谱》著录。据《年谱》，费密于康熙二十五年（1686）四月"定《八政勾稽》"，时年六十二岁。

（三）子部

《弘道书》十卷　存 三卷

《家传》《嘉庆四川志》《新繁志》著录。《家传》介绍《弘道书》内容颇详："又作《弘道书》十卷，弘道书者，所以广圣人之道也，曰《统典论》，曰《辅弼录论》，明大统必归帝王，不得以儒生参之也；曰《道脉谱论》，明先圣以来七十子传人具有，不可灭没其功也；曰《古经旨论》，曰《原教》，明圣人之道，古经具在，无所谓不传之秘也；曰《圣门育材论》，明圣人取人甚宽，不可举一废百也；曰《祀先圣礼乐旧制议》，曰《先师旧制议》，曰《七十子封爵旧制议》，曰《七十子为后议》，曰《从祀旧制议》，明汉唐以来，学校不可废，先儒不可黜，七十子、汉唐过薄，而宋儒过厚也；曰《先儒传道述》，曰《圣门传道述》，明帝王师儒有旧章，不可杂，不可改易也；曰《吾道述》，明圣教不同于二氏也。并附载诸图，为十卷，是谓《弘道书》。"可见《弘道书》十卷由《统典论》《辅弼录论》《道脉谱论》《古经旨论》《原教》《圣门育材论》《祀先圣礼乐旧制议》《先师旧制议》《七十子封爵旧制议》《七十子为后议》《从祀旧制议》《先儒传道述》《圣门传道述》《吾道述》及附载

---

① 胡适《费氏的书目》作"《历代贡举》九十卷"。

诸图组成。① 今传《弘道书》只三卷，但上述十卷本内容皆一一在列，可知今传三卷本与十卷本内容大体相同，只是卷目分合有异。

《弘道书》成书所历时间较长。据《年谱》记载，费密于康熙六年（1667）七月"定《祀先礼仪》"，康熙八年（1669）四月"考儒林世系"，康熙九年（1670）十月"作《道统论》"，

康熙十一年（1672）正月"定《诸儒传道世系》"；康熙十二年（1673）三月"考道统世系"；康熙十六年（1677）六月"录《道脉谱》"，七月"作《道统支本论》"；康熙十七年（1678）二月"定《道脉谱》"，四月"著《弘道书》"；康熙二十年（1681）正月"作《原教》"；康熙二十六年（1687）九月"作《圣门道脉》序，作《七十子授受传略》"，十二月"撰《道脉序》"，到康熙三十一年（1692）六月才"定《弘道书》"。结合费密弟子蔡廷治为《弘道书》所作《题辞》作于康熙三十年（1691）春，可见《弘道书》的基本成书时间在康熙三十一年左右，费密时年已六十八岁。《弘道书》定稿后，费密仍续有所作，如康熙三十一年（1692）十一月"作《统典序》，作《辅弼录序》"；及至康熙三十四年（1695），费密门人张含章还曾为《弘道书》作序。

《弘道书》成书后，"以贫不能缮有宗本"②，更遑论刊刻。中华民国年间，唐鸿学从新繁杨氏手中得到《弘道书》钞本，并断定其为"晚岁定本，百年外旧钞"③。鉴于该书颇蠹坏，且脱讹较多。唐鸿学乃与友朋商榷改订，精心校勘，改正五百多字，并撰校记附后。1920 年，《弘道书》与《荒书》《燕峰诗钞》合为《费氏遗书》，收入"怡兰堂丛书"刊刻出版。后渭南严氏得到《费氏遗书》版片，予以重刊，是为"孝义家塾丛书"本。以上二本出自蜀地，在费密后大半生居住的扬州，尚有 1924 江苏泰县韩国钧木刻本。此本有五篇据洪揖侯藏钞本刊刻，其余则翻刻自"怡兰堂丛书"本。此外，据《年谱》卷前孙树馨作于 1925 年的识语记载，《弘道书》及费密手绘诸图，当时尚散见于江都北乡一带，可惜今已不知下落。

---

① 《年谱》中记载费密所画图甚多，如《太极生五行图》《乾男坤女图》《五行生成图》《絜矩图》《性教二图》《道统授受图》《中传宗系图》《中行狂狷图》《元气图》《上下经卦图》《河图洛书象》《弘道中旨图》等。

② （清）张含章：《弘道书序》，大关唐氏怡兰堂《费氏遗书三种》本。

③ 唐鸿学撰跋文，载《弘道书》书后，大关唐氏怡兰堂《费氏遗书三种》本。

《圣门旧章》二十四卷　佚

《家传》《嘉庆四川志》《新繁志》著录。《家传》云："《圣门旧章》六种：曰《古今笃论》四卷，曰《朝野诤论》四卷，曰《中旨定录》四卷，曰《中旨辨录》四卷，曰《中旨申惑》四卷，共二十四卷。"所言仅五种二十卷，阙列一种四卷。《新繁志》同著录"六种二十四卷"，所列书目、卷帙为"《中旨统论》二卷；《中旨正录》二卷；《中旨定录》四卷；《中旨辨录》四卷；《中旨申惑》四卷；《古今笃论》四卷；《朝野诤论》四卷"，比之《家传》，增加"《中旨统论》二卷；《中旨正录》二卷"；卷数合二十四卷，但共七种书，比之所言"六种"多一种。

据《年谱》，费密于康熙十六年（1677）二月"定《中旨定录》二卷毕"；康熙十七年（1678）二月"著《中旨辨录》二卷毕"；康熙十八年（1679）九月"著《中旨正录》二卷毕"；康熙二十七年（1688）正月"著《中旨统录》二卷毕"；康熙三十四年（1695）五月"著《朝野诤论》二卷毕"；康熙三十六年（1697）四月"著《中旨辨录》二卷毕"，七月"著《中旨申惑》二卷毕"。其中未涉及《古今笃论》。《中旨统录》《新繁志》作"中旨统论"。上引《朝野诤论》《中旨定录》《中旨辨录》《中旨申惑》皆作二卷，与《家传》言"四卷"不同①；《年谱》于康熙十七年（1678）、康熙三十六年（1697）皆记载《中旨辨录》毕，未知孰是。

费锡璜曾述及其父费密一生的学术追求"所明者圣门之旧章、古经之本文，所序者七十子之支绪、千五百年之儒林，所辨者七百年之过论"，费密门人蔡廷治《弘道书题辞》曾言："《弘道书》，尊圣门旧章之论也。""圣门旧章"是费密矢志阐发，极力宣扬的志业所在，《弘道书》与《圣门旧章》内涵相通，应无疑义。因此，戴望《费舍人别传》《清史稿》《清史列传》《清儒学案》费密小传都记载道：《圣门旧章》诸书"皆申明《宏道书》之旨"。

---

① 《中旨定录》，胡适《费氏的书目》作"一卷"。

《太极图纪》八卷　佚

《家传》《嘉庆四川志》《新繁志》著录此书，作八卷。据《年谱》，费密于康熙三十六年（1697）二月"著《太极图纪》八卷毕"，时年七十三岁。《年谱》中涉及费密《太极图》相关撰著颇多，如康熙五年（1666）十一月"画《太极生五行图》《乾男坤女图》"；康熙十二年（1673）五月"作《易有太极论》，作《八卦生论》《八卦性论》，作《八卦化生万物论》"；康熙十三年（1674）九月"作《易有太极图说》"；康熙二十三年（1684）十月"录《类纂太极河图》"；康熙二十四年（1685）四月"作《易有太极说》"；康熙二十五年（1686）四月"注《太极图》"；康熙二十八年（1689）七月"作《太极生两仪说》"，康熙三十四年（1695）五月"作《太极图说》"，十一月"作《太极图纪序》"。《太极图纪》或许即由以上相关撰著构成。

《圣门学脉中旨录》一卷　佚

《家传》《嘉庆四川志》《新繁志》著录此书，作"一卷"。《年谱》著录为"二卷"。据《年谱》，费密于康熙三十九年（1700）九月"作《圣门学脉中旨》二卷"，时年七十六岁。

《二氏论》一卷　佚

《家传》《新繁志》著录。"二氏"指佛、道。据《年谱》，费密于康熙五年（1666）八月"与紫芝论二氏"。康熙二十四年（1685）九月"与达司业、沈雷臣论二氏宗旨，著《二氏论》一卷"；康熙二十八年（1689）五月"定《二氏论》"，时年已六十五岁。

《瓮录》一卷　佚

《家传》《嘉庆四川志》《新繁志》著录。据《年谱》，费密于康熙三十九年（1700）四月"著《瓮录》一卷毕"，时年七十六岁。该书内容不详，李朝正《费密著作散佚考核》将其归为"评论选本类"[①]，不知何据。

---

① 李朝正：《费密著作散佚考核》，《四川图书馆学报》1994年第4期。

《笭箵归来晚暇记》四卷 佚

《家传》《嘉庆四川志》《新繁志》著录。"笭箵"指渔具，唐陆龟蒙有《笭箵》诗云："朝空笭箵去，暮实笭箵归。归来倒却鱼，挂在幽窗扉。"由费密所拟书名，可以猜测，《笭箵归来晚暇记》或为杂录笔记类著述。据《年谱》，费密于康熙二十六年（1687）正月"著《笭箵归来晚暇记》四卷毕"，时年六十三岁。

《费氏家训》四卷 佚

《家传》《新繁志》著录。据《年谱》，费密于康熙三十五年（1696）九月"著《费氏家训》四卷毕"，时年七十二岁。

《长沙发挥》二卷

《家传》《嘉庆四川志》《新繁志》著录。"长沙"指张仲景，张仲景曾官长沙太守，人称"张长沙"。由书名"长沙发挥"可知此书是对张仲景《伤寒论》《金匮要略》的阐释发挥之作。据《年谱》记载，费密于顺治十一年（1654）四月从刘苏寰学医，后究心于《内经》《伤寒论》《金匮》诸书，为《长沙发挥》必先以刘先生名，以示不忘所学。康熙二十八年（1689）五月"定《长沙金匮方》"，《长沙金匮方》或即《长沙发挥》。《丛书书目汇编·费此度所著书》著录该书，作"长沙发撝"。

《王氏疹论》一卷 佚

《家传》《嘉庆四川志》《新繁志》著录。《丛书书目汇编·费此度所著书》著录该书，作"王氏痊论"。此书内容不详。明末有《王氏痘疹诀疑》传世［成书于明天启三年（1623），撰者不详］，《王氏疹论》或即针对该书所作。

《伤寒口义》二卷 佚

胡适《费氏的书目》著录。据《年谱》，费密于康熙三十九年（1700）五月"著《伤寒口义》二卷毕"。

《金匮本草》六卷　佚

《家传》《嘉庆四川志》《新繁志》著录。据《年谱》，费密曾于康熙二十一年（1682）三月"与团伟长论《金匮》"；康熙三十年（1691）十一月"与胡羽鹏谈《金匮》"；康熙三十九年（1700）九月"装订《本草纲目》"。《丛书书目汇编·费此度所著书》也著录该书，作"一卷"。

（四）集部

《文集》二十卷　佚

《诗钞》二十卷　佚

《燕峰文钞》一卷　佚

《燕峰诗钞》一卷 不分卷　存

附《燕峰集》《鹿峰集》　佚

《家传》《嘉庆四川志》《新繁志》著录，后二者著录作"《燕峰文钞》二十卷，《诗钞》二十卷"。据《年谱》，费密于康熙二十八年（1689）十二月"定自著《诗集》"（时年六十五岁）；康熙三十六年（1697）十一月"定自著《文集》二十卷"（时年七十三岁），二集久佚。乾隆年间纂修《四库全书》，江苏巡抚进呈《燕峰文钞》一卷，入存目。道光年间，泰州人夏荃（1793—1842年）尚及见到该书①，后下落不明。《年谱》并记费密于康熙十三年（1674）九月"答周屺公书，寄《燕峰文钞》一册"，此一册《燕峰文钞》，或即四库、夏荃所言一卷本。

费密文集虽已不存，其所撰文章的信息尚可通过相关文献窥知一二。

---

① 夏荃《退庵笔记》卷5"费燕峰"条云："（费密）生平著述极富，余所见《燕峰文钞》一卷而已。"（沈云龙主编：《近代中国史料丛刊》第97辑，文海出版社1973年版，第965册影印《海陵丛刻》本，第154页）

如《四库全书》本《燕峰文钞》提要提及费密著有《春秋论》《明堂配上帝论》《鲁用天子礼乐辨》并作了简要点评,《年谱》中多有费密为他人撰作序跋、祝文、寿文、塔铭、书信、墓志、诔文、游记、草书的相关信息,并记载其著有《荔支记》《五经论》《还蜀葬亲序》《史论》《世系略》《孝贞先生行状》《易有太极论》《八卦生论》《八卦性论》《八卦化生万物论》《服制说》《易有太极图说》《天地缊缊说》《河图洛书辨》《遗经旨论》《留侯论》《原教》《上古论》《性图说》《易有太极说》《仪礼制度考文说》《太极生两仪说》《礼不下庶人论》《治平论》《御边论》《太极图说》《四科申论》《吕尚书讳维祺论赞》《宗祀论》《大事次第记》《修身前后宗旨》等。

费密以诗名于时,其《诗钞》二十卷久佚,今幸有《燕峰诗钞》存世。《燕峰诗钞》今存主要有两种版本。其一为中华民国年间唐鸿学"怡兰堂丛书"辑刊"费氏丛书"三种本。该本一卷,书首有沈中择识语云:"壬戌孟夏游新繁,寻费氏明季先墓于丛莽中,凭吊歔欷。既旋成都,为百川世丈题此刻。"1922 年,百川为唐鸿学之字,可知此本刊刻时间;书首并有"大关唐氏怡兰堂用旧钞本雕"牌记,知此本所据为旧钞本。此本收费密诗五十五首,后有附录,录孙奇逢《送费生南还》、王士禛《读费密诗》二诗。

另有 1964 年泰州古旧书店据乾隆二自山房钞本,此本卷首有泰州古旧书店 1964 年附记,卷前首列"荷衣诗钞",录费经虞诗八首,后有黎士弘康熙三十二年(1693)所作《燕峰集序》。正文不分卷,以主题分为"游览""题咏""题画""赠答""宴集""乐府"六类,录诗二百九十首,所收诗作与怡兰堂本互为有无。书后附录"天下名家赠此度先生诗"、费锡璜《费中文先生家传》、费锡琮诗、费锡璜诗、赠言,并据怡兰堂本《燕峰诗钞》校补诗作二十四首。

王士禛编选《感旧集》卷 7 言费密有《燕峰集》,费密号燕峰,其别集被称为"燕峰集",或是笼统称谓。此外尚有"鹿峰集"之说,首见于王世禛《池北偶谈》,李调元《蜀雅》、彭遵泗《蜀故》、陈田《明诗纪事》、张维屏《国朝诗人征略》等相继言之,甚至有《燕峰集》《鹿峰集》并列著录者。"鹿峰"不见他书载录,其或为"燕峰"之误,或是费密部分诗文结集的命名。据《家传》,王士禛是在林古度处见费密一诗，惊叹之余才向费密请全诗，费密于是"考录百篇赠之"。结合"鹿峰集"之说昉自王士禛，或许费密呈赠王士禛的诗作"百篇"，即以"鹿峰集"命名，也未可知。

《题跋》六卷 佚

《家传》《新繁志》著录。据《年谱》，费密于康熙三十一年（1692）七月"定《题跋》六卷毕"，时年六十八岁。

《尺牍》六卷 佚

《家传》《新繁志》著录。据《年谱》，费密于康熙二十九年（1690）十二月"定《尺牍》六卷"，时年六十六岁。

《诗余》二卷 佚

《家传》《嘉庆四川志》《新繁志》著录。据《年谱》，费密于康熙三十四年（1695）五月"定自著《诗余》二卷"，时年七十一岁。

《杂著》二卷 佚

《家传》《新繁志》著录。具体内容不详。

《集外杂存》八卷 佚

《家传》《嘉庆四川志》《新繁志》著录。据《年谱》，费密于康熙四十年（1701）二月"定《外集杂存》八卷毕"，时年七十七岁。"外集杂存"应为"集外杂存"之误。

《古文旨要》一卷 佚

《家传》《嘉庆四川志》著录，皆作一卷。据《年谱》，费密于康熙十五年（1676）六月"作《古文旨要》二卷毕"，于康熙十九年（1680）十一月"作《古文旨要序》"，于康熙二十年（1681）正月"定《古文旨要》毕"，可见撰著此书的历程。《年谱》所记卷数与《家传》所记有异。费锡璜门人汪文蓍在《贯道堂文集序》中曾提及该书："蓍尝读中文先生《古文旨要》一书，文章之法大备，是夫子之家学有源也。"①

《雅伦》二十六卷　存

《家传》《嘉庆四川志》《新繁志》著录。康熙《扬州府志》卷26、康熙《江都县志》卷9、乾隆《江南通志》卷192、同治《新繁县志》卷10、光绪《增修甘泉县志》卷15、温睿临《南疆逸史》卷41等所载费经虞小传皆作"三十卷"，胡适《费氏的书目》作"一卷"。

据今传《雅伦》诸本序跋及《年谱》记载，《雅伦》成于费经虞、费密父子避乱流寓汉中时，费密自言："《雅伦》一书，先子孝贞先生客沔县时乡塾中编次以训密者也。"据费经虞自序，费密曾经设馆于褒城张氏家，张氏富藏书，费密持胡文焕《诗法统宗》归，经虞阅后认为尚有"未惬"之处，主张"合而次之，更定义例，部分州聚，除削芜猥，收存精要，博稽旁证，使理事昭灿，开卷爽豁"，才能成为"风雅巨观"②，费密秉承此义，趁养病期间，搜集文献，开始编纂《雅伦》，最终由费经虞点定，历时八月才脱稿，成书时间在顺治十二年（1655）春。

书成之后，并未刊刻。后费氏举族南迁，居于江都，姻戚杨研涟藏书甚富，费经虞得以遍观。费密也时时假于亲友，父子对《雅伦》初稿再加补葺，"更七八载，比前颇备"③。《年谱》记载，费密于康熙二年（1663）二月"定《雅伦》孝贞先生手著，共□卷，先生补定续成"（时年三十九岁），此时距成书已有八年，正与序文中续为补葺"七八载"相合。康熙十年（1671）正月，费经虞卒，费密于此年抄录《雅伦》副本④。此后，据《年谱》记载，费密于康熙二十七年（1688）正月"定《雅伦》目录"。康熙二十九年（1689）二月"刻《雅伦》"，但未能成事。⑤ 康

---

①　（清）费锡璜：《贯道堂文集》卷首，康熙年间汪文著刻本。
②　（清）费经虞：《雅伦自序》，载《雅伦》卷首，雍正五年（1727）汪玉球重修本。
③　费经虞又叙，载《雅伦》书后，康熙年间刻本。
④　费密跋《雅伦》云："辛亥钞副本。"辛亥应指康熙十年（1671）。
⑤　《年谱》只言此时刻《雅伦》，未明言是否刻成。据于王栻《雅伦序》，康熙四十八年（1709）春，费密子锡琮、锡璜过访留耕草堂，于王栻问及《雅伦》，二人"言尚未就梓"。《年谱》于康熙三十八年（1699）"恭武许为先生刻《雅伦》"后注云："孝贞先生著《雅伦》□卷，付梓未竣，后于康熙四十□年，恭武出百金刊成。"可知无论是康熙二十九年（1690）的"刻"还是三十八年的"许刻"，《雅伦》皆未刊成。

熙三十四年（1695）二月请许承家编修"作《雅伦序》"。康熙三十八年（1699）九月，费密故人子、江都后学于王枨允诺刻《雅伦》，不果。及至康熙四十九年（1710），于王枨始出百金，刊成《雅伦》。雍正四年（1726），费密孙费轩与汪玉球聚会，言及《雅伦》版片脱落损坏，汪玉球遂命工补缀，并于雍正五年（1727）重刊《雅伦》。①今两种版本皆存。

《雅伦》是一部内容丰富的诗学著作。全书分为源本、体调、格式、制作、合论、工力、时代、针砭、品衡、琐语、题引、盛事、音韵十三类②，每类广辑前人旧说，并出以己意，其综括、汇集之功，良不可没。该书现存版本有二十六卷、二十四卷两种分卷模式，两相比较，二十六卷本中的卷九（格式七）、卷10（格式八）合并为二十四卷本中的卷9，二十六卷本中的卷11（格式九）、卷12（格式十）合并为二十四卷本中的卷10，二十六卷本中的卷13（格式十一）、卷14（格式十二）合并为二十四卷本中的卷11，二十六卷本中的卷16（合论）、卷17（工力）合并为二十四卷本中的卷13，二十六卷本中的卷21（"品衡中""品衡下"）被分为二十四卷本中的卷17、卷18，二十六卷本中的卷23（"题引上""题引下"）被分为二十四卷本中的卷20、卷21。两者文本内容全同，只是卷次分合有异而已。

《雅伦》书名取自《尚书》"无相夺伦，神人以和"句，《四库全书总目》、乾隆《江都县志》、乾隆《江南通志》、温睿临《南疆逸史》、《清史稿》《清史列传》《清儒学案》等，皆误"伦"为"论"。嘉庆《新繁县志》则误书名为《雅伦集》。

《剑阁芳华集》二十卷　存

《蜀诗》十五卷　存

《剑阁芳华集》二十卷，《家传》《嘉庆四川志》《新繁志》著录。此

---

① 参见竹庐《重修〈雅伦〉跋》。竹庐，初不知何人。跋后有二印，一为白文"汪玉球印"；一为朱文"竹庐"，可知竹庐即汪玉球。

② 费经虞自序言《雅伦》分为十四类，其中第十四类——诗余，不见于今本。

书由费经虞初编,费密增补成书,是一部辑收明代蜀中之诗的总集。孙澍曾在《蜀诗序》中云:"明季桂林太守新繁费经虞仲若辑蜀诗,权舆太祖,迄于思陵,厥子密此度续纂,历国朝顺治、康熙初元,题曰《剑阁芳华集》。"费经虞、费密父子热心于蜀中诗歌的搜集,仅据《年谱》记载,费密就曾于康熙四年(1665)四月"选蜀人诗";康熙二十四年(1685)正月"录蜀中先辈诗";康熙二十八年(1689)正月"录蜀人诗",并最终于康熙三十三年(1694)八月"续补孝贞先生《剑阁芳华集》二十卷毕",时年七十岁。

《剑阁芳华集》在后世的流传与题为"明费经虞辑,清费密、李调元续辑"的明蜀人诗总集《蜀诗》关系密切。《蜀诗》在《家传》《年谱》及有关费氏的方志史传中均未见著录,其是否为费氏父子所编颇启人疑窦。该书仅存道光十四年(1834)鹅溪孙氏"古棠书屋丛书"本,卷首有孙澍道光十三年(1833)八月序、孙锜同年小除夕序、汪玉玑康熙二十年(1681)序。① 前引孙澍序只提及了《剑阁芳华集》,孙锜序则对《蜀诗》成书介绍更详:"今费君仲若掞渊云之才,丁板荡之日,逋秦寇,遁烽火,仳离沔汉,羁栖江左,乃浩然发奋,肇初洪武,攸卒崇祯,提椠怀铅,不遗耳目。盖自乱离以来,大惧岷峨玉垒间文献将坠,不得已远搜幽索,寓恭敬桑梓之深情。后暨厥子此度,又从而肯构焉,补苴焉,或得诸片纸,全豹未窥;或列鼎当前,一脔自足,去取不尽详审,而井络肤敏,剑阁芳华,显则因诗见事,微亦托事存诗。……曩未尝付梓,蜀中人士鲜闻知。道光十二年岁次壬辰,雒张玉泉孝廉以其尊人云谷所钞藏副本见贻。锜近治学,声律益疏,病弗能校,舍弟子皋时司铎渝南,因转寄劝补并错简是正。明年春,子皋告养,回鹅溪村舍,杜门却轨,晨昏余力,东西老屋,风雨一编,相与联床讨论,又历半载而书始成,肆俾梓人聿攻坚木。"② 序文中言及费氏父子所编蜀人诗总集也应是《剑阁芳华集》。据序文,道光十二年(1832),孙锜从张怀洵处得到其父张

---

① 国家图书馆、日本早稻田大学藏本,三序有错版。另,察汪玉玑序内容,乃是为费锡璜诗集所作序文,该序同见于《掣鲸堂诗选》卷首,弁于《蜀诗》卷首,应属误刊。此外,汪序署时有误,详见后文费锡璜《掣鲸堂诗集》考证。

② 孙锜撰序文,载费经虞、费密编《蜀诗》卷首,道光十三年(1833)鹅溪孙氏古棠书屋本。

邦伸所藏《剑阁芳华集》钞本①,转寄给孙澍校订勘补,次年完成,遂雕版刊印。可见所谓《蜀诗》,是孙澍根据费经虞、费密父子《剑阁芳华集》修订编印的,并非费氏原编有此书。

《蜀诗》封面牌记题:"《蜀诗》权舆有明洪武迄崇祯,计共得蜀人二百六十四家,选诗一千一百七十六首,旧编二十五卷,今合为十五卷。鹅溪孙氏藏版。"所称旧编,应指《剑阁芳华集》,则张邦伸藏钞本《剑阁芳华集》有二十五卷。梁启超《中国近三百年学术史》也记载《剑阁芳华集》作二十五卷②,或即本此。可惜此二十五卷本已不可见。今天所见文献记载,大都言《剑阁芳华集》有二十卷,此种钞本流传甚鲜,今只知北京大学图书馆藏残本(存卷1至5、11至15),四川大学图书馆藏全帙。③北京大学藏本在"秘籍琳琅——北京大学数字图书馆古文献资源库"中无法检索到,该馆古籍馆员称无法检索到可视同无此书,更已无法查阅,不知何故。四川大学图书馆藏清钞本,无边栏,每半叶十行,行二十一字,小字双行同。全书共十册,第一册为"剑阁芳华集原目录",与第2册前全书目录不同;第2至9册为卷1至卷20正文,其中卷19为"方外",卷20为"闺秀",每卷首行题"剑阁芳华集卷第几",次行题"成都费经虞撰,男密补";第10册多补录当时蜀贤与费密父子交往之诗,书末为熊过《杨廷和墓表》校记。《蜀诗》则书前有《总目录》,每卷注明诗体及篇数,其中卷1收蜀献王、惠王、成王三人诗,卷2至13收蜀贤诗,卷14收释、道二氏诗,卷15收闺秀诗。每卷卷首题署不同,卷1至卷10题"新繁费经虞仲若辑,岷阳孙澍子皋校订",卷11、卷12题"新繁费密此度选辑,岷阳孙澍子皋校订",卷13题"绵州李调元雨村选,岷阳孙澍子皋校订",卷14、卷15复题"新繁费经虞仲若辑,岷阳孙澍子皋校订"。其中,卷13全卷收录费密诗,所谓"绵州李调元雨村选",只是将李调元《蜀雅》卷3费密诗全部移录而成,李调

---

① 张怀洵,字玉泉,邦伸长子。寄籍德阳,嘉庆六年(1801)举人。张邦伸(1737—1803年),字石臣,号云谷,汉州(今属四川广汉)人。乾隆二十四年(1759)举人,曾任河南辉县、襄城知县。著有《全蜀诗汇》《云栈纪程》《云谷文钞》《锦里新编》等。

② 参见梁启超《中国近三百年学术史》,上海古籍出版社2014年版。

③ 参见中国古籍善本书目编辑委员会编《中国古籍善本总目(集部)》,上海古籍出版社1998年版。

元实未参与《蜀诗》编纂。

比较现存钞本《剑阁芳华集》与孙氏刊本《蜀诗》，从编选范围、文本内容等方面的大量相同，可以明显看出二书的承袭关系，但细加考察，二书在所收诗人、收诗数量、诗人小传、诗歌文本等方面都有明显差异。如果孙澍当时所据《剑阁芳华集》与今传本出入不大的话，通过今传本《剑阁芳华集》与《蜀诗》的比较，可以看出孙澍对《剑阁芳华集》并非只做了简单地修订，而是做了大量的删改重编工作。即以收录诗人数量来说，《蜀诗》收录诗人二百六十四位，《剑阁芳华集》收录诗人远超此数，达到三百六十五位。以删改诗文与诗人小传为例，如《剑阁芳华集》卷1收蜀成王《拟古宫词》三十首，《蜀诗》只节选了五首。《剑阁芳华集》卷1蹇义小传有一千二百字，《蜀诗》仅有一百二十二字。《剑阁芳华集》中诗人小传在六百字以上的长传即有近三十篇，保存有不少珍贵传记资料，而《蜀诗》诗人小传皆仅百余字，其删削改编可见一斑。

孙氏兄弟是郫县鹅村人，兄孙鋀（1787—1849），名澈，字野史，号草桥，又号瘦石，自称岷阳大布衣、独学生，著有文三十卷、诗三十二卷、《郫书》十卷、《蜀破镜》十六卷、《方言》二卷等。弟孙澍，号雨皋，又号子皋。兄弟二人雅好文雅，究心乡邦文献，曾辑刊"古棠书屋丛书"以表彰蜀中著述，为后世所称。

《雅箸》二卷 佚

《年谱》提及，未见他书著录。据《年谱》，费密于康熙二十九年（1690）四月"定《雅箸》二卷毕"，时年六十六岁。

《全唐诗选》十卷 佚

此书只见于胡适《费氏的书目》，或出自费氏族谱记载。费密曾用力于唐诗，据《年谱》载，其曾在康熙二年（1663）二月"选《全唐诗》"；康熙十三年（1674）四月"批《全唐诗》毕"。

《唐宫闺诗》二卷 存 误题费密编

《四库全书总目》于集部总集类收录此书，并云"国朝费密编"，《嘉庆四川志》《新繁志》亦归于费密名下，实误。此书乃费密之友刘云份编，费密只是为该书作过序，且序中明言："吾友淮南刘子云份总唐一代妇人之诗为书。"刘云份，字平胜，一字青夕，江苏淮南人。生平不详，编刊唐诗选本甚多，今传《十三唐人诗》《八刘唐人诗》《中晚唐诗存》《唐宫闺诗》等皆是。《唐宫闺诗》共二卷，录唐女诗人一百一十五家，四百余首诗。据《年谱》记载，康熙四年（1665）五月，刘云份曾送给费密"《史记率隐注》二卷、《薛洪度诗》一卷"，康熙五年（1666）正月，曾送"陈白云诗板一百二片"，则刘云份或从事书业。又康熙十年（1671）四月，费密曾"吊刘平胜尊人"，则刘云份应卒于此年。

按，费密早年颠沛流离，中年定居江都野田庄后，"三十余年中，惟闭户著书为事"（《家传》），一生著述可谓宏富。对于他究竟撰写了多少种著作，说法众多，莫衷一是。费锡璜《家传》提及的有三十五种三百余卷，张邦伸《锦里新编》卷五言有三十六种，《嘉庆四川志》著录三十一种，《新繁志》著录四十种。近代学者李朝正列录四十四部四百七十六卷，刘智鹏考列五十种三百多卷。本文则在参考已有研究成果基础上，去伪存真，考辨源流，终得五十一种四百余卷[①]。

二　费经虞

《毛诗广义》二十卷　佚

《嘉庆四川志》《新繁志》著录。胡适《费氏的书目》作"三十卷"。张寿林《清代诗经著述考略》著录有《费此度所刻书》附刊本，并评曰："此书以毛传为归，而家法不严。"[②]《费此度所刻书》仅见目录，未见传本，张氏所言不知何据。

《临池懿训》二卷　佚

《嘉庆四川志》著录。康熙《扬州府志》、乾隆《江都县志》、胡适《费氏的书目》等皆作"三卷"。

---

① 未含《唐宫闺诗》。
② 《燕京大学图报》第50期，1933年5月15日第2版。

《四书广训》 一卷　佚

胡适《费氏的书目》著录。

《四书懿训》 一卷　佚

《嘉庆四川志》《新繁志》著录。

《四书字义》 一卷　佚

《新繁志》著录。康熙《扬州府志》卷26、乾隆《江南通志》卷172、乾隆《江都县志》卷26费经虞小传中亦提及。

《字学》 十卷　佚

《嘉庆四川志》《新繁志》著录。

《古韵拾遗》 一卷　佚

《嘉庆四川志》《新繁志》著录。

《蜀乱纪略》 无卷数　佚

杨凤苞《南疆逸史跋五》云:"三藩之野记,余嫌逸史采掇未备,既一一撷其目羼入第一跋,中年来浏览群书,核诸见闻所及,又以知前跋之挂漏犹多也。今续为胪列以补之。"① 其中著录费经虞《蜀乱纪略》。

《周易参同契合注》 三卷　佚

《嘉庆四川志》《新繁志》著录。前者未著录卷数,《新繁志》作"三卷"。此书书名或作《周易参同契》《注周易参同契》。

《荷衣集》 无卷数　佚

《嘉庆四川志》《新繁志》著录,卷数未详。据《年谱》,费密曾于康熙六年(1667)六月"录孝贞先生《荷衣集》"。汪玉球《重修雅伦

---

① (清)杨凤苞:《秋室集》卷2文,清光绪十一年(1885)陆心源刻本。

跋》云："费氏著书三十余种，其登诸梨枣者，如《荷衣集》《汉诗说》《掣鲸堂集》《贯道堂集》诸书，已不胫而遍宇内矣。"可见此书曾刊刻过。

《剑阁芳华集》二十卷 存 已著录

《蜀诗》十五卷 存 已著录

《雅伦》二十六卷 存 已著录

三 费锡琮

《白雀楼集》无卷数 佚

《嘉庆四川志》《新繁志》著录。张玢《费直敏先生小传》、嘉庆《新繁县志》卷三○（"费密传"）、胡适《费氏的书目》等皆记载费锡琮著有此书，书名或作《白雀楼稿》《白雀楼诗集》。李调元《蜀雅》卷四、夏荃《退庵笔记》卷五、嘉庆《新繁县志》卷三○（"费锡琮传"）、《清儒学案》卷二○七则著录作"白鹤楼稿""白鹤楼诗"。该书应为费锡琮别集，久佚，书名作"白雀"还是"白鹤"，已无法确知。

《阶庭偕咏》三卷 与费锡璜合著 存

《嘉庆四川志》《新繁志》著录，张玢《费直敏先生小传》、嘉庆《新繁县志》卷三○、《清儒学案》卷二○七、胡适《费氏的书目》等亦记载费锡琮著有此书，皆未注明卷数，书名或作"阶庭偕咏集"，嘉庆《新繁县志》误作"阶庭名偕咏"，胡适《费氏的书目》误作"家庭偕咏集"，《清儒学案》误为医书。

此书今存康熙年间刻三卷本，仅见藏于南京图书馆。无序跋、目录，每半叶九行，行二十一字，左右双边，单黑鱼尾。全书三册，分诗体编排，第1、2册收录费锡琮古体五首、近体九十二首、绝句三十一首，共一百六十八首，第3册收录费锡璜五古十三首、七古十一首、乐府十六首、五律五首，共四十五首，合计二百一十三首。

四　费锡璜

《贯道堂文集》四卷　存

《新繁志》著录。费锡璜早年以诗名，而文稍掩于诗。其门人汪文著言其"近十数年来，日肆力于古文，所以口不绝吟诵者，不啻如向日之于诗歌也"，费锡璜自谓"吾之学为文，年已衰迟，是以日夜戛戛而不能已也"①，可见其晚年始肆力为文。此集由费锡璜门人汪文著出资刊刻印行，闵奕佑《贯道堂文集序》序云："吾友费子滋衡诗集梓后三年，而其门人汪羲尚复出金钱，为刻其文百余首，其义最高。"汪文著则谓："夫子年已近六十，去夏大病始愈……著分在弟子之列，乃鸠工梓而传之。凡若干篇，三数月乃成。"费锡璜出生于康熙三年（1664），如以汪文著所言在费锡璜年近六十时刊刻此集，则版刻时间在雍正元年（1723）之前。又《贯道堂文集》卷二收《马母朱孺人墓志铭》，言孺人"己亥九月三十日葬……"，己亥为康熙五十八年（1719），则《贯道堂文集》刊刻时间在康熙五十八年（1719）九个月之后。

此集四卷，凡一百三十篇。卷一主收书、序、论，卷二主收论、说、跋、赞、志、铭，卷三主收记、辨，卷四主收赋、序，另有"失编"三篇。费锡璜《答程艺农书》曾自谓有文"二百篇"，此集得其大半。

《掣鲸堂诗集》十三卷　存

《嘉庆四川志》《新繁志》著录。前者言"无卷数"，后者作"九卷"。费锡璜雅好诗歌，曾自谓生平"无他嗜好，独喜吟诗，二十年集成五千篇，虽无一佳，未始非勤于诗之人"②。据《诗集自序》，他曾于康熙三十一年（1692）"刻诗三百篇"（今无传），康熙五十二年（1713）秋"自定前后所撰诗""约四千五百余篇"。至晚年，乃编选心得之作千

---

① （清）汪文著：《贯道堂文集序》，《贯道堂文集》卷首，清康熙年间汪文著刻本。
② （清）费锡璜：《自咏十二章》之《诗人》，《掣鲸堂诗集》卷12，清康熙存素堂刊本。费锡璜在《答程艺农书》中亦曾言"有诗五千首"。

余首，刻梓印行，是为《掣鲸堂诗集》①。

《掣鲸堂诗集》今有13卷、9卷、1卷等不同版本。十三卷本卷首题"成都费锡璜撰，同学郭恒参阅"，乃费锡璜自编本"全帙"。书前有全书目次：乐府三百三十六首，五言古诗二百二十四首，七言古诗七十首，五言律诗三百首，七言律诗八十四首，五言绝句五十五首，排律八首，七言绝句三百首，附旧刻二种共三百二十四首，通计一千七百零一首。今核全书，并无"旧刻二种共三百二十四首"。十三卷本《掣鲸堂诗集》今传世数种，一般皆题作康熙年间刊本，但有一种存素堂本，书前有汪玉玑序文，署作时为"辛酉"。汪玉玑为雍乾间人，其在序文中言及《掣鲸堂诗集》已经刊刻流布，费锡璜子费轩将归蜀，汪玉玑"爰请梓本，留贮广陵"，则此"辛酉"当为乾隆六年辛酉（1741），此本应该是据康熙年间版片重加印制而成。

九卷本或题为"掣鲸堂诗选"，今有道光间鹅溪孙氏"古棠书屋丛书"本、光绪九年（1883）汪青簃刊本，前者收诗五十二五首，后者收诗五百一十八首，两本内容基本相同，只部分诗作有差异：相比古棠书屋本，汪青簃刊本在卷1少一首《四思》，卷2多一首《悲落叶》，卷6多《韩蕲王墓》《赠周轩三》二首，而少《辛盘和何通侯》以下九首，卷8多一首《江寺》。② 汪青簃刊本书前也有汪玉玑序文，其与存素堂十三卷本书前序文含义相同而文字用语差异较大，序末署作时为"康熙辛酉十月"，明显有误（前文已言此辛酉当为乾隆六年），疑好事者在原文"辛酉"前妄加"康熙"年号。此外，九卷本虽为选集，但收诗与十三卷本并不完全相同，整理费锡璜诗作时应充分参考。

一卷本有两种，一载沈宗畸编"别本晨风阁丛书"甲集第14册，清光绪宣统间沈氏晨风阁铅印本，书名题"掣鲸堂集"，由江都吴仲梦兰校刊，江都童闾补萝同校。该集收费锡璜诗二十七首。另一种题"掣鲸诗稿"，藏于上海图书馆，封面署"癸未旦夕录于雪楼居，世伯雷氏题签"，内有冯雄于中华民国二十九年（1940）题识云："此成都樊氏钞本，乃据

---

① 汪玉玑《掣鲸堂诗集序》云："晚年自定心得如千首，同人请梓以公好，此《掣鲸堂诗》所由不胫而走海内也。"参见费锡璜《掣鲸堂诗集》卷首，清康熙存素堂刊本。

② 参见林新萍《清初诗人费锡璜研究》，硕士学位论文，福建师范大学，2016年。

康熙时扬州刻本誊写。"中缝下题"成都樊氏藏书"。此稿所收诗极少，皆见于十三卷本《掣鲸堂诗集》。

此外，中国社科院文学所图书馆藏有《费滋衡诗》五卷、《词》一卷，著录为清稿本。因借阅封闭，此本尚未寓目，有待将来续作考录。

《汉诗说》十卷 与沈用济合撰 存

《汉诗总说》一卷 存

《四库全书总目》《嘉庆四川志》《新繁志》皆著录《汉诗说》十卷。

《汉诗说》由沈用济与费锡璜合编，其性质在总集与诗文评之间，《四库全书总目》将其列入集部总集类存目，是因为该书根据"冯惟讷《诗纪》、梅鼎祚《诗乘》所录汉诗，略为评释"[①]，近于总集。《汉诗说》卷前有总论汉诗之语四十五则，题"汉诗总说"，清人杨复吉将其辑入"昭代丛书"，成为单行本。

沈用济曾自述成书经过云："己丑夏，归自京师，访滋衡于邗江。见时流竞趋新异，六朝暨唐概置不讲，何论于汉，相与叹息。夫诗不深入汉魏乐府，破其阃奥，而徒寻摘宋元字句之间，是犹溯水而不穷其源，登山而不极其巅，宜乎去雅而就郑，见伪而不见真也。正今之失，非汉诗不可，因各抒所见，名《汉诗说》。"[②] 费锡璜也说："酷暑入方舟寓楼，网窗尘壁间共成此书。"[③] 则该书之撰著在康熙四十八年（1709）。

《汉诗说》今存康熙年间刻本，卷首题"汉诗说卷几"，次题"钱塘沈用济方舟、成都费锡璜滋衡同述，萧山毛奇龄大可、会稽姚陶次耕论正"，《汉诗总说》则有"昭代丛书"本。

《诗坛破的》无卷数 佚

费锡璜《汉诗说序》云："余乃取冯惟讷、梅禹金、李因笃诸前辈旧

[①] （清）永瑢等：《四库全书总目》卷194《汉诗浣》提要，中华书局1965年版，第1775页。
[②] （清）沈用济：《汉诗说序》，《汉诗说》书前，康熙年间刻本。
[③] （清）费锡璜：《汉诗说序》，《汉诗说》书前，康熙年间刻本。

本，稍加增益，论次而传之，要皆发吾心思，告学者从入之路，不务诠释，往往不同旧说，知我罪我，听之天下也。其所未备，别见所著《诗坛破的》中。"可知《诗坛破的》与《汉诗说》类似，也是一部诗歌评论类著作。此书仅见此序提及，别无著录，是否最终成书亦不可知。

儒学随笔

从"南音"到文翁

向以鲜

(四川大学国际儒学研究院)

摘　要：本文从涂山氏所创之"南音"出发，推及文翁化蜀之影响，探赜以成都为核心的四川诗歌兴盛的本原。

关键词：南音　文翁　成都

一　"南音"之始

1913年，四川学者谢无量（1884—1964年）撰写《蜀学原始论》①，一时之间，蜀学之超前进程，引起世人广泛关注。谢无量在该文导言中提出令人耳目一新的断言："蜀有学先于中国。"② 并从儒学、道学、佛学、文艺等诸方面力证其是。论及文学时，谢无量指出："文章惟蜀士独盛。有四始。一、南音涂山氏创离骚所出。二、赋或曰赋始荀卿，然汉志录赋实首屈原，原所生即今巫山地。三、古文陈子昂复兴。四、词曲李白创。"③ 用今天的眼光来看，谢无量的说法或有可商量之处，但将蜀学提高至中华文明源头的高度来认识，确有其相当的合理性。只有在此一高度的认识下，我们才能理解，为什么华夏文明的始祖——黄帝的妻子会是四川盐亭人嫘祖，

---

① 原载四川国学院《国学杂志》第6号，1913年版。后入选中央文史馆馆员文选《崇文集》。

② 谢无量：《蜀学原始论》，载《崇文集》，中华书局1999年版，第230页。

③ 谢无量：《蜀学原始论》，载《崇文集》，第233页。

他们生下的两个儿子玄嚣（青阳）和昌意，也主要生活在四川境内的江水（岷江）和若水（雅砻江）一带。也才能理解，为何大禹的故乡不在别处，而在四川的汶川或北川。

谢无量指出的"南音涂山氏创离骚所出"，尤其值得重视。什么是"南音"呢，从字面上的理解，就是南方的声音或音乐。这个理解大致也是对的，更准确的理解，我们还可以从南朝梁代文艺批评家刘勰（字彦和）的论述中找到。刘彦和在《文心雕龙》中有一段讨论上古诗歌的话："乐府者，声依永，律和声也。钧天九奏，既其上帝；葛天八阕，爰乃皇时。自咸英以降，亦无得而论矣。至于涂山歌于候人，始为南音；有娀谣乎飞燕，始为北声；夏甲叹于东阳，东音以发；殷整思于西河，西音以兴：音声推移，亦不一概矣。匹夫庶妇，讴吟土风，诗官采言，乐盲被律，志感丝篁，气变金石。是以师旷觇风于盛衰，季札鉴微于兴废，精之至也。夫乐本心术，故响浃肌髓，先王慎焉，务塞淫滥。敷训胄子，必歌九德，故能情感七始，化动八风。"① 在这段话中，提及好几段重要的远古诗歌：葛天氏的《牛尾八阕歌》、黄帝的《咸池歌》、帝喾的《六英歌》、涂山氏的《候人歌》、夏王孔的《破斧歌》等。这些远古诗歌大部分没有能够流传下来，那时还没有文字记载呢，只能口耳相传。由此，我们可以知道所谓的"南音"，不仅是南方的声音或音乐，更是指南方的气息和温度，南方的节奏和韵律，南方的风土和腔调，南方的忧伤和抒情。

从有限的留存下来（经过后来的人们整理记录）的小部分来看，这些上古诗歌具有两个明显的特征：一是大多都没有标题（有标题亦为后人附加），二是很短。最短的只有一行，且只有四个字——还是由巴蜀大地的一位深情女子涂山氏所唱出来的：

候人兮猗。

用今天的话说：我在等你啊，唉！多么简单的诗歌啊，又是多么美丽的

---

① （南朝梁）刘勰著，黄叔琳注，李详补注，杨明照校注拾遗：《增订文心雕龙校注·乐府第七》，中华书局2012年版，第82页。

诗歌啊。

此诗最早见载于战国秦吕不韦《吕氏春秋》："禹行功，见涂山之女。禹未之遇而巡省南土。涂山氏之女乃令其妾待禹于涂山之阳。女乃作歌，歌曰'候人兮猗'，实始作为南音。周公及召公取风焉，以为'周南''召南'。"①

大禹是蜀人，据《华阳国志·巴志》记载："禹娶于涂山，辛壬癸甲而去，生子启，呱呱啼，不及视，三过其门而不入室，务在救时——今江州涂山是也，帝禹之庙铭存焉。"② 这座中国历史上第一座望夫山涂山，不在别处，就在江州（重庆）。

可不要小看这首只有四个字的诗歌，这绝对是一首了不起的爱情诗！因此，刘彦和认为它是"南音"之始。作为南方人，我们应该为此感到庆幸：一部漫长复杂的南方诗歌史，由这样一位伟大的女诗人翻开第一页。南方诗歌从一开始，从南方的初啼，就浸透着爱与孤独的音调。一直在等待大禹归来的涂山氏，可以说是中国上古的萨福。就是这首四个字的短诗（也可能是中国诗史上最短的一首诗），却开启了《诗经》的千古风流："周公及召公取风焉，以为'周南''召南'"。

当然，就总的情形来看，四川先秦时代留下来的诗歌文献十分有限，尤其是在中国第一部诗歌总集《诗经》中，虽然受到巴蜀诗歌的影响，甚至还出现了"蜀"字，但由于山川地理的阻隔，最终还是没有收入四川地区的诗歌，这是很遗憾的事。因此，我们今天很难看到先秦时代的四川诗歌的真面目。

除了上面所引的这首巴蜀原始歌谣之外，还可以找到几首巴蜀先秦时期的诗歌。明人冯惟讷的《古诗纪》，辑有《河图引蜀谣》："汶阜之山，江出其腹，帝以会昌，神以建福。"③ 从词语及风格来看，显然已经不是原来的面貌了。

《华阳国志》载有巴蜀"先民之诗"："川厓惟平，其稼多黍。旨酒

---

① （秦）吕不韦：《吕氏春秋·季夏纪第六》，四部丛刊景明刊本。
② （晋）常璩：《华阳国志》卷1，四部丛刊景明钞本。
③ （明）冯惟讷：《古诗纪》卷3，文渊阁《四库全书》本。

嘉谷，可以养父。野惟阜丘，彼稷多有。嘉谷旨酒，可以养母。"① 同书还载有古蜀王开明王的一段爱情传奇："武都有一丈夫，化为女子，美而艳，盖山精也。蜀王纳为妃，不习水土，欲去。王必留之，乃为《东平》之歌以乐之。无几物故，蜀王哀之，乃遣五丁之武都担土，为妃作冢，盖地数亩，高七丈。上有石镜，今武都北角武担是也。后，王悲悼，更作《臾邪歌》《龙归之曲》。"② 武担山迄今犹存。这个古蜀王不仅多情，而且还是一位诗人，以致感动了唐代的杜甫，为之作《石镜》："蜀王将此镜，送死置空山。冥漠怜香骨，提携近玉颜。众妃无复叹，千骑亦虚还。独有伤心石，埋轮月宇间。"③

我们从《华阳国志》的另一些记载中，也可一窥巴蜀原始歌舞的情形："周武王伐纣，实得巴蜀之师，著乎《尚书》。巴师勇锐，歌舞以凌殷人，前徒倒戈，故世称曰'武王伐纣，前歌后舞'也。"巴蜀士兵不仅骁勇善战，而且在战场上载歌载舞——估计是一种带有巫术行为的巴蜀歌舞。

周慎靓王五年（前316），秦国派大将张仪、司马错等率军攻灭巴蜀。自此，四川诗歌史正式汇入中国诗歌史的洪流。尽管先秦时代的巴蜀地区的诗歌传承下来的不多，却是中国诗歌史中最不可或缺的那一部分。正如历史学者李学勤所说："可以断言，如果没有对巴蜀文化的深入研究，便不能构成中国文明起源和发展的完整图景。考虑巴蜀文化本身的特色，以及其与中原、西部、南方各古代文化间具有的种种关系，中国文明研究中的不少问题，恐怕必须由巴蜀文化求得解决。"④ 同样的道理，中国先秦诗歌史，缺了巴蜀这一环，将是极其不完整的。

二　文翁之化

四川诗歌史，如果说先秦时代的诗歌大多是一些传说，那么到了汉

---

① （晋）常璩：《华阳国志》卷1。
② （晋）常璩：《华阳国志》卷3。
③ （清）彭定求等编：《全唐诗》卷226，清康熙年间扬州诗局本。
④ 李学勤：《略论巴蜀考古新发现及其学术地位——〈三星堆考古研究〉序》，《巴蜀文化研究》2002年第3期。

代,就以黄钟大吕的形式,正式进入中国的文学史和诗歌史了。四川的诗歌史,从大禹涂山氏歌谣算起,足有四千多年!仅从西汉司马相如(约前179年)出生那一年算起,迄今已有两千多年的历史了。而且,这是一条几千多年来从未中断的诗歌历史长河——在全国任何一个地方,再也找不到第二个像四川诗歌史这样漫长的不间断的诗歌历史了。不特如此,几乎在每一个重要时段,四川地区都会涌现开宗立派的领袖人物,汉代如此(司马相如、王褒、扬雄),唐代如此(陈子昂、李白、杜甫),宋代如此(苏轼),元代如此(虞集),明代如此(杨慎),清代如此(张问陶、李调元),近现代如此(郭沫若、康白情),当代仍然如此。一部四川诗歌史,就是一部中国诗歌史的缩影,它的发展、演变和中国诗歌史完全同步,并且在很多时候得风气之先,正所谓:天下未动蜀先动。

四川诗歌史兴于汉代,与汉代成都高度繁荣的经济文化紧密相关。当时的成都就与洛阳、邯郸、临淄、宛(河南南阳)齐名,并称为"汉代五都"(五大都市)。据史学家考证,西汉时期,成都市的人口已达七万六千户,约四十万人之众——要知道,那时全国的人口也才六千万。成都的官营丝绸(锦官城)和官造车辆(车官城)及漆器等,沿着长江水道而名扬天下,不仅达于中原或北国,甚至远播朝鲜乐浪郡和蒙古等地。从扬雄的《蜀都赋》中可知,当时的成都城已是十分巍峨壮丽,城门达十八座、大街小巷竟有四百多条。晋代大诗人左思也在《蜀都赋》中赞美成都的富庶:"贿货山积,纤丽星繁","喧哗鼎沸,嚣尘张天"①。在司马相如与卓文君相爱的临邛,还发现并开采了火井——这是世界上最早的天然气井,比西方(英国)提前了一千多年。

汉景帝刘启在位期间(前157—前141年),正值司马相如的青壮年时代。景帝末年,蜀郡太守文翁(党)在成都创办中国最早的地方官学:文翁石室,为开启四川的文学和文化教育发挥了不可估量的作用。从那个时候开始,四川尤其是成都的文采风流,就一直没有衰减过。所以,史学家班固才在《汉书》中赞叹:"至今巴蜀好文雅,文翁之化也。"②四川人的心中,对文翁一直心存感念,认为文翁"其学比于齐鲁",文翁

---

① (南朝梁)萧统编:《文选》卷4,清嘉庆年间胡克家重刊本。
② (汉)班固:《汉书》卷89,中华书局1962年点校版,第3626页。

的石室就是岷山的"稷下亭"。正是在这样一种开放的、有组织的教育背景之下,四川自汉代始,一代一代,诗人辈出,人才济济。元代诗人张翥:"天地有大文,吾蜀擅宗匠。"(《谒文昌阁》)现代诗人郭沫若在《蜀道奇》中干脆就说:"文宗自古出西蜀。"西汉的司马相如是大辞赋家,同时也是诗人,扬雄是大辞赋家,也是诗人。他们对后世的影响,也更多地体现于诗歌的传统中。正如杜甫在诗中所说的那样:"视我扬马间,白首不相弃。"

汉代四川文学包括诗歌(汉赋实际上也是一种诗歌)的兴盛,除了以文翁为代表的儒学文化的洗礼之外,当然还与道教的影响相关。蜀人好幻想,多浪漫。《华阳国志》就记载,蜀王蚕丛、柏灌、鱼凫皆"得道仙去"或"各数百岁,皆神化而不死"。在这种对长生渴望的原始欲望中,实在已隐含了道教和诗歌的因素。东汉顺帝时(126—144年)沛国人张陵入蜀,在成都鹤鸣山学道成道,并在成都易学大师严君平《老子指归》影响下,完成《老子想尔注》,书中第一次提出"道教"之名,张陵在四川青城的山水之间,看见了天人合一的胜境。

三 "城市寓言"

1972年,意大利作家卡尔维诺(Italo Calvino)在《看不见的城市》①(*Invisible Cities*)一书中,试图回答古老而又常新的问题:我们到底想要什么样的城市?卡尔维诺构想了五十五座城市,每一座城市中,都居住着一个作家幻想中拥有的女人。并不存在的,当然也看不见的城市中,密布着道路、街景、建筑、人群及各种秘密的交易。卡尔维诺告诫世人:"我相信这本书所唤起的并不仅仅是一个与时间无关的城市概念,而是在书中展开了一种时而含蓄时而清晰的关于现代城市的讨论。"② 这些想象的城市中,有美好的城市、连绵的城市、视觉的城市、听觉的城市、嗅觉的城市,有空气中浮动着黄尘的皮拉城,气味令人窒息的贝尔萨贝阿地下城等。卡尔维诺的用意在于:以看不见的虚构的城市,反衬、反讽

---

① 参见[意]伊塔洛·卡尔维诺《看不见的城市》,张密译,译林出版社2012年版。
② [意]伊塔洛、卡尔维诺:《看不见的城市》,张密译,第6页。

我们举目可见的真实城市。这些看不见的城市可能与现实的城市有着微妙的镜像关系，人们能从中寻觅到纽约或洛杉矶、威尼斯或罗马、京都或大阪、北京或成都的踪迹。

城市本来是人类文明进步的一大标志，只有当人类的政治、经济、文化、科技、人口等发展到相当成熟的阶段，才可能出现城市。但是，城市也是"双刃剑"，曾经代表着文明、繁荣与进步的城市，到今天在很大程度上已表现为一种文明之疾：混乱、拥挤、空虚、缺乏诗意。因此，卡尔维诺的城市寓言，便具有了强烈的当下意义。正如学者们所言：卡尔维诺试图通过对城市的追忆和幻想，构建一种晶体结构的城市诗学：交织着表象与知觉、物质与精神、轻盈与沉重、幸福与悲哀、梦想与绝望。①

通常而言，想象总是很美好，现实总是很残忍。也有例外，比如我所生活的成都，就是一个伟大的例外。在成都可以钩沉考索的三千多年漫长历史中，磅礴的诗意从未中断过：从羽化登仙的蚕丛到啼血成诗的杜宇，从金沙太阳到南朝石刻造像，从琴台故径到杜甫草堂，从西岭千秋之雪到直下江南的万里船，从桐叶题诗到洪度诗笺，从郭沫若到当代先锋诗歌，成都的这条可以清洗锦绣的诗歌河流，一直在奔涌着、激荡着，一刻也未曾停息。

在中国，除了成都能将想象与现实的诗意无缝链接之外，似乎很难再找出第二座城市。杭州或许可以，但是杭州在唐宋之前，尤其是在诗歌方面几乎无人知晓。扬州呢，虽然汉唐以来就有"扬一益二"的说法，但是，那是仅就市井繁华方面而言。

对于诗人或心中有诗的人来说，成都无疑寄予着最深的乡愁，想象中的乡愁、现实中的乡愁、诗歌中的乡愁。德国 18 世纪诗人诺瓦利斯（Novalis）和荷尔德林（Hlderlin）曾经从哲学与诗意的角度讨论过乡愁。荷尔德林郑重地指出，要回到遥远的故乡，并不能指望哲学，而应该依靠美学、艺术和诗歌。按照匈牙利学者卢卡奇（Ceorg Lukacs）的说法，星光与火焰虽然彼此不同，但不会永远形同路人。因为火焰是所有星光的心灵，而所有的火焰都披上星光的霓裳。在成都，在成都的诗意天空

---

① 参见张莉《卡尔维诺的城市诗学》，《建筑学报》2012 年第 5 期。

之中，我们看到了这样的梦幻美景，星光与火焰相互闪耀。

《沙乡年鉴》①的作者、生态学家奥尔多·利奥波德（Aldo Leopold）曾提过一种观点，他认为人类迄今为止都还没有发展出一种处理人与土地，以及人与在土地上生长的动物和植物之间的伦理观，而只是在过去的几千年时间中发展出了处理人与人之间关系的伦理。笔者并不完全认同利奥波德的说法。事实上，成都人早已找到了人与土地，包括人与植物、动物，尤其是人与城市和诗歌相处的方式。在老子眼中，人们活在世间，最高境界即和光同尘——这是一种既崇高又卑微的生活方式，既鲜活又诗意的生活方式，一种很"成都"的生活方式。

成都为诗人提供了最理想的存载之地，成都成了中国诗人的寓言。我曾以调侃的口吻说：诗歌中国，首都成都。

---

① 参见［美］利奥波德《沙乡年鉴》，舒新译，北京理工大学出版社2014年版。

研究生论坛

象天法地，以教人伦之德
——论"德配天地"在先秦服饰中的体现

辛　韵

（四川大学古籍整理研究所）

摘　要：毫无疑问，礼之属性是可以对人之属性进行培养的。在探究其是如何对人产生影响的时候，笔者关注了"德配天地"的观念和"象天法地"的规划。在现有研究中，"象天法地"这一规划常在关于传统建筑的研究中被提及。但在对礼的道德性及其来源进行梳理之后，可得知，在以礼为介质的天地人的构建中，"象天法地"的规划是适用于所有成为介质的礼之外延的，这其中就包括了服饰。在此基础上，本文分冕服、深衣、丧服和其他四个板块对"德配天地"在先秦服饰中的体现进行了简单的梳理。

关键词：礼　先秦服饰　象天法地

孟德斯鸠曾在《论法的精神》中写道："中国人的生活完全以礼为指南"①。事实也的确如此，礼同时涵括了中国人生活的精神层面与物质层面，无论是征伐祭祀，还是洒扫进退，都无法脱离礼的指导。故《荀子·修身篇》言："人无礼则不生，事无礼则不成，国家无礼则不宁。"②故《礼记·曲礼上》言："道德仁义，非礼不成；教训正俗，非礼不备；

---

① ［法］孟德斯鸠：《论法的精神》，商务印书馆1978年版，第316页。
② （清）王先谦：《荀子集解》，中华书局1988年标点本，第23页。

分争辨讼,非礼不决;君臣上下,父子兄弟,非礼不定;宦、学事师,非礼不亲;班朝、治军,莅官、行法,非礼威严不行。祷词、祭祀,供给鬼神,非礼不诚不庄。"① 由此,礼外延之宽广可见一斑,无怪其可为国人生活的指南。但礼之外延,远不止《曲礼》所言的数种,其外延之广,难凭寥寥数语言明。不过,综观学界已有成果,礼大体可被概括为仪容举止、名物制度、思想观念三类。②

礼之外延的推行,为的是借礼之属性对人之属性进行潜移默化的培养,以奠定良好的社会风俗,进而达成国泰民安、河清海晏的目的。因此,《礼记·经解》言:"礼之于正国也,犹衡之于轻重也,绳墨之于曲直也,规矩之于方圆也。"③ 这种借由礼之外延推行礼之属性的实践,可被称为"教",即所谓"礼教"。④ 相对于思想观念,礼教在施行之时更侧重于选择仪容举止与名物制度等更具实践性的外延,这恰如《新唐书·礼乐志》所言:"由之以教其民为孝慈、友悌、忠信、仁义者,常不出于居处、动作、衣服、饮食之间。"⑤ 因此在试图探讨礼之属性如何借由礼教在其外延上进行体现时,笔者自然而然地关注到了服饰。

在切实探讨礼之属性如何通过服饰教化人之属性之前,首先需要落实的是何为礼的属性。

---

① (清)孙希旦:《礼记集解》,中华书局1989年标点本,第8页。
② 田君在《论"礼"的字源、起源、属性与结构》中认为,礼的实现途径可归纳为行为之礼、制度之礼、观念之礼。[《四川大学学报》(哲学社会科学版)2014年第5期] 林素英在《丧服制度的文化意义——以〈仪礼·丧服〉为讨论中心》中认为,礼之外延主要为礼仪规范、礼仪活动(文津出版社2000年版)。陈来《儒家"礼"的观念与现代世界》认为礼在儒家文化中有礼义、礼乐、礼仪、礼俗、礼制、礼教六种含义。其中礼仪、礼俗、礼制等无疑是属于礼之外延的(《孔子研究》2001年第1期)。对于礼义,陈来先生的解释更偏向于"礼之义理",由此可将其视为礼在思想观念上的衍生。
③ (清)孙希旦:《礼记集解》,第1256页。
④ "礼教"一词,常同鲁迅在《狂人日记》中所言之"吃人的礼教"相联系,事实上,"礼教"指的不过是"以礼为教",强调的是礼的教化作用。对"礼教"与"封建礼教"的辨析,学界已有陈杰思的《人文礼教与封建礼教》,王晶、王凌皓的《"礼治秩序"建构视阈下的先秦儒家礼教思想价值》,张静互的《从荀子礼论看"礼教"的三个层次》,张凯作的《朱子理学与古典儒家礼教》等论文可资参考,本文不再赘述。
⑤ (宋)欧阳修等:《新唐书》,中华书局1975年标点本,第307页。

一 象天法地：礼的道德性及其来源

提及礼之属性，首当其冲的无疑是礼的秩序性。无论是《曲礼》中的"夫礼者所以定亲疏，决嫌疑，别同异，明是非也"①，还是《乐记》中的"礼义立，贵贱等矣"②，抑或是《坊记》中的"夫礼者，所以章疑别微，为民坊者也。故贵贱有等，衣服有别，朝廷有位，则民有所让"③。都表明礼是一套具有尊卑贵贱之分的等级秩序。出于政治管理的目的，礼要求在秩序结构中处于低位的人"事上""事长"，以保证秩序结构的稳定。

由礼的秩序性衍生而出的，便是礼的道德性——是否合乎礼，是否合乎等级秩序，一直是道德的评判标准之一。④ 具体而言，在商朝，祭祀越隆，越有道德，因为"殷人尊神，率民以事神，先鬼而后礼"；在西周，越遵循礼乐，越有道德，因为"周人尊礼尚施，事鬼敬神而远之"⑤。此处需要说明的是，对于"礼"这一概念，学界并无清晰的界定。在具体的研究中，若未言明究竟是礼器、礼仪、礼义、礼制、礼学、礼教等具体概念中的某一个，则要么统而概之，要么随文释义。本文的"礼，是包括了仪节形式、名物制度、风俗习惯、思想观念等多种内涵的统而概之的礼。若文中涉及具体阐释，则根据具体语境随文释礼。就此处之语境而言，"先鬼而后礼""周人尊礼尚施"之礼，指的是偏向尊卑等级和政治制度的周代礼乐。具体到论述中的时段，则周礼为礼乐秩序，故在周，越遵循礼乐，则越守礼，越有道德；商礼为祭祀鬼神的仪节，故在商，祭祀越隆则越守礼，越有道德。

由上文不难看出，自商到周，礼由敬鬼事神的仪节转变为了区别尊

---

① （清）孙希旦：《礼记集解》，第6页。
② （清）孙希旦：《礼记集解》，第987页。
③ （清）孙希旦：《礼记集解》，第1283页。
④ 贺韧《儒家传统道德教育思想探析》提出，我国在原始社会末期就产生了以血缘宗法为基础，以礼为基础内容的基本道德观念。礼既为道德之基础内容，是否守礼也自然而然地成为道德的评判标准（博士学位论文，湖南师范大学，2006年）。
⑤ （清）孙希旦：《礼记集解》，第1310页。

卑贵贱的制度。事实上，随着时代的变迁，礼的内涵、外延一直在发生变化。在这一进程中，必须提及的是孔子对礼的影响。前文有言，出于政治管理的目的，礼要求低位者主动服从高位者通过礼构建的秩序，自下而上地保持秩序结构的稳定。孔子的创见在于其关注到了高位者在秩序结构中的作用，使得对秩序结构稳定的维护由单向变为双向，即在要求低位者"事上""事长"的同时，也要求高位者克己节制，依礼行事。《论语·子路》中的"上好礼，则民莫敢不敬；上好义，则民莫敢不服；上好信，则民莫敢不用情"① 一句便是对此的直接体现。这种对高位者的关注，直接地凸显了个人道德对于秩序的重要性。与此同时，孔子还要求个人在饮食起居、衣服配饰、洒扫进退等日常生活的层面也做到依礼行事，进一步扩展了礼的适用范围。如对于饮食，有"食饐而餲，鱼馁而肉败，不食；色恶，不食；臭恶，不食；失饪，不食；不时，不食；割不正，不食；不得其酱，不食"②；对于衣服，有"君子不以绀緅饰，红紫不以为亵服。当暑，袗絺绤，必表而出之"③。值得注意的是，这一要求无关尊卑贵贱，是同时面向整个秩序结构中的人的。④ 在这一情境下，礼更多地被视为个人修身立德的准则。此时，可以说孔子实现了"外在礼仪和内在礼义"⑤ 的统一。为了与之相适应，礼的道德性也应有所扩展，道德标准从合乎外在秩序转为兼备外在秩序和内在修养。

此前本文曾言，礼之外延的推行，为的是借礼之属性对人之属性进行潜移默化的培养。在这一培养过程中，礼的道德性同时提供了培养目标和培养标准。为了使这一目标和标准更具合法性，礼的推行者常宣称礼及其属性的来源是天地，因此培养目标和培养标准的赋予者由礼的道德性上升至了天地。这样天地之德和人伦之德就产生了联系，一个以礼为介质的天地人的关系被构建出来。在此构建中，天地的自然属性被投

---

① （宋）朱熹：《四书章句集注》，中华书局 2012 年标点本，第 143 页。
② （宋）朱熹：《四书章句集注》，第 120 页。
③ （宋）朱熹：《四书章句集注》，第 119 页。
④ 《礼记·曲礼》有"礼不下庶人，刑不上大夫"之说，观其字面，似乎是庶人不用礼之意。但事实并非如此，礼是作用于整个礼仪秩序中的人的。对此，谢维扬的《"礼不下庶人，刑不上大夫"辨》、杨志刚的《"礼下庶人"的历史考察》、张全民的《"礼不下庶人"发覆》等文已从不同角度进行了论证，此不赘述。
⑤ 李宜蓬：《从礼器到礼教：礼乐文化推衍的内在逻辑》，《孔子研究》2014 年第 4 期。

射到了礼的道德属性上，影响了礼之道德性的外在表现，即礼之外延。因而，礼可以用来比拟人伦道德，进而提醒人们去规范自身行为，遵循外在秩序，达成内在修养。

在天地人的构建中，天地自然属性主要是通过"象天法地"的规划来影响礼之外延，进而培养人伦之德的。"象天法地"一词，出自《周易·系辞上》"在天成象，在地成形"①。在这一前提下，圣人"仰则观象于天，俯则观法于地"②，形成了一套"天生神物，圣人则之；天地变化，圣人效之；天垂象见吉凶，圣人象之；河出图，洛出书，圣人则之"的效仿天地、制礼作乐的方法。③ 这种效仿天地的方法，可被概括为"象天法地"。就字面来看，"象天法地"更多地强调天地对人的影响，但在天地人这一构建中，天地与人是存在着互动关系的，即圣人在引入天地属性来规范人之属性的同时，也要求人主动向天地属性靠近。《礼记·经解》言"天子者与天地参，故德配天地，兼利万物，与日月并明，明照四海而不遗微小。其在朝廷，则道仁、圣、礼义之序；燕处，则听《雅》《颂》之音；行步，则有环佩之声；升车，则有鸾和之音。居处有礼，进退有度，百官得其宜，万事得其序"④。由此亦不难看出，在这种互动中承担着媒介作用的便是制度、名物、礼仪等礼之外延。

此处，可以人伦秩序这一外延为例，简言天地属性是如何影响礼之外延的。《周易·序卦》言："有天地然后有万物，有万物然后有男女，有男女然后有夫妇，有夫妇然后有父子，有父子然后有君臣，有君臣然后有上下，有上下然后礼义有所错。"⑤ 此句所体现的，即为"天上地下""天尊地卑"的自然秩序被引入人伦秩序，进而转化为上下尊卑的人伦之序。在《说卦传》中，还有更为详细的自然秩序与人伦秩序的对应，如八卦分别有对应的天地雷木等自然现象、首腹足股等身体结构、父母男女等家庭结构，等等。

总之，本文探讨的核心问题是礼之属性如何通过服饰培养人之属性，

---

① （宋）朱熹《周易本义》，中华书局2009年标点本，第221页。
② （宋）朱熹《周易本义》，第246页。
③ （宋）朱熹《周易本义》，第241页。
④ （清）孙希旦：《礼记集解》，第1255页。
⑤ （宋）朱熹：《周易本义》，第269页。

在明确了以礼为介质的天地人的构建和礼之外延"象天法地"的规划之后，这个问题自然地转变为两个更为明确的递进问题：一是天地之德是如何投射在服饰之上的；二是服饰是如何培养人的。关于第二个问题，前文已经给出了回答，即投影了天地之德的服饰可以比拟人伦道德，从内外两个方面对人进行培养：于外，服饰的等级秩序要求人自觉地遵循外在秩序；于内，服饰的存在不断提醒人们注重内在修养，进而规范自身行为。那么，对于第一个问题，天地之德是如何体现在服饰中的呢？

二 德配天地：天地之德在先秦服饰中的体现

自"黄帝、尧、舜垂衣裳而天下治，盖取之乾坤"[1]起，中国的服饰便由遮羞取暖的生存必需品演变成了具有更多内涵的礼之外延。换言之，即原始时代的服饰是不具备承载天地之德的功用的。自先秦向后探寻，历经秦时战乱，汉初"不设车旗、衣服之禁"[2]，此后渐渐恢复的服饰文化受楚文化与武帝大一统政策的影响[3]，于天地之德的体现有所欠缺。再之后的服饰文化，或是受胡服影响，或是受政治影响，其对天地之德的体现，皆不如先秦服饰来得直接。故本文在对天地之德进行论述时，以先秦服饰为主。受材料丰富程度的限制，在先秦服饰中，又以周之服饰为主。

（一）冕服

《周礼·春官·司服》载："司服掌王之吉凶衣服，辨其若物与其用事。王之吉服，祀昊天、上帝，则服大裘而冕，祀五帝亦如之。享先王则衮冕，享先公、飨、射则鷩冕，祀四望、山、川则毳冕，祭社、稷、五祀则希冕，祭群小祀则玄冕。"[4] 由此可知，冕服是天子及诸侯祭祀天地、五帝、先王、先公、四望山川、社稷、五祀的祭服。

---

[1] （宋）朱熹：《周易本义》，第246页。
[2] （汉）班固：《汉书·东方朔传》，中华书局1962年标点本，第4197页。
[3] 此观点引自罗祎波《汉唐时期礼仪服饰研究》，博士学位论文，苏州大学，2011年。
[4] （清）孙诒让：《周礼正义》，中华书局2013年点校本，第1620页。

冕是冕服中的头冠部分，其中有延，延是木制的，呈长方形，广八尺、长一尺六寸，前端呈圆形，后端成方形。冕上有藻和旒，冕版两端垂挂的玉珠被称为"旒"，穿旒的五彩丝绳则是"藻"。① 此外，冕上还有衡、紞、纮等各类装饰，其中"紞"是冕版两旁下垂的丝带，紞上悬挂的玉石名"瑱"，若是用棉球来代替玉石，"瑱"则叫作"黈纩"，因黈纩位于戴冠者耳部，所以也称为"充耳"。在冕的构成上，并无过多体现天地之德的内容，但旒和充耳却彰显了些许人伦之德。《汉书》言"水至清则无鱼，人至察则无徒，冕而前旒，所以蔽明；黈纩充耳，所以塞聪"②。由此可见，旒和充耳的"蔽明""塞聪"意在督促统治者不视非、不视邪，有所不闻，勿听谗言。在冕的色彩上，郑注言："玄表纁里。"加之孔颖达之疏："玄是天色""纁是地色"③，故不乏有学者认为"冕冠的上玄下纁颜色及冕服的玄衣纁裳都是根据天玄地纁的颜色而定的，以象征未明之天及黄昏之地"④。

服是冕服的主要构成部分，冕服中服的基本形制为上衣下裳，穿在上身的是衣，穿在下身的是裳。衣和裳的上下构成，是天地之德的直接体现。前文有言："黄帝、尧、舜垂衣裳而天下治，盖取之乾坤"，对此《周易集解》引《九家易》解释说："衣取象乾，居上覆物，裳取象坤，在下含物也。"⑤ 由此可总结，上衣下裳这一结构的创制是取于乾坤两卦，因乾为天、坤为地，故上衣下裳实为天在上、地在下的反映。此外，冕服的色彩玄衣纁裳，由上文所言"玄是天色""纁是地色"，可知这是天地之色的展现。

冕服上的十二章纹，指的是日、月、星、山、龙、华虫、宗彝、藻、火、粉米、黼、黻这十二种图案。章纹，历来被认作德行的象征，此观点可见孔颖达对《礼记·少仪》"衣服在躬，而不知其名为罔"一句的解

---

① 《礼记·玉藻》言："天子玉藻，十有二旒，前后邃延。龙卷以祭。"郑玄注曰："祭先王之服也，杂采曰藻。天子以五采藻为旒，旒十有二，前后邃延者，言皆出冕前后而垂也，天子齐肩。延，冕上覆也，玄表纁里。"（孙希旦：《礼记集解》，第987页）
② （汉）班固：《汉书·东方朔传》，第2866页。
③ （清）孙希旦：《礼记集解》，第801页。
④ 亓延、迟瑞芹：《儒家礼教文化影响下的中国传统服饰研究》，《济南大学学报》（社会科学版）2013年第5期。
⑤ （唐）李鼎祚：《周易集解》，中华书局2016年标点本，第455页。

释。孔氏言："衣服文章，所以表人之德，亦劝人慕德，若着之而不识知其名义者，则是罔罔无知之人也。"① 毫无疑问，十二章纹是具有"表人之德"这一功能的，且十二章纹所象征之德，是直接取于章纹的来源之物，如"日、月、星辰，取其照临也。山，取其镇也。龙，取其变也。华虫，雉，取其文也。会，绘也。宗彝，虎蜼，取其孝也。藻，水草，取其洁也。火，取其明也。粉米，白米，取其养也。黼，若斧形，取其断也。黻，为两己相背，取其辨也"②。此时，德行的直接来源并非是天地，而是万物，但"有天地然后有万物"，万物自天地而生，自然具备天地的属性。由此衍生，则可言章纹是天地之德的投影。

需要言明的是，不同尊卑的人拥有不同的穿着冕服的规范，这一规范实际上就是"天尊地卑"自然秩序的投影。其具体规范如"公之服，自衮冕而下，如王之服。侯伯之服，自冕而下，如公之服。子男之服，自毳冕而下，如侯伯之服。孤之服，自絺冕而下，如子男之服"③。与之相对应的，还有冕上所配之旒和衣上所配的章纹。《周礼》规定衮冕十二旒，每旒十二玉，前后二十四旒；鷩冕九旒，前后共十八旒；据此类推，则毳冕七旒，絺冕五旒，玄冕三旒。与之类似的是天子大裘为十二章，衮服九章，鷩服七章，毳服五章，絺服三章，玄服一章。这便是依据祭祀的等级将冕服划分为了大裘冕、衮冕、鷩冕、毳冕、絺冕和玄冕五等，每等各有相对应的旒和章纹的数量，秩序分明。此外，冕服腰中下垂至腹前的蔽膝对等级秩序亦有所体现，蔽膝的形制为："天子用直，色朱，绘龙、火、山章。公侯前后方，用黄朱，绘火、山二章。卿、大夫绘山一章。"④ 不同身份地位的人，所使用的纹样和纹样的数量是不同的，这依然是依据职位的高低来确定秩序的。

为便于理解，此处引阎步克先生所绘之表来展现其鲜明的秩序⑤，如下表。

---

① （清）孙希旦：《礼记集解》，第953页。
② （宋）蔡沈：《书集传·虞书·益稷》，华东师范大学出版社2010年标点本，第36页。
③ （宋）王安石《周官新义》，上海书店出版社2012年标点本，第367页。
④ 周锡保：《中国古代服饰史》，中国戏剧出版社1984年版，第16页。
⑤ 阎步克：《服周之冕：〈周礼〉六冕礼制的兴衰变异》，中华书局2009年版，第82页。

表1　　　　　　　天子、诸侯、诸臣冕服对照表

天子	大裘冕	衮冕	鷩冕	毳冕	絺冕	玄冕	韦弁、皮弁、冠弁
公		衮冕	鷩冕	毳冕	絺冕	玄冕	韦弁、皮弁、冠弁
侯伯			鷩冕	毳冕	絺冕	玄冕	韦弁、皮弁、冠弁
子男				毳冕	絺冕	玄冕	韦弁、皮弁、冠弁
孤					絺冕	玄冕	韦弁、皮弁、冠弁
卿大夫						玄冕	韦弁、皮弁、冠弁
士							韦弁、皮弁、冠弁

于自然，天地拥有最高的权威；于人伦，君王拥有最高的权威。故祭祀天地之大裘冕，只有享有最高权威的天子可以穿着。基于此，将自然秩序同冕服的等级秩序相对应，则不难发现冕服的等级秩序是根据天地之间自然存在的上下尊卑所确立的。

（二）深衣

不同于传统的上衣下裳分离形式，深衣是上下相连的服饰，其或得名于"被体深邃"这一特点。《礼记·深衣》郑玄注："名曰深衣者，谓连衣裳而纯之以采也。"孔颖达言："所以谓深衣，以余服则上衣下裳不相连，此深衣衣裳相连，被体深邃，故谓深衣。"① 因深衣上下相连，故天地之德在深衣中的体现不如上衣下裳的冕服明显，但深衣也有独特的展现天地之德的方式。

《礼记·深衣》言："古者深衣，盖有制度，以应规、矩、绳、权、衡。短毋见肤，长毋被土。续衽钩边。"② 其中规、矩、绳、权、衡是深衣的裁剪方式，具体如何裁剪，已不可考，虽有朱熹《深衣制度并图》、刘绩《三礼图》、黄宗羲《深衣考》等著作试图通过还原深衣的裁剪方式来恢复古礼，但其究竟如何，至今并无定论。不过无论是何种裁剪方式，其遵循的原则皆是"袂圜以应规，曲袷如矩以应方，负绳及踝以应直，

---

① （清）孙希旦：《礼记集解》，第1381页。
② （清）孙希旦：《礼记集解》，第1379页。

下齐如权衡以应平"①。具体而言，便是深衣袖口宽大，展开则圆如规；衣领相交，自然组成方形；下摆齐整，平直如权衡。在笔者看来，深衣裁剪的要求便是对天地的抽象。在"天圆地方"观念的影响下，方和圆在某种程度上成了天、地的代表。《周易·说卦》就言："乾为天，为圜，为君，为父"，"坤为地，为母……为大舆"②。此处之"舆"即车，车同地之方的联系可见《周礼·考工记》所言"轸之方也，以象地也。盖之圆也，以象天也"③。"轸"指的是车的车体，考察彼时出土的文物，不难发现秦汉时期的马车是由圆形的车盖和方形的车体组成的，故"为大舆"一句，是以车体之方，喻大地之方。此处还可以北京天坛、地坛为例。天坛中祭天的场所名为"圜丘"，由三层圆坛组成；地坛中祭"皇地祇神"的场所名为方泽坛，坛整体呈方形，四周亦修筑有方形泽渠。由此看来，将深衣裁剪中的几何图形理解为对天地的抽象，并非没有道理。

此外，《礼记·深衣》还言"制十有二幅，以应十二月"④，即深衣裁剪所用的十二幅布代表的是天之十二月，这是天时在深衣上的体现。

（三）丧服

丧服在先秦服饰中规划得最为精细复杂。在丧服制度的规划中，个人感情、社会伦理、天地理序都不同程度地发挥了作用。服丧遵循的原则有多种，《礼记·大传》云："服术有六，一曰亲亲；二曰尊尊；三曰名；四曰出入；五曰长幼；六曰从服。"此外，还有"有属从，有徒从，有从有服而无服，有从无服而有服，有从重而轻，有从轻而重"⑤ 六种特殊情况。虽说《大传》已经明确了服丧的原则，但受限于现实人际关系的错综复杂和服丧范围的广泛，原则的施行远比想象中复杂。即便如此，我们依旧可以从这些原则中捕获到天地的投影。

首先需要明确的是，探讨丧服中的天地之德，是以《仪礼·丧服》为中心的。其次，需要知晓中国传统的丧服主要包括五等服：斩衰、齐

---

① （清）孙希旦：《礼记集解》，第 1381 页。
② （宋）朱熹：《周易本义》，第 266 页。
③ （清）孙诒让：《周礼正义》，第 3232 页。
④ （清）孙希旦：《礼记集解》，第 1381 页。
⑤ （清）孙希旦：《礼记集解》，第 912 页。

衰、大功、小功、缌麻。其中斩衰最重，服丧期为三年；缌麻最轻，服丧期为三个月。

尊尊，若是为父亲服丧，按其规划，一世之亲的服制是服齐衰不杖期，但从自身出发，父亲是人伦秩序中的至尊，故依照尊尊的原则，父亲的服制应加隆为斩衰三年之服。由父而上推，祖父为二世之亲，当服大攻九月，因其为尊者，则加服至期。服丧之时，对直系长辈的服制进行加隆，是出于"尊宗敬祖"的原则。这种对直系亲属的尊崇，实际上也是对天的尊崇。同时，和天同样处于被尊崇地位的，还有天子（君），尊尊原则同样适用于政治领域，故在斩衰服中，还包含了"诸侯为天子""臣为君"。此时，天子（君）之于诸侯（臣），就如父之于子。天子与诸侯，君和臣之间虽无直系血缘关系，但因其与父和子同样处在"天尊地卑"的秩序下，因此诸侯为天子服、臣为君服，亦是服斩衰三年。

此外，还需要注意的是，在自然秩序同人伦秩序的对应中，象征着天的男子，是尊于象征着地的女子的。这种尊卑之差亦体现在了丧服之中。同为血缘至亲，为父服丧，则服斩衰三年之服。为母服丧，若父亲尚在，则只能服齐衰杖期之丧；若父亲已殁，则可服三年，虽为三年之丧，但此处并非最重之斩衰三年，而是齐衰三年。

（四）其他

除上述三种服饰之外，先秦服饰尚有弁服、后妃贵妇礼服、甲胄之服、冠服、燕居之服等多种服饰。

其中，弁服是仅次于冕服的礼服，不同于冕服仅在祭祀时穿着，弁服适用于视朝、田猎、婚礼等多种场合。但同冕服一样，先秦时期的弁服种类亦根据穿着人的尊卑规定其使用的等级。正如何休所言："礼，天子朝皮弁，夕玄端，朝服以听朝，玄端以燕，皮弁以征不义，取禽兽，行射。诸侯朝朝服，夕深衣，玄端以燕，裨冕以朝。天子以祭其祖祢，卿大夫冕服而助君祭，朝服祭其祖祢；士爵弁黻衣裳以助公祭，玄端以祭其祖祢。"①

---

① （清）王闿运：《春秋公羊传笺》，岳麓书社2009年标点本，第480页。

君有冕服、弁服，与之相对，皇后亦有礼服。《周礼·天官》言："内司服掌王后之六服，袆衣、揄狄、阙狄、鞠衣、展衣、缘衣，素纱。"① 其中，前六种为皇后的礼服，素纱则是穿在礼服之中的衣服，并非礼服之属。同冕服的秩序类似，命妇在随王后助祭或宴飨宾客的时候，所穿礼服要随之降级。其具体秩序可见下表：

表2　　　　　　　　　后妃贵妇礼服对照表

王后	袆衣、揄狄、阙狄、鞠衣、展衣、缘衣
侯、伯夫人	揄狄
子、男夫人，三公夫人	阙狄
内、外命妇	鞠衣、展衣、缘衣

若进一步细分，内命妇中又划分为九嫔可着鞠衣、展衣、缘衣；世妇可着展衣、缘衣；女御只可着缘衣。与之同理，外命妇亦可进一步划分。

以弁服和后妃贵妇礼服为例，不难发现，其同等级秩序与冕服颇为相似，因此天地之德在其中的体现也是相似的，其等级秩序也是根据天地之间自然存在的上下尊卑所确立的。

此处需要注意的是，先秦服饰的色彩亦有其独特的秩序，这个秩序便是正色和间色。《礼记·玉藻》言："士不衣织，无君者不贰采。衣正色，裳间色。非列采不入公门。"对此，郑玄注曰："谓冕服，玄上纁下。"孔颖达疏言："玄是天色，故为正；纁是地色，赤黄之杂，故为间色；皇氏云：'正谓青、赤、黄、白、黑，五方之色；不正谓五方间色也，绿、红、碧、紫、骝黄是也。'"② 由此可见，正色、间色的确立标准依旧是天地秩序。

此外，《礼记·月令》中天子的四时着衣也可被视作是天地之德在服饰色彩中的体现。所谓四时着衣，即按照春夏秋冬四季的不同，天子要穿戴不同的服饰，其大体可概括为："春衣青衣""夏衣朱衣""秋衣白

---

① （清）孙诒让：《周礼正义》，第577页。
② （清）孙希旦：《礼记集解》，第801页。

衣""冬衣黑衣"。① 究其内涵，便是帝王率先以个人行为顺应自然，进而衍生出教化作用，推己及百姓，使百姓的生产作息与之相应，从而保证生产的有序和生活的富足。

余 论

至此，本文对礼之属性如何通过服饰培养人之属性的探讨已经有了初步的结论。礼之属性的来源为天地，在以礼为介质的天地人构建中，所培养的人实际上具有天地的属性。天地属性通过"象天法地"的规划投射到服饰这一礼之外延上，于是拥有天地之德的服饰就可以比拟人伦道德。于外，服饰根据天地之间自然存在的上下尊卑确定服饰等级，并以此持续约束人的行为；于内，以服饰比德，可通过服饰提醒人注重内在修养，规范自身行为，自觉向天地之德靠拢。《礼记·冠义》言："凡人之所以为人者，礼义也。礼义之始，在于正容体、齐颜色，顺辞令。容体正，颜色齐，辞令顺，而后礼义备。以正君臣，亲父子，和长幼。君臣正，父子亲，长幼和，而后礼义立。故冠而后服备，服备而后容体正，颜色齐，辞令顺。故曰：'冠者礼之始也'，是故古者圣王重窥。"② 由此可见，个人的"容体正"，可推广至君臣、父子、长幼的礼仪秩序，借由服饰对人的培养，还可衍生出使他人"望其势而知"的推广作用。朱熹说"夫童蒙之学，始于衣服、冠履，次及语言、步趋，次及洒柱、肩洁，次及读书、写文字及有杂细事宜，皆所当知"③，如此重要的服饰，自然应当自蒙学抓起。

在具体谈及"德配天地"是如何体现在先秦服饰中时，本文更多的是从服饰的某一设计象征着天地和服饰的等级秩序来自于天地秩序这两个角度进行论述的，并未严格明确天地之德是什么及它是如何通过服饰对人伦之德进行影响的。在实际操作中，通过服饰将天地之德对应于人伦之德并不简单。一方面，在具体的投射到服饰等礼之外延上时，天地

---

① （清）孙希旦：《礼记集解》，第410—486页。
② （清）孙希旦：《礼记集解》，第1411页。
③ （宋）朱熹：《童蒙须知》，黄山书社2003年标点本，第68页。

之德的内涵产生了极大的扩展，并非一般的"高明刚强""沉深柔弱"可以概述；另一方面，服饰在参考天地之德进行设计时，涉及了四季、十二月、四方等概念，三者各有其德，其和天地之德的关系，也尚需进一步探讨。

《四库提要辨证》子部医家类研究

邵莘越

(四川大学古籍整理研究所)

摘 要:《四库全书总目·子部医家类》保存了我国清代及以前重要的医学书籍,是我们研究古代医学、医书、医者的大型数据库。而余嘉锡先生的《四库提要辨证》是我们阅读这一医学数据库必不可少的参考材料。该书对所收录著作的作者和注者、书籍流传情况、史实和记载情况都进行了细密的辨析,修正补充了《四库全书总目》的失察和不足,具有重要的研究价值。

关键词:《四库提要辨证》 余嘉锡 子部医家类

编纂于乾隆年间的《四库全书总目》(以下简称《总目》)是我国古代的一部大型解题书目,代表着清代目录学发展的最高成就,也是我国目录学发展到高峰的标志。对于此书的巨大成就,清代学者周中孚曾赞道:"窃谓自汉以后,簿录之书,无论官撰私著,凡卷第之繁富,门类之允当,考证之精审,议论之公平,莫有过于是编矣。"[①] 其中,《总目·子部医家类》著录了医书九十七部一千八百一十六卷,存目九十四部六百八十二卷,附录六部二十五卷(兽医类)。从内容来看,涵盖了先秦至清代医学的基本理论、重要临床诊法和经典医方;从医学研究来看,保存并考证了我国古代医学、医书、医者的大量学术资料,具有重要的医学文献价值。纪晓岚本人对于医学和医家非常重视,他说:"余校录《四库

---

① (清)周中孚:《郑堂读书记》,上海书店出版社2009年标点本,第487页。

全书》，子部凡分十四家。儒家第一，兵家第二，法家第三，所谓礼乐兵刑国之大柄也。农家、医家，旧史多退之末简，余独以农家居四，而其五为医家。农者民命之所关，医虽一技，亦民命之所关，故升诸他艺术上也。"①

著名目录学家余嘉锡先生十分看重《总目》，曾自言："余之略知学问门径，实受《提要》之赐。"② 其所著《四库提要辨证》（以下简称《辨证》）是一部考订、评价《总目》的重要学术著作，全书按照《总目》的编排顺序，对作者、注者生平事迹、书名由来、书籍版本、书籍内容等进行了细密的考证，以补《总目》考辨之失。该书对子部医家类诸书的辨证，共涉及著录书十八部，存目书一部，所下按语共计三十一条，主要涉及对作者、注者相关问题，书籍流传，史实和原书记载等方面的考辨。本文试分别述之。

一 与作者、注者相关的考辨

余嘉锡先生深知知人论世对于辨章学术的重要性，认为"不知作者之事不可考，则其意恶乎知之?"③ 在《总目》著录的九十七部医籍中，除八部未署名之外，其余的八十九部医籍乃出自六十七位医者；存目的九十四部医籍中，未署名者三部，其余九十一部医籍出自六十九名医者。对于这些著述作者的姓名爵里、生活时代、师承关系、行医经历等，《总目》都做了一定程度的考证和补充。《辨证》则补充、纠正了《总目》中关于名字、生年、师承、官职的相关论断，使我们能够更加清晰地了解作者信息。

（一）对作者、注者名字的考辨

对于医籍作者、注者姓名的考辨，是四库馆臣考察收录著述时首要关注的一个问题。由于种种原因，《总目》对于医书作者、注者姓名的论

---

① （清）纪昀：《纪晓岚文集》，河北教育出版社1995年标点本，第1册，第179页。
② 余嘉锡：《四库提要辨证》卷首《序录》，中华书局2007年版，第52页。
③ 余嘉锡：《目录学发微》，商务印书馆2011年版，第49页。

断偶有不确之处。例如关于《巢氏诸病源候论》五十卷的作者，《总目》云："考《隋书·经籍志》有《诸病源候论》五卷，目一卷，吴景贤撰。《旧唐书·经籍志》有《诸病源候论》五十卷，吴景撰……然则《隋志》吴景作吴景贤，贤或监字之误。"① 仅根据《隋书·经籍志》《旧唐书·经籍志》中对此书作者姓名记载的不同，便认定《隋书·经籍志》记载有误，定论仓促。《辨证》引杨守敬《日本访书志》"惟吴景贤之名，已见《隋书·麦铁杖传》，《提要》疑贤为监之误，未免失之"②，随后考之《隋书·麦铁杖传》，确认有关于吴景贤的记载，最终认定吴景贤为此书作者之名。《辨证》根据他书相关记载和论断，并追溯原始记载，纠正了四库馆臣之误。

  在考辨医籍、作者时，也会出现因姓名相同而导致误认的情况。《黄帝素问》二十四卷题唐王冰注。《总目》论曰："冰名见《新唐书·宰相世系表》，称为京兆府参军。"③《辨证》详考此王冰之父王播神道碑署年，与书中王冰自序所题年份相差有六十九年之久，据常理可以断定，此书作者与《总目》中所称必非同一人，而是"偶同姓名者耳，《提要》混而一之"④。《辨证》根据《金石录目》《唐会要》《新唐书·列女传》，考得同名者四人，一一进行辨析，均未能确定为此书注者。虽然最终也未能解决注者是谁的问题，《辨证》的做法却提醒我们，在考察医籍作者、注者的时候，要详察人物的行年和生平，同时关注其亲眷、友人的生平记载等旁证材料，尽可能进行全面的考察，避免出现张冠李戴的情况；同时，在确论无法下定的时候，要保持"多闻阙疑"的学术态度、"不知为不知"的学者风范。正如梁启超所提倡的："治史者谓宜常以老吏断狱之态临之，对于所受理之案牍，断不能率尔轻信。若不能得确证以释所疑，宁付诸盖阙而已。"⑤

---

① （清）永瑢等：《四库全书总目》，中华书局1965年版，第858—859页。
② 余嘉锡：《四库提要辨证》，第660页。
③ （清）永瑢等：《四库全书总目》，第856页。
④ 余嘉锡：《四库提要辨证》，第633页。
⑤ 梁启超：《中国历史研究法》，中华书局2014年版，第97页。

（二）对作者生年的考辨

作者所处的具体时代，是评价其医籍成就和医学贡献的重要标尺。作者的生年，更是梳理其行医经历的必须要素。余嘉锡先生指出："后人著书，其动机至不一。虽不必尽由于发愤，而人不能脱离时代，斯其动于中而发于外者，无不与时事相为因缘。著作之时代明，则凡政治之情况，社会之环境，文章之风气，思想之潮流，皆可以推寻想象得之。然后辨章学术，考镜源流，乃有所凭借，而得以着手。"①

《总目》对于"药王"孙思邈生年的记载有不确之处：根据《唐书·隐逸传》的记载，孙思邈生于周朝，根据卢照邻《病梨树赋》序"癸酉岁于长安见思邈，自云开皇辛酉岁生，今年九十二"，孙思邈生于隋朝。四库馆臣判断，作为孙思邈的弟子，卢照邻的记载是准确的，然而他的记载与史实、干支均不能相符，可能是《卢照邻集》在流传抄写中出现了讹误，将"辛丑"误写为"辛酉"，将"九十三"误写为"九十二"。《辨证》通过考察《旧唐书》《太平广记》《册府元龟》中所载《病梨树赋》序，皆有"辛酉岁生""年九十三"等字句，推断很可能是卢照邻自身记忆失误所致，而非如馆臣所言由于流传中抄写出现讹误。并且，根据历史记载的孙思邈卒年——永淳元年（682）向前推算，从开皇元年辛丑（581）到永淳元年恰好一百零二年，与孙思邈生年一百余岁的记载正好吻合。此外，《辨证》列举了两则与孙思邈生年相关并可以互证的重要材料。其一，卢照邻《病梨赋序》中所言："自云开皇辛酉岁生，年九十三矣，询之乡里，咸云数百岁。又共话周、齐间事，历历如眼见，以此参之，不啻百岁人矣。"② 其二，《旧唐书》中记载："初魏征等受诏修齐、梁、陈、周、隋、五代史，恐有遗漏，屡访之思邈，口以传授，有如目睹。"③ 通过这两则材料，《辨证》向我们说明了判断方外之士年龄需格外注意的一个问题：他们常常会隐去或者虚增其年龄，让世俗中人无法判断其生年。因此《辨证》认为，孙思邈的年龄和生年是

---

① 余嘉锡：《目录学发微》，第57—58页。
② 余嘉锡：《四库提要辨证》，第663页。
③ 余嘉锡：《四库提要辨证》，第663页。

被模糊化了的,他的弟子卢照邻尚且不能够断言,后人也最好采取存疑的态度来对待。

在此,《辨证》能够准确地锁定考证中存在的纰漏,寻找有说服力的材料作为证据,并对历史现象和记载中呈现的规律进行独到的分析和总结,不迷信名家之言,不盲从未经考证的臆测,通过对史籍材料的多番考究,求得历史真实与逻辑真实的可靠衔接。

(三) 对作者师承关系的考辨

医学在我国发源甚早,从黄帝、神农时期,便出现了医学的萌芽,此后,经过口耳相传、师徒传授而流传不绝。对于医者师承关系的考察,能够帮助我们认识其医学流派、用方用药特色,更是对医者的人际关系、交游情况的重要揭示。《总目》著录张仲景《金匮要略论著》二十四卷,"乃晋高平王叔和所编次"①。对张仲景与王叔和的关系,史无明载,《总目》也未多言。《辨证》通过对《御览》《千金方》《甲乙经序》《医心方》中相关记载的考察和比对,得知王叔和名熙,高平人,且与张仲景的弟子卫汛有交游,与张仲景曾诊治的王仲宣同族,王叔和当曾亲见张仲景。王仲宣曾举族依刘表,进而推测王叔和也曾依附刘表,因此受学于张仲景,"故编定其师之书"②。《辨证》不放过细小的关联,经过环环相扣的考察,推测出作者与编者是师徒关系,这让我们对于此书的成书有了更加清楚的认识。

(四) 对作者官职的考辨

古代精通医术之人不乏在朝为官者,了解医书作者的为官经历和官职情况,有助于知人论世,对作者的生平经历有更加全面和客观的了解。《辨证》对《总目》中医籍作者的官职进行了详细考证和补充。如对《褚氏遗书》一卷的作者褚澄,《总目》说他:"入齐为吴郡太守,官至左民尚书,事迹具《南齐书》本传。"③《辨证》检察《南齐书·褚渊传》

---

① (清) 永瑢等:《四库全书总目》,第 857 页。
② 余嘉锡:《四库提要辨证》,第 648 页。
③ (清) 永瑢等:《四库全书总目》,第 858 页。

中有关记载，发现褚澄去世时官侍中领右军将军，且《褚氏遗书》署名齐侍中领右军将军追赠金紫光禄大夫褚澄编，宋丁介所作跋文中也有澄仕齐至侍中领右军将军之语。可见，《总目》对褚澄做官经历的记载并不准确。

又如对《类证普济本事方》的作者许叔微，《总目》言其为"绍兴二年进士，医家谓之许学士。宋代词臣率以学士为通称，不知所历何官也"①。《辨证》通过陆心源《元椠伤寒百证歌发微论跋》题翰林学士许叔微知可述，推知许叔微曾经为翰林，较《总目》的考证更进了一步。

二 与医籍流传相关的考辨

古代书籍保管、流通不易，更因天灾人祸的影响，呈现出脆弱性和复杂性的特点。《辨证》综合运用目录学、版本学、校勘学、辑佚学知识，对著录书的名称、存亡散佚情况、真伪、版本和卷数情况作了细致考辨。

（一）对医籍书名的考辨

古书写就之后，经过不同人的传抄、整理，书名、篇目很可能会发生一定的改变。我国汉代的几部重要医书均存在这个问题。关于《黄帝素问》，《总目》云："《汉书·艺文志》载《黄帝内经》十八篇，无《素问》之名。后汉张机《伤寒论》引之，始称《素问》。晋皇甫谧《甲乙经序》，称《针经》九卷，《素问》九卷，皆为《内经》，与《汉志》十八篇之数合。则《素问》之名起于汉、晋间矣。故《隋书·经籍志》始著录也。"② 四库馆臣将张仲景《伤寒论》中的称引作为《素问》这一书名的起始。对此，余嘉锡先生首先提出了古书名称探源的基本原则："愚谓秦、汉古书，亡者多矣，仅存于今者，不过千百中之十一，而又书缺简脱，鲜有完篇，凡今人所言某事始见某书者，特就今日仅存之书言之

---

① （清）永瑢等：《四库全书总目》，第864页。
② （清）永瑢等：《四库全书总目》，第856页。

耳，安知不早见于亡书之中乎？以此论古，最不可据。"① 其谓古书流传存在非常严重的散缺乃至亡佚的情况，因此在考论著述源流时，不能仅仅就今日可见的著述或存目而草下定论；接下来又提醒道：刘向、刘歆校书，"叙列九流百氏之学，使之绳贯珠联，无少缺逸"②，在综合参考书籍通行多个版本并予重订之后，著述篇目卷数、次序发生了一些改变，不再沿袭原通行本的名称也并不奇怪；最后，《辨证》又以陆贾《新语》为例，反驳四库馆臣对《素问》书名起源的推断，其言："此如陆贾著《新语》十二篇，刘向校书之时又得贾平生论述十一篇，合而编之，为《陆贾二十三篇》，不复用《新语》之名，正同一例。今既不得以《新语》之名为后起，则亦安见《素问》之名必起于汉、晋之后也乎？"③《新语》被编入《陆贾二十三篇》之后，原名不传，正是古书整理之后名称发生变化的有力证据。向、歆校书是我国书籍整理史上一项具有重要影响的工程，《汉书·艺文志》因为保存了校书成果，因此成为考察古书著录起源、探讨古书成书年代的关键性文献。然而，对于《汉书·艺文志》的征引和考索应辨证看待，不能忽略校书过程中书籍本身所发生的具体性改变。

又如，《总目》言"难经"之名不见于《汉书·艺文志》，而始见于隋、唐二代的书志。《辨证》对此提出异议云："不知《汉书·艺文志》虽无《八十一难经》，而有《扁鹊内经》九卷，《外经》十二卷，今《黄帝素问》，即《汉志·黄帝内经》十八卷中之九卷，安知《难经》非即《扁鹊内外经》中别本单行者乎？"④《辨证》提出这一怀疑，是有依据的，汉张仲景在《伤寒论序》中提到了撰写《伤寒论》时所采用和依据的一些书籍，其中便有《八十一难经》，其为古医书无疑。随后《辨证》根据《史记·扁鹊仓公列传》的记载和张守节《史记正义》中的征引，进一步断定此书在秦汉之际便已经为阳庆所传。更针对古书篇数在流传中所产生的变化进行总结，相比《史记》所记载的古书篇数，《汉志》中

---

① 余嘉锡：《四库提要辨证》，第631页。
② （清）章学诚：《校雠通义》，上海书店出版社1988年标点本，第57页。
③ 余嘉锡：《四库提要辨证》，第632页。
④ 余嘉锡：《四库提要辨证》，第641页。

著录常常有多出数篇、数十篇的情况，而《随志》《唐志》中的著录情况却又与《史记》相合，这是什么原因呢？原来，刘向父子校书时，广揽天下之书，披阅各个版本，整理后的篇目多于司马迁所见版本也是常有之事。然而待校定之后，书籍藏于中秘，经过王莽之乱后，多有散佚，流传下来的版本却仍是汉朝时民间的通行本。具体到本书而言，《史记》中所记载的仓公所收扁鹊脉书，仅上下经；而《汉志》中记载的是校书之后所定的《扁鹊内经》九卷，《外经》十二卷；到《隋志》《唐志》则又著录为《黄帝八十一难经》二卷。因古书篇数的变化，引起书名的改变，于是误将一书判为它书，这种现象并不鲜见。这要求我们在对古医书书名的流传变化进行考辨时，要对古书流传的各种复杂情况有详细的了解和体会，掌握大量的实证材料，《辨证》就很好地做到了这一点。

（二）对医籍存亡散佚的考辨

古书之存亡，情况复杂，未阅尽天下书，不敢轻下断语。对晋葛洪《肘后备急方》八卷，《总目》云："是书初名《肘后卒救方》。梁陶弘景补其缺漏，得一百一首，为《肘后百一方》。金杨用道又取唐慎微《证类本草》诸方附于《肘后随证》之下，为《附广肘后方》。元世祖至元年间，有乌某者，得其本于平乡郭氏，始刻而传之。段成己为之序，称葛、陶二君共成此编，而不及杨用道。此本为明嘉靖中襄阳知府吕容所刊，始并列葛、陶、杨三序于卷首……案《隋书·经籍志》，葛洪《肘后方》六卷，梁二卷。陶弘景《补缺肘后百一方》九卷，亡。《宋史·艺文志》只有葛书而无陶书，是陶书在隋已亡，不应元时复出。"① 四库馆臣列出该书成书及历代增补、刊刻情况，并据《隋书·经籍志》和《宋史·艺文志》，断定陶书亡于隋代，不应该在元代再次出现。这一论断，未免仓促。《隋志》记为已亡或不载的书籍复见于新、旧《唐志》的情况，并不少见。《辨证》考察《旧唐书·艺文志》《新唐书·经籍志》二书，果然均见有陶书的记载。此外，陈振孙《直斋书录解题》明确记载了陶书在南宋时期的留存情况，《宋史·艺文志》本就著录有葛洪《肘后备急百一方》三卷（陶弘景对葛书增补后，名为"肘后百一方"）。《总目》所言，

---

① （清）永瑢等：《四库全书总目》，第858页。

可谓失考严重。

又如，宋许叔微《类证普济本事方》十卷被收入《四库全书》之中，根据朱国桢的记载，许氏尚有《拟伤寒歌》三卷、《治法》八十一篇、《仲景脉法》三十六图、《翼伤寒论》二卷、《辨类》五卷等著述，四库馆臣认为这些著述已无传本。《辨证》通过查考清代藏书志，发现除《仲景脉法》三十六图、《辨类》五卷不存外，其他三部医籍在《仪顾堂序跋》《铁琴铜剑楼藏书目录》《经籍访古志》《爱日精庐藏书志》中均有著录，且《拟伤寒歌》《翼伤寒论》据元刻本被刊入"十万卷楼丛书"，《治法》据元刻本被刊入"琳琅祕室丛书"。《总目》可谓失察。

书籍的亡佚有时候也会影响到后人对它的价值的评价，而相关评价又会影响到书籍的流传情况。《伤寒论》十卷，为汉代张仲景撰，晋王叔和编次，金代成无己注。然而，"明方有执作《伤寒论条辨》，则诋叔和所编无己所注，多所改易窜乱，并以序例一篇为叔和伪托而删之。国朝喻昌作《尚论篇》，于叔和编次之舛，序例之谬，及无己所注、林亿所校之失，攻击尤详。皆重为考定。自谓复长沙之旧本，其书盛行于世，而王氏、成氏之书遂微"①。由于明代方有执与清代喻昌的负面评价，使得王叔和编、成无己注之《伤寒论》流传转衰。对于这一现象，《辨证》首先提出了对张仲景、王叔和师承关系的判断，并指出皇甫谧《甲乙经序》对王叔和编次张仲景之书有着相当正面的评价；那么为何方氏、喻氏对此书评价甚低呢？《辨证》结合历史事实，给出了精妙的论断："凡《隋志》所谓梁有某书亡者，特谓武德五年宋遵贵所运炀帝东都之书，遭水漂没而亡耳。其民间所藏，固无恙也。故《隋志》所亡者，往往《新唐志》复著于录。其后经唐末五代之乱至宋，或无人刻行，或刻行而妄有窜乱，然后古书乃真亡耳。"② 在唐末五代变乱时期，文化衰败，书籍的刻印或荒废或有一定的随意性，因此古书不乏亡于此时者。方氏、喻氏所批判者并非古本，而他们的批驳和重订工作，却客观上导致了原书流传的衰微。古书在流传过程中所经历的波折和原本、足本、善本保存之不易，由此可见一斑。

---

① （清）永瑢等：《四库全书总目》，第858页。
② 余嘉锡：《四库提要辨证》，第650页。

(三) 对医籍真伪的考辨

托古传道,是我国学术界、思想界的一个独特传统,有些作者写就一书之后,希望能够借助古人、古书的名声,使自己的作品得以流传,并提升传抄的热度。这种著述有些具有相当重要的思想学术价值,却因伪托了时代、作者,而被贴上了伪书的标签。如关于《本草》究竟是何时之书,为何人所作,是我国医学史上一个焦点问题,也是古书辨伪中相当显眼的一个关注点。对此,《总目》并未给出相应的考证和回答,而是含糊地说"《本草》虽称神农,而所云出产之地乃时有后汉之郡县,则后人附益者多"[1]。对于这部书的来历,《辨证》作了细致的查证。首先,在《太平御览》中,便有作者为神农、岐伯两种说法。至于《总目》所言的地名问题,《颜氏家训·书证》、陶弘景《本草集注·序录》已有揭示。因此《辨证》推断《本草》题名神农乃是后人依托,并根据《周礼注疏》《中经新簿》《金匮要略》中所记载的线索,推断该书乃周末子仪所作。余嘉锡先生考察远古传说与历史记载的关系,认为医术起源于远古时代,所谓"本草经方,技术之事也,而生死系焉。神农、黄帝以圣人为天子,尚亲治之"[2]。其中所说的便是远古时代对医学的看重,后世口耳相传,在春秋时开始著之竹帛。并且,"凡《汉志》著录三代以前之书,多六国时人所作,班固自注,言之甚明。"[3] 考之经史,子仪为扁鹊的弟子,正好是六国时人,与班固之说相合,且《中经新簿》中著录有《子仪本草经》,恰恰证明了子仪其人与《本草》一书的关系。而神农之名,应为后人所题,乃是推本源流之意,这正符合我国先秦时期书籍的命名体例:"周、秦以前书之有其人者,必其学有授受,师师相传,知其出于某某,始因以题之。"[4] 可惜后人渐不知此书实乃子仪所作。

《辨证》依托有力的证据提出观点后,又加以严密论证,针对两大疑点予以回答。第一,为何此书没有被《汉书·艺文志》著录?《辨证》

---

[1] (清)永瑢等:《四库全书总目》,第880页。
[2] (清)永瑢等:《四库全书总目·子部总叙》,第769页。
[3] 余嘉锡:《四库提要辨证》,第686页。
[4] 余嘉锡:《古书通例》,商务印书馆2011年版,第206页。

云:"古书有单篇别行之例,如《夏小正》《弟子职》之类是也。有自一书之内析出数篇别行之例,如《太公》书之外有《六韬》,《陆贾》书之外有《新语》之类是也。凡书真出于周秦人之手,而不见于《汉志》者,当以此求之。《汉志·方技略》医经有《扁鹊内经》九卷,《外经》十二卷,经方有《泰始黄帝扁鹊俞拊方》二十三卷,《本草》属于经方,《子仪书》只一卷,当即《扁鹊方》之一篇,汉魏以后析出别行者。盖周秦两汉之书,不皆手著,多出后人撰次。故弟子之所论述,亦遂得附先师以行。"① 子仪属于扁鹊学派,那么他的书也被附在扁鹊医书中保存下来,没有被单独著录,这便是其书不见于《汉志》的原因,也是周秦时人所写之书不为《汉志》著录的通常情况。到了汉魏以后,才得以别本流传,著录于书志、书目。第二,为何此书中有后汉郡县之名?《辨证》解释说:"古人于前代之著作,随时附益,苟有裨于学术,不以为嫌。其书愈通行,诵习者多,则其屡改也愈甚。"② 指出了古书随时增改补充的问题。

对于旧题黄帝著的《灵枢经》十二卷,四库馆臣惑于杭世骏所言其为王冰伪托,在没有进行再次考证或寻找旁证的前提下,就肯定杭世骏"考证尤为明晰"③,认定该书为伪。对此,《辨证》进行了条条攻破式的批驳,堪称精妙。杭氏谓《隋书·经籍志》中有《黄帝九灵》十二卷,而王冰以《九灵》为《灵枢》,不知所本者何。《辨证》考《隋书·经籍志》中并无《黄帝九灵》一书,乃杭氏为人所误,其谬一也;杭氏谓书为王冰伪托,后人莫有传其书者,至宋绍兴中史崧始出。《辨证》以常理度之,若为王冰伪托,安得数百年不传,至史崧之时始见?其谬二也;杭氏谓此书晚出,未经仁宗时高保衡、林亿等校定。《辨证》据陆心源的引证,并自增《证类本草》《玉海》《书录解题》中所具三条记载,以说明《灵枢》一书确经高保衡、林亿等校正版行,且当时校正他书所作序言中,也可见对于此书的征引。

那此书的流传情况究竟如何?在宋代医书中居于什么样的地位?通过对史料的考察,《辨证》指出:"考宋时医学方脉科,以《素问》《难

---

① 余嘉锡:《四库提要辨证》,第688页。
② 余嘉锡:《四库提要辨证》,第689页。
③ (清)永瑢等:《四库全书总目》,第856页。

经》《脉经》为大经,《病源》《千金翼方》为小经。凡《灵枢》《太素》《甲乙》皆不在内,盖其流传不如《素问》等书之广,故谓之秘书,然不可谓无人传其书也。"① 正因为此书属于秘书之类,流传不广,故校正之本已亡,史氏所藏为校定之前的版本,因此没有校书时所留下的序言和衔名。杭氏未做核查,轻下断言,其谬三也;杭氏又云书中有《十二经水》一篇,此名为黄帝时所无,乃是王冰据一己之见的妄臆。对此,《辨证》首先概括性地讲解了古书中存有后世语的一般情况:"夫上古学术皆由口耳相传,后人推本先师,著之竹帛,至周时管晏诸子犹然,故不能无后世之语。"② 接着,具体到《灵枢》一书,十二经水之名在《甲乙经》之中均有记载,谓之王冰妄臆,其谬四也;杭氏谓此书文义浅短,而《辨证》再三详考,发现《灵枢经》为多部重要医书所征引,可谓是一部源远流长的医籍,杭氏评价不当,其谬五也。《辨证》对于杭氏持以立说的要点进行针对性的批判,对医籍的真伪情况做出了层层递进的考索,可以说是无懈可击的精彩辨证。

(四) 对版本、卷数的考辨

版本源流的梳理和优劣的品鉴是古籍校勘的基础,也是厘清书籍篇目、卷数分合的关键依据,更是书籍在流传过程中判别其内容可信度的重要标准。辨清古医籍的版本源流,需要深厚的古籍版本学知识,对相关刊刻、传抄史实进行了解和掌握。《总目》对子部医家类著述版本的考辨存在失察的情况。其言《证类本草》三十卷流传有两个版本:一为明万历丁丑(1577年)翻刻元大德壬寅宗文书院本,可称之为《大观本草》;一为明成化戊子(1468年)翻刻金泰和甲子晦明轩本,可称为《政和本草》。经考辨,《辨证》认为政和本非刻于"金泰和"年间,乃是由张存惠刻于元初,题为"金泰和"是为缅怀故国。后又转引杨守静《日本访书志》云:"至明万历丁丑,宣城王大献始以成化重刻政和之本,依其家所藏宗文书院大观本之篇题,合二本为一书。卷末有王大献后序,自记甚明,并去政和本诸序跋,独留大观艾晟序及宗文书院本记。按其

---

① 余嘉锡:《四库提要辨证》,第638—639页。
② 余嘉锡:《四库提要辨证》,第639—640页。

名则大观，考其书则政和，无知妄作，莫此为甚。"① 《总目》所称大德本其实是大观本之名与政和本之实的杂糅，可以说是"驴唇不对马嘴"。正应了余嘉锡先生所批评的"先未见原书，而执残本误本别本以为之说，所言是非得失，皆与事实大相径庭，是不惟厚诬古人，抑且贻误后学"②。

同一古籍，因为传抄、整理、删改等原因，很容易出现卷数不一的情况。关于《千金要方》九十三卷，《总目》曰："考晁、陈诸家著录，载《千金方》《千金翼方》各三十卷，钱曾《读书敏求记》所载，卷数亦同。又谓宋仁宗命高保衡、林亿等校正刊行，后列《禁经》二卷。合二书计之，止六十二卷。此本增多三十一卷，疑后人并为一书，而离析其卷帙。"③《辨证》考察《新唐书·艺文志》《崇文总目》《通志·艺文略》《宋史·艺文志》的相关记载，均见有孙思邈所著《千金方》三十卷、《千金髓方》二十卷、《千金翼方》三十卷。四库馆臣对于以上材料未加考索，且不知有《千金髓方》，以致出现错判。

三 与史实记载、原书内容相关的考辨

《总目》在考察古代相关史事记载、医方医俗时，虽然能够博引群书，尽量做到信而有征，却毕竟难以全备，难免有失察、失考之处。且以数十万卷之书，总成二百卷之《提要》，成于众手、课以时限，难免对原书、原序、《提要》前后文未能兼顾，出现前后矛盾之处。《辨证》对相关的失误进行了重考和纠正。

(一) 对史实、风俗的考辨

医书中所记载的一些药方和服药习惯，往往可以和一定的时代风气相互参照对应。然而，朝代的更迭却并不能遽然断绝一时的风气、习俗。关于《巢氏诸病源候论》五十卷，《总目》论证道："第六卷《解散病诸候》，为服寒食散者而作，惟六朝人有此证。第二十六卷《猫鬼病候》，

---

① 余嘉锡：《四库提要辨证》，第678页。
② 余嘉锡：《目录学发微》，第83页。
③ 余嘉锡：《四库提要辨证》，第664页。

见于《北史》及《太平广记》者亦惟周齐时有之。皆非唐以后语，其为旧本无疑。"① 针对提要中的两种病候，《辨证》分别进行了考证。关于寒食散，著于唐代天宝十一年（752）的《外台秘要》中存有《更生散方》和《饵寒食五石解散论》，证明寒食散于唐代中叶仍在盛行。余嘉锡先生另著有《寒食散考》一文，通过对史料的梳理考察，可知自汉代直至唐代，均有关于寒食散的记载。② 关于所谓的"猫鬼病"及与之对应的"猫鬼方"，最出名的事件便是隋代独孤陀畜养猫鬼害人，其在《隋书·外戚传》中有详细记载，四库馆臣言"惟周齐时有之"是错误的。而且，《千金方》《外台秘要》《唐律疏议》中都可见相应的记载。据此可以断定，畜养猫鬼之俗、猫鬼之病与治猫鬼之方，在唐代仍属可见。

  历史的长河是不间断地流淌的，后人出于治史的考虑，以政权的变革为标准，对历史进程进行人为的阶段性划分。然而，历史事件的发展，尤其是民俗、医俗，则是具有相当的连续性的，不可能因为朝代的更迭而戛然而止。

  清代徐大椿著有《神农本草经百种录》一卷，《四库全书总目》评价云："如所称久服轻身延年之类，率方士之说，不足尽信。大椿尊崇太过，亦一一究其所以然，殊为附会。"③ 四库馆臣对于书中通过服药以延年益寿的说法颇不以为然，并且将方士排除在医者之外。《辨证》则从我国的历史传统和医俗出发，通过考察《汉书·艺文志》的医术与房中之术、神仙之术，均在方技一类，后世的医家也多被记载在方术或方技传中，认为医家本就属于方士，并指出历史上著名的方士、养生家，皆兼通医学，而名医也往往善于养生延年，治病、延年本为一体，并无二理。道家所谓修仙之丹方，都是以医学中的药理为理论基础的。因此，徐大椿根据《本草》以推究仙方之理，符合我国的医药原理和历史传统，四库馆臣的评价有失客观。

（二）对原书内容的考辨

  《四库全书》的编纂和《总目》的撰写都有着严格的时间规定，因

---

① （清）永瑢等：《四库全书总目》，第859页。
② 参见余嘉锡《余嘉锡论学杂著》，中华书局1963年版。
③ （清）永瑢等：《四库全书总目》，第880页。

此，四库馆臣在撰写提要的时候，偶尔会出现对原书内容没有仔细阅读便想当然的情况。其中，子部医家类的提要中，便有对原书内容失察的典型例子。

如四库馆臣认为，《肘后备急方》八卷对葛洪、陶弘景二家的医方没有进行分辨，《辨证》则发现其中诸多细节之处实际是记载了医方来源或二家分别的。《总目》"仅粗加翻阅，于本书未尝卒读"①，遂导致误判。这正是余嘉锡先生在《辨证》序录中所提出的："《四库》所收，浩如烟海，自多未见之书。而纂修诸公，绌于时日，往往读未终篇，拾得一义，便率尔操觚，因以立论，岂惟未尝穿穴全书，抑或不顾上下文理，纰缪之处，难可胜言。"②

又如《褚氏遗书》一卷，《四库全书总目》说作者褚澄"其论寡妇僧尼必有异乎妻妾之疗，发前人所未发"③。《辨证》考察了此书的六醴斋刻本和文津阁《四库全书》本，均未发现有此类论及寡妇僧尼之语。进一步考察，发现《总目》的说法大概是根据宋代张杲的《医说》，而对于《医说》中此条的出处进行考察，则发现是转引有误。并宋代周守忠《名医蒙求》中的相关记载，均是"辗转贩稗，不足为据"④。史书、医书的一些记载常常转引自他书，转引抄写之时，难免会出现作者、时代、内容方面的错误，因此对于古书相关记载的考察，也应该辗转求证，辨清出处、源头。

有时，因为没有仔细翻阅原书，也会造成对医籍记载的遗漏。《素问入式运气论奥》三卷附《黄帝内经素问遗篇》一卷，馆臣记载卷末所附的一卷为《刺法论》。《辨证》发现卷末实则有《刺法论》《本病论》两篇附录，这明显是因为四库馆臣没有详细翻阅原书而导致了漏记。

（三）对原序的考辨

有些医者在医书写就时，往往会自序一篇，以讲述创作缘由和成书

---

① 余嘉锡：《四库提要辨证》，第652页。
② 余嘉锡：《四库提要辨证》卷首《序录》，第49—50页。
③ （清）永瑢等：《四库全书总目》，第858页。
④ 余嘉锡：《四库提要辨证》，第659页。

经过。医籍的原序是我们了解医书内容、医者心志的重要参考文献，也是子部医家类书籍撰写提要所必须阅读的参考，而《总目》中不乏因为没有详细阅读作者原序而造成的误会。不仅如此，《总目》内容与分纂稿提要也有内容上的出入，正如陈垣先生所言："现行《总目》，本撷取各书提要而成，后经文达笔削以归一贯，其间排列次第，与阁中所庋，出入固多，而尤以提要原文相差太甚。"①

如《颅囟经》二卷，《总目》认为此书"托名师巫以自神其说"②。《辨证》考察此书原序，发现作者叙述著书本意，并无"自神其说"的意味。四库馆臣只是沿袭了《宋志》著录此书署名"师巫"的失误，遂造成了误解。

又如，关于《外台秘要》四十卷的命名，《总目》认为是由于该书"成于守邺时，其结衔称持节邺郡诸军事兼守刺史，故曰外台"。对此，《辨证》首先查证何为"外台"，总结其说法有二：第一，"三司监院官带御史者，号外台"；第二，"兰台为外台，秘阁为内阁"。其次结合作者王涛的自序，发现其中的结衔并没有"御史"二字，且序中自言创作该书是基于在台阁二十余年的任职经历，得以逐渐探知弘文馆中书籍的精髓秘要。因此判断：书名中的"外台"，实与第二种说法相符。

除了翻阅本书之序以外，有时为了求证事实，也需要翻检其他版本所存的序言。如关于宋人许叔微因何从医并撰写《类证普济本事方》十卷，《总目》提到了《涌幢小品》和《独醒杂志》中关于许叔微梦见神人启示的故事，无奈说法不一，《总目》也并未能给予相应的辨析。《辨证》考察相应记载，发现关于此事大概可以分为两种说法：其一，神人警示许氏，意欲登科，须积阴德，许氏因此开始行医，《涌幢小品》《夷坚志》与《医说》均持此说；其二，许氏年少时因父母染病双亡，倍感良医济世之德，于是学习方书，以救人为志，《独醒杂志》记有此说。再考察宋刻本中所存的许氏自序，其言与《独醒杂志》相合。如此，传闻之误才不攻自破。

---

① 陈垣等：《影印四库全书原本提要缘起》，《中华图书馆协会会报》1927 年第 3 期。
② （清）永瑢等：《四库全书总目》，第 860 页。

(四) 对《提要》前后文的考辨

《总目》是一部大型的书目提要,本应前后呼应,自成体系,但因成于众手,又课以时限,有时难免出现前后内容矛盾的情况。提要撰写,据李慈铭言:"《总目》虽纪文达、陆耳山总其成,然经部属之戴东原,史部属之邵南江,子部属之周书仓,皆各集所长。"① 提要审稿,据司马朝军考察:"《总目》经部易类提要经纪昀审定,子部医家类提要经陆锡熊审定。"② 由此可见,《总目》从撰写到审稿都是分别开展的,出现前后文相互牴牾的问题在所难免。

如《外台秘要》四十卷提要云:"每条下必详注原书在某卷。世传引书注卷第,有李涪《刊误》及程大昌《演繁露》,而不知例创于焘。可以见其详确。"③ 言引书注卷第之例始于王焘。《辨证》考察《演繁露》提要,又言此例始于李匡乂。前后明显矛盾。那么,王焘的时代在李匡乂和李涪之前,能否说此例为王焘所创呢?《辨证》考察,钱大昕《十驾斋养新录》记载高宗时已有此例,汪远孙《借闲随笔》言六朝时便有此例。据此,《辨证》总结道:"古书之亡者多矣,凡此等事,只能就所见约略言之,不能断然确定其时代也。"④ 关于这部医籍的内容,《总目》言:"《玉台新咏》有《姬人怨服散》诗"⑤,《辨证》考察《玉台新咏》与《姬人怨服散》的时代,乃是《玉台新咏》编辑在先,《姬人怨服散》成诗在后,明代刻本将《姬人怨服散》乱入了《玉台新咏》中。对此,《总目》中的《玉台新咏》提要已经指明,而此处又误提此事,这是《总目》前后矛盾的又一例证。

四 结语

作为一部由政府主导编纂的大型解题类书目,《总目》的编纂无疑具

---

① (清) 李慈铭:《越缦堂读书记》,上海书店出版社2015年版,第556页。
② 司马朝军:《〈四库全书总目〉编纂考》,武汉大学出版社2005年版,第6页。
③ (清) 永瑢等:《四库全书总目》,第860页。
④ 余嘉锡:《四库提要辨证》,第670页。
⑤ (清) 永瑢等:《四库全书总目》,第860页。

有重大的文献学价值。在成书过程中，汇集了大量的专家、学者，对于所收录的每一部书籍的作者、流传情况、学术价值都做了尽可能详尽的考证和客观的概括。对于学者求学、治学来说，《总目》极具启发性和引导性。余嘉锡先生的治学便是从阅读此书开始，此后五十余年，未尝有辍。他说："余治此有年，每读一书，未尝不小心以玩其辞意，平情以察其是非，至于搜集证据，推勘事实，虽细如牛毛，密若秋荼，所不敢忽，必权衡审慎，而后笔之于书，一得之愚，或有足为纪氏诤友者。"① 从阅读到考证，从考证到纠正，余嘉锡先生集五十余年功力所成的《四库提要辨证》，终成为阅读《四库全书总目》、研究四库学所必不可少的参考书目。

在经、史、子、集四个部类中，"子则文达涉略既遍，又取资贷园，弥为详密"②。从内容来看，子部提要的价值尤为丰富。其中，子部医家类对于先秦至清代所流传、记载的众多医籍、医家、医方、医俗进行了详细记录，而余嘉锡先生在此基础上所做的进一步考察，则显示了他深厚的史学积累和精湛的考据学能力。因人、因书、因事而考史，由考史而究记载之确误，从医籍作者的名字、生年、师承关系、官职，到医籍流传过程中的名称变化、存亡散佚、真伪判断、版本卷数，回归特定时代的史实、风俗、原书、原序的具体文本记载，对《总目》各部的记载进行前后的贯通性推敲。余嘉锡先生对子部医家类的考证，从深度来说，可谓鞭辟入里；从广度来说，可谓面面俱到，字里行间可见他治学态度的谨严和考证水平的高超。《辨证》一书对子部医家类所做的考证，应是从事医学文献学研究所必读的。

---

① 余嘉锡：《四库提要辨证》卷首《序录》，第52页。
② （清）李慈铭：《越缦堂读书记》，第557页。

附 录

2018年度"纳通儒学奖学奖教金·优秀征文奖"获奖名单

为了弘扬中华优秀传统文化,鼓励研究儒家学术,促进西部儒学研究和文化建设,推动儒家文明转化创新和普及传播。国际儒学联合会、北京纳通公益基金会在四川大学设立了"纳通儒学奖学奖教金·优秀征文奖"。2018年度"纳通儒学奖学奖教金·优秀征文奖"以西部儒学、企业儒学、儒学学科建设为主题。

申报工作自2018年4月19日启动,至2018年10月31日截止。自2018年11月14日至2019年1月18日,秉着"公平、公开、公正"和宁缺毋滥的原则,经过大众网评、双向匿名专家函评、专家会评、公示等流程,最终共评出:"优秀奖"获奖论文11篇(部),其中,西部儒学类6篇(一等奖1篇,二等奖3篇,三等奖2篇),企业儒学类2篇(皆为二等奖),儒学学科建设类3篇(一、二、三等奖各1篇);入围奖获奖论文4篇。

一 优秀奖获奖名单

(一)西部儒学类

一等奖

获奖题目	作者	作者单位
《四川国学院史》	魏红翎	成都大学文学与新闻学院

二等奖

获奖题目	作者	作者单位
《廖平新经学研究》	吴龙灿	温州大学人文学院
	杨世文	四川大学古籍所
《龚道耕全集》	李冬梅	四川大学古籍所
《贺麟先生编年事辑》	彭 华	四川大学古籍所

三等奖

获奖题目	作者	作者单位
《清初关中王学述论》	米文科	宝鸡文理学院马克思主义学院
《儒道会通：刘咸炘道家重建思想研究》	伍金霞	山东大学哲学与社会发展学院

（二）企业儒学类

一等奖

（空缺）

二等奖

获奖题目	作者	作者单位
《当代儒商对儒家思想的创造性转化》	黎红雷	中山大学哲学系
《以儒学为基础培育信任推进"海上丝绸之路"》	黄兴年	济南大学商学院

三等奖

（空缺）

（三）儒学学科建设类

一等奖

获奖题目	作者	作者单位
《20世纪〈春秋〉学》	张尚英、杨世文	四川大学古籍所

二等奖

获奖题目	作者	作者单位
《性善的证成：孟子与告子之争及其历史衍化》	郭美华	上海师范大学哲学系

三等奖

获奖题目	作者	作者单位
《四库〈易〉类总目提要汇校》	王宝峰	西北大学哲学学院

二 入围奖获奖名单

获奖题目	作者	作者单位
《北宋关学随讲录》	魏冬	西北大学关学研究院
《关学的"眉县宗指"》	王宝峰	西北大学哲学学院
《苏轼策论中的君子人格与儒家政治情怀》	单江东	柏林自由大学哲学系
《"梁山真儒，天下来学"——基于〈来瞿唐先生日录〉的研究》	陈祎舒	四川大学古籍所

2018年度"纳通儒学奖学奖教金·西部儒学贡献奖"获奖名单

2018年"纳通儒学奖学奖教金·西部儒学贡献奖",重在对长期扎根西部,从事儒学研究和人才培养、儒学推广与践行的学人予以鼓励,促进西部儒学研究和文化建设。本年度该奖项分"杰出成就奖"、"青年成就奖"(45周岁以下)两类。

按照《"纳通儒学奖学奖教金·西部儒学贡献奖"暂行条例》,秉着"公平、公开、公正"和宁缺毋滥的原则,纳通儒学奖学奖教金评委会于2018年12月21日进行了2018年度"纳通儒学奖学奖教金·西部儒学贡献奖"的评审工作。经充分合议、无记名投票,共评出获奖者2名:

获奖者	出生年月	工作单位	获奖类别
刘学智	1947年1月	陕西师范大学	"杰出成就奖"
周之江	1974年3月	贵阳孔学堂	"青年成就奖"

2017 年度
"纳通儒学奖学奖教金"获奖名单

2017 年度"纳通儒学奖学奖教金",以四川大学国际儒学研究院为依托,为四川大学从事中国儒学人才培养、学科建设和研究,弘扬、普及儒学文化的教师,以及学习和传承中国儒学的优秀硕士研究生、博士研究生、博士后提供资助,鼓励其专心致志地投身于中国儒学的学习、研究、践行、推广及普及工作,为中国儒学精神的继承和弘扬贡献力量。

根据《"纳通儒学奖学奖教金"暂行条例》,纳通儒学奖学奖教金评委会于 2018 年 12 月 21 日进行了 2017 年度"纳通儒学奖学奖教金"的评审工作。经充分合议、无记名投票,评选出优秀教师 6 名,优秀博士研究生(博士后)4 名、优秀硕士研究生 6 名。名单如下:

优秀教师
  一等奖:胡昭曦
  二等奖:郭 齐 尹 波
  三等奖:彭 华 曾海军 李冬梅

优秀博士研究生(博士后)
  一等奖:杜春雷
  二等奖:陈伦敦
  三等奖:陈旭辉 尤潇潇

优秀硕士研究生
  一等奖:胡游杭
  二等奖:马明宗 李佳喜
  三等奖:刘 帅 余 洋 王志建

《儒藏论坛》稿约

　　《儒藏论坛》是由四川大学《儒藏》编纂委员会独家主办的学术集刊，旨在弘扬儒学文化、儒家精神与巴蜀文化，及时反映《儒藏》的编纂情况。《儒藏论坛》热忱欢迎海内外学者赐稿。现将相关事宜予以公告。

　　一、本刊每年出版一辑。

　　二、本刊收稿范围为有关儒学研究的学术论文，内容涉及儒学人物、文献、流派、思想、文化、教育及儒学史、蜀学研究等。

　　三、本刊统一使用规范的简体汉字，一律采用"脚注"。来稿请仔细核对引文，标明引文出处。引文具体标注格式如下。

古籍著作类：

　　董仲舒著，凌曙注：《春秋繁露》卷5《重政》，中华书局1975年版，第30页。

　　胡安国：《春秋传》卷首《春秋传序》，《四部丛刊》本。

　　李心传：《建炎以来系年要录》卷1，影印文渊阁《四库全书》本。

现代著作类：

　　[美] 库恩：《必要的张力》，福建人民出版社1981年版，第229页。

　　叶舒宪：《比较文学到比较文化——后文学时代的文学研究展望》，《东方丛刊》第3辑，广西师范大学出版社1995年版，第116页。

报刊类：

曾毅平：《再论汉语修辞学的显科学化》，《暨南学报》（哲学社会科学版）1996年第1期。

李晓东、危兆盖：《川大〈儒藏〉"史部"出齐》，《光明日报》2004年8月20日第9版。

四、本刊设有编辑委员会，采用专家匿名审稿制度，来稿恕不退还，请作者自留底稿。如被采用，将在三个月内通知作者。文责自负，稿件若涉及著作权问题，由作者自行解决，本刊概不承担一切相应责任。

五、来稿请严格遵守学术规范，不得有抄袭、一稿多用现象出现。并请提供内容摘要、关键词及作者简介、详细通信地址。大作一经刊出，即寄赠样刊两本，并略付稿酬。

六、本刊对来稿内容有删改权及技术处理权，若不同意删改者请于来稿中注明。

七、本刊优秀文章将翻译推荐在《国际儒学》（英文版）发表，稿酬另计。

来稿请发送word版至邮箱：rzlt2006@126.com。

《儒藏论坛》编辑委员会